21 世纪高等继续教育精品教材 · 教育学系列

中外教育简史

刘垚玥　卢致俊　主编

中国人民大学出版社
· 北京 ·

总　序

21世纪，科学技术发展日新月异，发明创造层出不穷，知识更新日趋频繁，全民学习、终身学习已经成为适应经济与社会发展的基本途径。近年来，我国高等教育取得了跨越式的发展，毛入学率由1998年的8%迅速增长到2008年的23.3%，已经进入到大众化的发展阶段，这其中高等继续教育发挥了重要的作用。同时，高等继续教育作为“传统学校教育向终身教育发展的一种新型教育制度”，对实现“形成全民学习、终身学习的学习型社会”、“构建终身教育体系”的宏伟目标，发挥着其他教育形式不可替代的作用。

目前，我国高等继续教育的发展规模已占全国高等教育的一半左右，随着我国产业结构的调整、传统产业部门的改造以及新兴产业部门的建立，各种岗位上数以千万计的劳动者，需要通过边工作边学习来调整自己的知识结构、提高自己的知识水平，以适应现代经济与社会发展的要求。可见，我国高等继续教育的发展，既肩负着重大的历史使命，又面临着难得的发展机遇。

我国的高等继续教育要抓住机遇发展，完成自己的历史使命，从根本上说就是要全面提高教育教学质量，这涉及多方面的工作，但抓好教材建设是提高教学质量的基础和中心环节。众所周知，高等继续教育的培养对象主要是已经走上各种生产或工作岗位的从业人员，这就决定了高等继续教育的目标是培养能适应新世纪社会发展要求的动手能力强、具有创新能力的应用型人才。因此，高等继续教育教材的编写“要本着学用结合的原则，重视从业人员的知识更新，提高广大从业人员的思想文化素质和职业技能”，体现出高等继续教育的针对性、实用性和职业性特色。

为适应我国高等继续教育发展的新形势、培养应用型人才、满足广大学员的学习需要，中国人民大学出版社邀请了国内知名专家学者对我国高等继续教育的教学改革与教材建设进行专题研讨，成立了教材编审委员会，联合中国人民大学、中国政法大学、东北财经大学、武汉大学、山西财经大学、东北师范大学、江西师范大学、南昌航空大学、华中科技大学、黑龙江大学等30多所高校，共同编撰了“21世纪高等继续教育精品教材”，计划在两三年内陆续推出百种高等继续教育精品系列教材。教材编审委员会对该系列教材的作者进行了严格的遴选，编写教材的专家、教授都有着丰富的继续教育教学经验和较高的专业学术水平。教材的编写严格依据教育部颁布的“全国成人高等教育公共课和经济学、法学、工学主要课程的教学基本要求”；教材内容的选择克服了追求“大而全”的现象，做到了少而精，有针对性，突出了能力的训练和培养；教材体例的安排突出了学习使用的弹性和灵活性，体现“以学为主”的教育理念；教材充分利用现代化的教育手段，形成文字教材和多媒体教材相结合的立体化教材，加强了教师对学生学习过程的指导和帮助，形象生动、灵活方便，易于保存，可反复学习，更能适应学员在职、业余自学，或配合教师讲授时使用，会起到很好的教学效果。

这套“21世纪高等继续教育精品教材”在策划、编写和出版过程中，得到教育部高教司、中国成人教育协会、北京高校成人高教研究会的大力支持和帮助，谨表深切谢意。我们相信，随着我国高等继续教育的发展和教学改革的不断深入，特别是随着教育部“高等学校教学质量和教学改革工程”的实施，这套高等继续教育精品教材必将为促进我国高校教学质量的提高做出贡献。

谢国东

前　言

教育史作为教育学的分支学科，在整个教育学体系中无疑占有十分重要的地位。“中外教育史”是关于中国与外国教育思想、教育制度的产生、变革和发展轨迹并由此揭示其规律的一门学科，是教育科学的一个重要分支。它既有历史学科的一些特点，如阶段性与连续性、变革性与继承性等，同时又与教育科学体系密切相关。

中外教育史研究的范围主要分为两大部分：一是从古至今教育制度的发展脉络，包括文教政策或教育方针的制定、学校教育体系的建立、教育管理机构的设置以及教育教学的实施等；二是古今中外主要教育家们关于教育的论述与思想主张，以及某些时代中主要的教育流派的主张。

学习教育史是为了能够站在巨人的肩膀上探求当下时代中教育的本质，对前人留下的东西进行不断完善和补缀。“以史为鉴可以知兴替”，学习教育史可以使我们获得力量，在面对纷繁复杂的教育问题时充满信心，也可以使我们保持谦逊和清醒的头脑。教育史是前人经验与智慧的结晶，是我们取之不尽的力量源泉，但学习时必须坚持“古为今用”，学习教育史是为现实与未来的教育发展服务的。

本书分上下两篇，其中上篇为中国教育简史，含十章内容；下篇为外国教育简史，包括七章内容。按照时间先后顺序，编者分别对中外20世纪中叶之前的各个时代的教育方针政策、教育制度建设、教育思想发展进行了梳理。

由于编写者水平有限，书中舛误、不当之处在所难免，敬请读者指正。

编者

目 录

上篇 中国教育简史

下篇　外国教育简史

上篇　中国教育简史

第一章　原始社会和夏、商、西周时期的教育

【本章要点提示】

- 理解原始社会教育的特点
- 了解我国学校教育的萌芽
- 理解夏、商、西周的学校教育的特征
- 掌握西周的学校教育制度及其特点

【本章内容引言】

教育是人类特有的社会现象，它伴随着人类社会的产生而产生。教育产生于原始社会中人们生产与生活的需求。原始社会的教育是在生产实践中以口耳相传的方式进行的，教育内容比较简单。氏族公社末期，由于生产力的发展，学校教育萌芽。伴随着人类进入阶级社会，教育逐渐专门化、阶级化。西周形成了从中央到地方较为完善的学校教育制度，以“学在官府”、“官师不分”为主要制度特征，以“六艺”为主要教育内容。西周教育制度对我国之后两千多年的封建社会教育有着重要的影响。

第一节　中国教育的起源与古代学校的萌芽

一、原始社会的教育活动

中国是一个历史悠久的国家。大约 200 万年前，远古的人类就开始生活、劳动、繁衍在中国的土地上，由此拉开了中国教育历史的序幕。中国的原始社会一般可以划分为原始人群、母系氏族公社和父系氏族公社三大历史阶段。

古猿进化到猿人后，由于生存条件极其恶劣，他们通常十几人到几十人不等结成原始人群，共同战胜自然灾害和对抗猛兽，共同采集和狩猎。正是这种基于生存需要的集体生

活与互相协作使教育成为原始人种群延续的一种重要手段。年长的一代将积累的生活和生产劳动的经验传授给下一代。他们教给后代许多生活与生产的技能，如制造和使用简单的劳动工具、互相团结进行集体的采集和狩猎的生产活动、寻找和保存天然的火种、维系群体部落的团结和安全、遵守群体内部的道德规范和风俗以至习惯，等等。原始人在生活与生产实践中通过口耳相传的方式培养后代，原始形态的教育由此产生。

母系氏族公社处于原始社会的发展阶段，具有比较典型的形态，以西安半坡遗址为代表。这一时期劳动经验已较为丰富，使用的劳动工具已有显著的改进，在长期保存和传递火种的基础上发明了人工取火；在制造石器的基础上又发明了制造骨器的技术，会用兽皮缝制衣服；已经大量制造不同造型与花纹的陶器。这些都需要较精细的技术。采集和狩猎作为获得生活资料的重要手段有了很大的发展，其中狩猎尤其需要掌握较高的技术。原始农业和畜牧业也有了一定的发展，相应的教育必然也要发展。

读一读

远古人民过着采集、渔猎生活，神农氏发明制作了木耒（读 lěi）、木耜（读 sì），教人们农业生产。《白虎通义》记载："古之人民皆食禽兽肉。至于神农，人民众多，禽兽不足，于是神农因天之时，分地之利，制耒耜，教民农耕……"

这些更加丰富、多样、精细的经验不仅需要推广，更需要传授给下一代。这一时期的教育活动有了进一步的发展，内容更为丰富、复杂，形式也更加多样、生动。由于男女的生理、体质不一样，承担的生产劳动任务不同，因而所受的教育训练也有差别。由于原始农业和畜牧业的发展，氏族公社开始选择有利的环境过定居生活，建立了氏族村落。几百或上千人聚集在一起居住，在居住区中有进行氏族公共活动的大房子，是进行氏族会议与选举、节日庆祝、宗教活动的场所。这种用于公共活动的大房子逐渐成为了对氏族成员及其后代进行教育的最初的固定场所，公共活动的内容也逐渐成为维系氏族共同生活的重要教育内容。

氏族村落布局

龙山文化晚期遗址

父系氏族公社阶段的生活和生产有了新的发展，以龙山文化和齐家文化为代表。农业、畜牧业和手工业有了新的发展，社会分工进一步扩大；手工业分离出来后，石器、陶器更加精致，铜器制作开始萌芽，还发明了纺织技术。生产劳动经验与技能仍然是教育的重要内容。在社会生活方面，人们定居生活，婚姻严格，道德规范和风俗习惯进一步形成。歌谣、谚语、故事、神话、游戏、舞蹈、雕刻等文艺活动形式也产生了。这些原始民俗活动不仅成了教育内容，也成了教育的重要形式。人们更加崇拜祖先、崇拜自然，迷信鬼神世界，占卜等活动广泛流行，出现了脱离生产专门从事原始宗教活动的巫师。原始社会的教育与原始宗教活动是紧密联系在一起的。这一时期的教育活动目标也更加明确，就是要把下一代培养成为合格的氏族公社成员：他们要能根据社会分工从事一定的生产劳动，要严格遵守氏族内部的道德规范和风俗习惯，要积极参加氏族内部的各种活动，并且要积极参加保卫氏族的对外军事活动。因此，军事教育业也是氏族公社时期重要的教育内容。

我国原始社会的教育，是由原始社会的物质生产条件所决定的，并对原始社会的物质生产条件产生了很大的影响。综上所述，原始社会的教育具有以下一些特点：

（1）原始社会的教育不具有阶级性。

原始社会没有私有制，这就决定了原始社会的教育是没有阶级性的。全体社会成员都要学习生产和生活所必需的知识、技能、品德、习俗，每个人都有平等的受教育权利。原始社会的教育是为了整个社会的生存与发展，体现了平等互助、团结友爱。除了在性别、年龄及社会分工方面有所不同以外，其他没有任何差别，是人人平等的教育。原始社会的教育不仅是每个成员的事，而且是整个社会的事，具有公共性。

（2）原始社会的教育不是专门的社会活动。

原始社会的教育作为一种社会现象，尚未从生产与生活实践中独立出来，也没有专门的场所和人员来从事该活动。教育活动同政治、宗教、艺术的活动密切结合在一起。在社会生产和生活实践的过程中，通常由经验丰富的年长一代把生产与生活经验、技能及知识传授给下一代。限于生产力的发展，传授者并未脱离生产劳动而成为从事教育的专职人员。原始社会的教育主要为生产劳动服务。

（3）原始社会的教育水平极端低下。

原始社会的生产力水平低下决定了当时的教育水平也极端低下。原始社会的教育仅仅是处于一种萌芽状态，主要表现为：没有专门场所和专职人员，教育在生产与生活实践中随时随地进行；教育内容十分简单，基本上局限于原始的生产劳动、社会生活、宗教活动和武力训练等方面；教育方法以口耳相传和观察模仿为主要手段。

读一读

现代教育的公共性是指：现代教育越来越成为社会的公共事业，是面向全体人民而不是面向一小部分人的，是为全体人民服务而不是仅为一小部分人服务的。这是现代教育公共性的一种含义或基本含义。与之相关的就是现代教育的公平性，即现代教育要为每一位受教育者提供同样的机会和服务，努力做到受教育机会的均等，并制定切实可行的措施保证实际上的公平。这就是说，现代教育的公共性也就是现代教育的大众性，现代教育应该是大众教育，应该坚决废除教育的等级性和特权性。

二、古代学校萌芽的传说

> **想一想**
>
> 原始社会教育的无阶级性与现代教育的公共性有什么共同点与不同点？

学校的产生不同于教育的起源：教育是在人类的劳动过程中产生的，是伴随着人类社会同时出现的一种社会现象；学校则是人类社会政治、经济、文化发展到一定阶段的产物，是在原始教育基础上出现的一种专门教育机构。就一般规律而言，学校的产生需要具备一定的历史条件：社会生产力有较大的发展，能为社会提供相当数量的剩余产品，这样才有可能使一部分人脱离生产劳动从事教育与学习活动；文字的出现使得人类的生产生活经验转化为可以便捷传递的间接经验；生产科学文化知识更加丰富，需要有专门的人员负责整理和传递。以上种种使得建立有组织、有计划的专门教育机构不仅有必要而且有可能，学校由此产生。

古籍记载的大量关于学校萌芽的传说，一般认为学校大概产生于原始社会末期或奴隶社会初期，有成均、庠。

（一）成均

《周礼》和《礼记》中最早提到"成均"与"成均之法"，汉代学者郑玄在注释中说，成均是五帝时学校的名称，引自董仲舒的《春秋繁露》。[①] 宋代王应麟《玉海》也称："《春秋繁露》云：'成均，均为五帝之学'"。关于董氏之说尚待考证，但普遍认为成均以"乐教"、"声教"为主。在氏族公社时期，凡宗教仪式和公众集会，必有音乐，音乐渗透于社会生活的各个方面。部落显贵重视音乐修养，他们的子弟均受乐教。乐师主管音乐事务，日常演奏歌唱的场所亦为实施乐教之地，这个场所称为成均。成均不是劳动场所，所进行的教育也不同于在生产和生活过程中进行的原始教育，是在生产过程之外进行已经具有了明显的专门化倾向的活动，可被认为是古代学校的萌芽。

（二）庠

庠为有虞氏之学，古籍所记载的虞庠之学就是原始社会末期的"学校"的名称。庠"从广，羊声"，意为吃羊肉的人所居住的地方。在原始社会里，一般只有氏族长老才有资格享用肉食，因此庠本来是氏族敬老、养老兼藏米的地方。因氏族社会末期已经产生了最初的等级，老人也有国老和庶老之别，因此敬老、养老的场所也有"上庠"和"下庠"的区别。而原始社会里教育新生一代的任务通常由经验丰富且无须外出劳动的老人来承担，因此与老人有关的庠就逐渐演化为学校，且显现出等级性[②]，敬老和孝也成为庠学重要的教育内容。

---

① 《周礼》："大司乐掌成均之法。"《礼记》："以其序，谓之郊人。远之于成均以及取爵于上尊也。"《周礼》郑玄注，谓董仲舒曰："五帝名大学曰成均。"

② 《礼记·王制》注曰："上庠，右学，大学也，在西郊；下庠，左学，小学也，在国中王宫之东。"

第二节　夏、商、西周时期的教育

一、夏朝的教育

夏朝是我国历史上第一个奴隶制国家。夏朝已经进入了有文字记载的文明时代，在文明积累的基础上创立了我国最早的学校。夏朝的学校是我国奴隶制学校教育的雏形。夏朝的学校教育在古籍上也有记载。《礼记·明堂位》记载"序，夏后氏之序也"，称序是夏朝统治者创立的学校；《孟子·滕文公上》曰："夏曰校，殷曰序，周曰庠，学则三代共之"，等等。根据各种古籍记载互相印证补充，可以认为序、校是夏朝的学校。

序是一种什么样的学校呢？军事教育是夏序的重要教育内容。《孟子·滕文公上》曰："序者，射也。"夏朝统治者特别注重习射，以培养武士。这是由当时的历史条件所决定的。夏朝是我国第一个奴隶制王朝，当时还存在着正在向国家转化的氏族部落。夏朝统治者为了保卫自己的统治，对外征战掠夺、对内镇压反抗，因此重戎、尚武是夏朝教育的主要特点。夏序除了延续了原始社会养老敬老的遗俗外，孝与尊卑等级也成为其重要的教育内容。《礼记·王制》记载："夏后氏养国老于东序，养庶老于西序。"《礼记·正义》记载："依尊卑而为献，取数毕而已。"可见，养老敬老中已经有了尊卑等级伦理观念，它也必然成为进行孝的教育的重要内容。

校也是夏朝学校的名称，《孟子·滕文公上》曰："校者，教也"。夏校设于乡里，《史记·儒林列传》中谈及三代为学之道曰："乡里有教，夏曰校"，朱熹在《四书集注》中也指出庠、序、校皆为乡学。夏校以教化为主要任务，教育内容以人伦纲常为主。

夏朝学校的教育目的主要是把统治阶级及其后代培养成为骁勇善战的武士。其教育内容除了生产劳动教育外，还有以习射为重点的军事训练、人伦道德教育、宗教教育。

读一读

"序"是射的意思。金文的"序"字，像人在"个"中射箭的样子，以表示习射之所。

"校"在《说文解字》中的解释是："从木，交声。"其原意为"木囚"，即用木头或竹子围成栏格作为养马之所，后来逐渐演变成为习武和比武的场所。贵族子弟在这里受到严格的军事训练。

二、商朝的教育

商朝是我国奴隶制的发展时期，生产力有了更大的提高，文化更加丰富，是我国确认有文字记载的时代，因而教育也有了明显的进步，产生学校的条件已经完全成熟了。商朝的学校不仅有古籍记载，而且已有较多的文物可考证，有"信史起于商"之说。

商朝的学校除了“庠”、“序”等名称外，又出现了“瞽宗”。商朝的“庠”以养老为号召，教化的意义更加突出。“序”发展到商朝，不仅强调军事训练，而且强调品德修养。《射义》记载：“故射者，进退周旋必中礼……此可观德行矣。”即通过习射达到“明君臣之礼”、“明长幼之序”的目的。“瞽宗”是商朝出现的又一教育机构。《礼记·明堂位》记载：“瞽宗，殷学也”。商朝的宗教地位尤其显赫，占卜在国家生活中有举足轻重的作用，尊神是商朝思想的主要特点。敬神少不了礼乐，“瞽宗”既是祭祀的地方又是贵族子弟学习礼乐的地方，即所谓“以乐造士”。因此，除了生产劳动教育、军事教育更加活跃外，传授礼乐、占卜之术以及其他宗教知识也是商朝教育的主要特点。另外，商朝的学校已经按照年龄与尊卑进行了大、小学教育阶段的划分。《礼记·王制》曰：“殷人养国老于右学，养庶老于左学”，《礼记·明堂位》曰：“殷人设右学为大学，左学为小学，而作乐于瞽宗”。

商朝的学校教育较完备，已经出现了学制的萌芽，西周的教育正是在商朝教育的基础上逐渐形成了一定系统的学校制度。

读一读

在甲骨卜辞中发现有“教”、“学”、“大学”等字样，是商代已经有学校教育的明证。《说文解字》对甲骨文“教”的解释是：上所施下所效也。大人画一些文字教小孩子记认，右边手拿戒尺，记认不清就小施悉罚，这就是“教”。

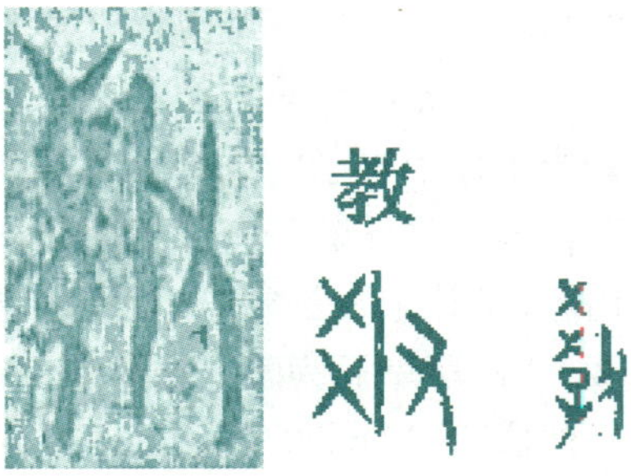

甲骨文“教”

三、西周的教育

西周是我国奴隶制的全盛时期。统治阶级奴隶主在经济上实行井田制以推动生产水平的提高和生产规模的扩大；在政治上实行分封制并形成严格的尊卑等级；在意识形态上逐渐重人事，以礼为其集中表现。周礼是奴隶主阶级意志和利益的反映，对教育影响非常深刻，形成了以“尊礼”为特点的教育，实行“诗书礼乐以造士”（《礼记·王制》）。西周奴隶主阶级出于统治的需要对教育高度重视并高度垄断，形成“学在官府”、“官守学业”的局面，政教一体、官师合一，以“明人伦”为教育宗旨，培养统治阶级的治术人才。

（一）西周的学校教育体系

西周的教育在上述经济、政治、文化基础上发展并建成了奴隶制学校教育较完备的体制。其概貌可勾勒为“国学”与“乡学”两种，“国学”又分为“大学”与“小学”两级，“乡学”有庠、序、校、塾。西周各教育机构与行政机构不分开，国学中各施教场所同时也是祭祀、献俘、行典礼的地方；诸侯设立的頖宫同样也是饮酒、献俘之所；庠、序等既是乡学所在，同时也是举行飨饮酒礼、飨射礼和养老尊贤以及议政的地方。“学在官府”是西周教育的重要特点。

1. 国学

国学专为统治阶级的上层贵族子弟而设，按学生的年龄和程度又分为大学和小学，小学设在宫廷附近，大学设在近郊，天子大学与诸侯大学名称各异。《礼记·王制》记载：“天子命之教，然后为学。小学在公宫南之左，大学在郊，天子曰辟雍，诸侯曰頖宫。”

周天子的大学，规模较大，分为五学。辟雍居中，环水而建，又称太学，为承师问道、天子自学、举行盛典之所。辟雍四周又分设四学：南学“成均”为学乐之所、北学“上庠”为学书之所、东学“东序”为干戈之所、西学“瞽宗”为演礼之所。五学之中，以辟雍最为尊贵，所以西周天子大学又统称为辟雍。如《大戴礼记·保傅》记载曰：“帝入东学，上亲而贵仁；入西学，上贤而贵德；入南学，上齿而贵信；入北学，上贵而尊爵；入太学，承师而问道。”

诸侯所设的大学，规模比较简单，仅有一学，因半面临水，故称为“頖宫”（或“泮宫”）。诸侯所设大学与天子所设大学的这种差别，是西周等级制在教育上的反映。西周的大学只有少数符合资格的人才能享受入学教育。《礼记·王制》记载：“王大子、王子、群后之大子，卿大夫元士之嫡子、国之俊选皆造焉。”可知，能入大学的人，一类是贵族子弟，一类是平民中经过一定程序推荐选拔的优秀分子。

西周国学中还设有小学，分两种：一种是设在宫廷附近的贵胄小学，《礼记·王制》记载“小学在公宫南之左”，进入贵胄小学读书的主要是王太子、公卿太子、大夫元士的嫡子。很显然，设在宫廷附近是为其上学方便。另一种是设在郊区的贵族小学，进入其中学习的是一般的贵族子弟。

2. 乡学

西周除了国学还有乡学。乡学是地方学校，按地方行政区划设立。依据地方区域大小不等而设有家塾、党庠、州序、乡校等不同名称、不同级别的地方学校。如《礼记·学记》记载：“古之教者，家有塾，党有庠，术有序，国有学。”《周礼》记载：“乡有庠，州有序，党有校，闾有塾。”乡学是为一般奴隶主和部分庶民子弟设立的，规模比较简单，只有小学。奴隶主子弟在塾中学习优异者可以升入乡的庠、序，庠、序中的优异者可以升入国学中的大学。

根据以上情况，西周的学校设置如图1—1所示。

- 西周的学校教育体系
  - 国学
    - 大学
      - 天子所设
        - 辟雍（太学）
        - 成均（南学）
        - 上庠（北学）
        - 东序（东学）
        - 瞽宗（西学）
      - 诸侯所设——頖宫
    - 小学
      - 贵胄小学
      - 一般小学
  - 乡学
    - 塾——闾
    - 校——党
    - 序——州
    - 庠——乡

图1—1　西周的学校设置

（二）官师不分

所谓官师不分，是指为师者必为官或是退仕，即教师还未成为单独的社会职业，皆由政府职官来兼任。这种教育制度是从原始社会长老制度演变而来的，是“学在官府”的主要表现形式。

宫廷教育中的官师不分首先表现为：自商代以来，重臣辅臣都兼有教诲的职责。到了西周，国家的重臣太师、太保、太傅，同时也是帝王之师。他们多由王族的长老或者帝王的岳父担任，这是氏族社会长老制的明显遗迹。如《大戴礼记·保傅》记载："昔者，周成王幼，在襁褓之中，召公为太保，周公为太傅，太公为太师。保，保其身体；傅，傅其德义；师，导之教顺。此三公之职也。于是为置三少，皆上大夫也，曰少保、少傅、少师，是与太子宴者也。"

西周国学和乡学的情况基本相同，也是官师一体。国学由大司乐主持，《周礼·春官·宗伯》记载："大司乐掌成均之法，以治建国之学政。"他同时又是国家的礼官，负责宗教祭祀与国家典礼事宜。大司乐下又设有乐师、师氏、保氏、大胥、小胥等人分别负责教育工作（见表1—1)。"师氏"指的是高级军官。"师"最初是军官的称号，"大师"是比"师氏"更高级的军官。西周时担任国王警卫队长的师氏、保氏，除了负责警卫、随从、军旅等大事之外，还兼管贵族子弟的教育工作，为统治阶级培养骨干。因此，军事训练就成了教学内容的重要方面，教官也就由师氏来兼任了，久而久之，"师"就转为对教育者的称呼。所以，"教师"的名称实起源于军官。后来担任教育工作的职官也都可以称"师"。各级乡学由民政长官之首大司徒负责。《周礼·地官·司徒》记载："大司徒之职，掌建邦之上地之图，与其人民之数，以佐王安扰邦国……而施十有二教焉。"大司徒负责地方民政事务，兼管地方的教育事务。其下分别设有小司徒、乡师、乡大夫、州长、党正、父师、少师等行政长官监管教育职责。

表1—1　　西周国学教官表

官名	属官	职责
大司乐	中大夫二人	掌祭祀和国家典礼，是国家最高的礼乐官，兼管国学教育事务
大胥	中士四人	掌管学籍，教贵族子弟乐舞
小胥	下士八人，府二人，史二人，徒四十六人	协助乐正、大胥管理学籍，进行乐舞教育
乐师	下大夫四人，上士八人，下士十六人，府四人，史八人，胥八人，徒八十人	为大司乐之副，凡飨食诸侯、燕射、丧葬等则率领乐官主持其事，后世泛称从事音乐工作的人
籥师	中士四人，府二人，史二人，胥二人，徒二十人	"掌教国子舞羽奏籥"
师氏	中大夫一人，中士二人，府二人，史二人，胥十二人，徒百二十人	"以三德三行教国子"
保氏	下大夫一人，中士二人，府二人，胥六人，徒六十人	"养国子以道"，教六艺六仪

（三）西周的教育内容

西周国学的教育内容以"明人伦"为核心，包括德、行、艺、仪四个方面，以礼、乐、射、御、书、数六艺为基本内容。其中，礼、乐、射、御是大学的主要教学内容，称为"大艺"；书、数是小学的主要教学内容，称为"小艺"。

“礼”和“乐”等同于政治伦理道德教育。奴隶主贵族的礼和乐是密切配合的，凡是行礼的地方都需要有乐。礼乐贯串整个社会生活，体现着严格的等级秩序，对下一代进行思想政治、道德品行的培养有重大作用。《礼记·文王世子》记载：“凡三王教世子，必以礼乐。乐所以修内也，礼所以修外也。礼乐交错于中，发形于外，是故其成也怿，恭敬而温文。”礼乐教育是六艺教育的核心。

“礼”的内容包括了等级世袭制度、伦理道德规范和礼仪。“礼”关系到国家的命运与前途，贵族子弟只有学“礼”才能合乎规范、显示尊严，以便任官和治民。如《左传·隐公十一年》记载：“礼，经国家，定社稷，序民人，利后嗣。”大学中所教之“礼”，则为贵族生活中所必需的“五礼”：吉礼、凶礼、宾礼、军礼、嘉礼。《周礼·春官·大宗伯》记载：“以吉礼事邦国之鬼神示”，“以凶礼哀邦国之忧”，“以宾礼亲邦国”，“以军礼同邦国”，“以嘉礼亲万民”。“五礼”共三十六目，皆邦国之重大典礼，贵族子弟要从政必须习知。对行礼时的仪容亦有严格的要求，国学由保氏负责教“六仪”，即祭祀之容、宾客之容、朝廷之容、丧纪之容、军旅之容、车马之容。习礼仪不是单纯讲礼典，而是要实学实习，反复演练。

“乐”的内容包括诗歌、音乐、舞蹈。《诗经·郑风·子衿》郑玄注：“古者教以诗乐，诵之，歌之，弦之，舞之。”西周大学由大司乐管理教务，重在主持乐教，“教国子以乐德、乐语、乐舞”。所谓乐德，即：中（言出自心，皆有忠实）、和（不刚不柔，宽猛相济）、祗（以神示则敬）、庸（接事以礼而有常）、孝（善于父母）、友（善于兄弟）。乐语包括兴、道、讽、诵、言、语。乐舞包括云门、大卷、大咸、大磬、大夏、大镬、大武七种乐舞，此外还有小舞。

“射”和“御”是进行军事教育的课程。“射”指射箭的技术。御，指驾车的技术。“射”在国学、乡学中都是重要的教育内容，都有一定的教练场所。西周贵族子弟到了一定的年龄都要接受射箭的正规训练，不会射箭的人不能称男子之职。射箭的训练十分严格。国学、乡学每年大祭之前都要举行射箭比赛，并饰以礼乐，仪式隆重。贵族子弟达到一定的年龄也要进行驾车技术的训练，并以能御、未能御区别长幼。《礼记·曲礼》记载：“问大夫之子，长，曰能御矣；幼，曰未能御也。”“御”也有严格的训练标准。

“书”和“数”是教授文化知识的课程。“书”指的是文字，“数”指的是算法。西周小学教育从识字、书写开始。《礼记·内则》曰：“九年教之数日”、“十年学书计”。“数日”即背诵由天干、地支组成的六十甲子；“学书”即书写六十甲子，认识与书写东、南、西、北方之名。这是文字教学的起步。数学知识到西周已经有很丰富的积累。西周时六岁儿童开始学数数，从一至十；九岁儿童学“数日”，学习记日法；十岁儿童学习“书计”，首先要学习十进制的文字计数法。

“六艺”的教育内容经历了夏、商至周三代从发生、发展、完备的过程，是西周教育的内容和标志，以培养治术人才为其目的。“六艺”虽是我国奴隶社会的产物，但其文武并重、诸育兼备的教学方式特点对

> **想一想**
>
> 西周教育制度有哪些特点？

我们今天的教育仍然具有积极的借鉴意义。

本章小结

自有人类社会便有教育。原始社会的教育具有无阶级性、非独立性与水平低下的特点，以生产生活常识与技能为主要内容，与原始宗教紧密联系在一起。随着我国进入奴隶制，社会出现阶级，教育也发生了分化，只有奴隶主贵族阶级才可以享受教育，并且教育机构和政治机构紧密联系在一起，出现“学在官府”、“官师不分”的现象。这也是西周教育制度的重要特征。西周的国学、乡学都是官学，并且有着严格的等级秩序，以培养统治阶级治术人才为教育目的。“六艺”是奴隶社会的主要教育内容，对我国古代社会教育有着重要的影响和意义。

关键概念

辟雍　　庠　　序　　六艺

复习题

1. 简述原始社会教育的特点。
2. 简述西周教育制度的概况及特征。

讨论与思考

“六艺”对我国教育事业发展有哪些积极的借鉴意义？

第二章　春秋战国时期的教育

【本章要点提示】

- 了解私学兴起的原因
- 掌握私学的特点
- 了解百家争鸣
- 掌握儒家教育思想

【本章内容引言】

春秋战国时期是一个动荡的时代，是我国由奴隶制社会向封建制社会过渡的时期。这一时期，文化教育发生了深刻的变革，打破了奴隶主阶级对文化的垄断，学术开始下移，私人讲学兴起，形成了“诸子蜂起，百家争鸣”的局面，儒、墨、道、法对后世教育影响最大。《礼记》中的篇章《大学》、《中庸》、《学记》等，是儒家学派分化后又趋融合的产物，其中关于教育的基本主张对我国古代教育思想产生了深刻的影响。

第一节　官学衰废与私学兴起

一、官学衰废

春秋战国之前，奴隶主阶级垄断物质与精神文化，学术和教育亦被官府把持，史称“学术官守”，人民没有享受教育的权利。随着春秋时期生产力变革与阶级矛盾的激化，奴隶制下的官学便无法继续下去了。随着经济、政治的逐渐没落，奴隶制官学逐渐崩溃以至荡然无存。据《左传·昭公十七年》记载，当时已是“天子失官，学在四夷”。

造成这种情形的原因归结起来有以下几点：其一，世袭制导致奴隶主阶级轻视教育。因贵族子弟生来便是统治阶层，教育与权位没有联系，他们养尊处优，逐渐丧失了进取精神，对学习不感兴趣。其二，由于社会动乱，王室、诸侯都忙于战争，无暇顾及文化教育事业，即所谓“乱世则学校不修”。其三，周平王东迁后，王权衰落，礼崩乐坏，旧制度逐渐名存实亡。天子的辟雍、诸侯的頖宫、地方的乡校逐渐消失踪迹。《左传·昭公十八年》记载，周大夫认为：“可以无学，无学不害”，“不害而不学，则苟而可”。可见，奴隶主贵族阶级在政治逐渐败落的情况下也认为无法用礼乐教化来维护他们的尊严与统治，他们自己也认为不学习也没有什么坏处、学习可有可无。

二、私学兴起

官学的衰废说明其已不适应当时社会发展与阶级斗争的要求了，产生新的教育形式是必然的。据古籍记载，春秋战国时期，我国私人讲学盛行，私学作为一种新出现的办学形式遍布各地。私学始于春秋、盛于战国，但现有历史材料并没有关于究竟是谁在何时首创了私学的记载。目前一般认为，私学的首创者是以孔子为代表的一批教育家。孔子的私学在当时是办得最正规、贡献最大且对后人影响最大的。

孔子讲学

图片来源：http：//www.iguoxue.cn/html/10/n-173410.html。

私学的出现，除了政治、经济等多方面社会原因外，学术下移与士阶层的出现是最重要的原因。周王室衰微后，“学术官守”的格局逐步被打破，学术开始下移至庶人。专属于官府私藏的典籍逐渐流向民间，更多的人可以看到和读到书了，且私人藏书大增。一些没落的奴隶主贵族流落民间，以自己所掌握的知识来换取生活，这也为私学兴起提供了条件。“士”即脑力劳动者，用自己的精神产品换取生活资料的人。士阶层的来源多样化：起初由统治阶级内部分裂出来，后由于各诸侯国为了网罗人才而养士成风，庶人之中有才能的人也加入士阶层的行列。士阶层是当时一支重要的力量，他们代表不同的利益，宣扬不同的政治主张，形成了不同的学术派别，各学派都聚徒讲学，学生多至数千人，少则数十、数百人。

私学到战国后期更加繁盛。战国时各诸侯国都在寻求统一中国的良方，各国与各阶层之间矛盾复杂尖锐，各种思想应运而生。各国统治者认识到“得士者昌，失士者亡”的规律，对士非常重视和宽容，允许学术自由。各家各派纷纷著书立说和奔走游说，思想空前活跃。各家观点林立，相互之间进行激烈的斗争，针锋相对的辩论时有发生，历史上有儒墨之争、儒法之争、儒道之争等；即便同一家，内部也存在着不同的派别争论。各家都出于救时之弊，对政治、经济、教育等提出自己的主张，由此形成了“诸子百家”与“百家争鸣”的局面。

所谓“百家争鸣”，是用来表述那时学术思想繁荣的说法。诸子百家一般指儒家、墨家、名家、法家、道家、阴阳家、纵横家、杂家、农家、小说家。在当时影响最大的有儒、墨、道、法，尤其是儒家，其教育思想是中国古代教育思想的主流。孔子是儒家学派的创始人，儒家以孔子、孟子、荀子为代表。墨子原出于儒家，后自成一家之言成立了墨家学派。儒、墨两大学派在春秋战国时期一直处于显要的地位，《韩非子·显学》记载："世之显学，儒、墨也。"道家以老子、庄子为代表。法家以商鞅和韩非子为代表。各学派主张虽代表不同利益和阶层，但在激烈的论证中也有着相互吸收和渗透，进一步促进了学术的发展与繁荣。诸子百家都很重视教育问题，各学派的代表人物几乎都是著名的教育家。百家争鸣促进了教育理论与实践经验的丰富。

稷下学宫是当时的文化和教育中心，可以说是百家争鸣的中心场所。稷下学宫是建于齐国都城临淄（今山东省淄博市）稷门的著名学府。虽然是官办机构，但它实际上是由许多私学组成的，集讲学、著述、育才于一体，兼有议政的作用，更像一个私学联合体，是当时齐国政府的"智囊团"和"思想库"。稷下学宫采取的是学术自由、兼容并包、择善从之的政策。齐王鼓励各学派"不治而议论"，对时政可以批评抨击和发表自己的主张，以资参考。但他并不偏袒哪一学派，各派都通过发展自己的学术以获得公认，学术由此活跃繁荣。齐王给予稷下学宫的学者们优厚的待遇，教师的地位非常高，稷下学宫成为当时人才云集的地方。后来人数增多，齐王便按照学术水平给予人才不同等级的俸禄。稷下学宫游学自由，学无常师。各地名士可自由来讲学，也可随时离开。学生听讲学也不限于一个先生，可以自由听其他学派的讲学，打破了学术流派的局限。在管理上，稷下学宫制定了第一个学生守则《弟子职》，对学生尊师、修业、起居、仪表等都有严格的规定，如"先生施教，弟子是则"，"出入恭敬，如见宾客"，"相切相磋，各长其仪"。

稷下学宫遗址

图片来源：http：//www.lzqq.gov.cn/html/2004/12/20/20041220094014.html。

三、私学产生的意义

春秋战国时期的私学是我国教育史上的一个创举，对我国教育的发展有重要的贡献和意义：

第一，打破了"学术官守"的局面。学校从官府中解放出来，教育过程与政治活动有所分离。教师不再专门由官吏来担任，只要是有才能的人就可以充任教师之职，可以随处讲学，具有一定的独立性。学生也可以自由择师，相传连孔门私学都曾"三盈三虚"。教育内容也不再局限于维护统治阶级的礼制，而是与社会生活有了联系，内容较以前更开放、多样。

第二，扩大了教育对象。从"礼不下庶人"到"礼下庶人"，教育对象从少数贵族扩大到了各行各业的普通民众，有条件、有愿望的人都可以自由聆听学者讲学，没有年龄、地域、身份等各种差别的障碍。孔子在创办私学中首倡的"有教无类"的教育理想与实践成为当时各家私学一致遵循的原则。

第三，丰富了教育内容。私学的兴盛促成了百家争鸣的学术繁荣局面，各学派为了扩大自己的影响力，一方面著书立说发展自己的学术理论，另一方面游学讲学，广招门徒，宣传自己的学派思想和政治主张。学术自由使得教育内容突破了“六艺”的教育范围，各派都自由传播自己的主张，包括政治、道德以及新的知识和技能。

第四，促进了教育理论与实践的发展。私学的发展促成了大批教育家的产生，形成了具有重要影响的教育思潮，在世界教育史上都具有很高的地位。如《论语》、《墨子》、《孟子》、《荀子》、《管子》、《吕氏春秋》等著作包含了深刻而丰富的教育思想和经验，而且还出现了《大学》、《中庸》、《弟子职》、《学记》等许多教育专著。《学记》是我国第一部自成体系的完整的教育专著。

第二节　儒家的教育思想

一、孔子的教育思想

孔子，名丘，字仲尼，春秋时期鲁国人，生于公元前551年，卒于公元前479年，中国古代伟大的思想家、教育家，儒家学派的创始人。他的先祖是宋国贵族，其曾祖父迁至鲁国避难；至其父亲纥，已为一般武士，后因善战有功升为陬邑宰。孔子3岁丧父，家境贫寒，但从小好学、能干，故自称“吾少也贱，故多能鄙事”（《论语·子罕》）。他30岁左右开始私人讲学，招收门徒，长达40余年。在50岁左右，孔子在鲁国做了3个月的“大司寇”，后由于鲁国政局动荡不安被迫离开，带着学生周游列国，开始了14年的流亡生活；晚年重返鲁国，专门从事讲学和整理古代文献，直至去世。《论语》是孔子的弟子记录的孔子及其弟子的言行录，是研究孔子教育思想的主要依据。

孔子

（一）关于教育的作用

孔子主要从两个方面论述了教育的作用和地位。

1. 教育对社会发展的作用

孔子的基本政治主张是“为政以德”，他认为不一定直接去做官才算参与政治活动，通过教育工作也可以把政治思想、伦理道德传播到民众之中，这样就会对政治产生重大影响，因此教育工作本身就是一种政治。《论语·为政》记载：“孝乎惟孝，友于兄弟，施于有政”，就是说，通过文化教育工作传播孝顺父母、友爱兄弟的风气，这样就会影响政治。

孔子还提出了“庶富教”的治国思想。《论语·子路》记载：“子曰：‘庶矣哉！’冉有曰：‘既庶矣，又何加焉？’曰：‘富之。’曰：‘既富矣，又何加焉？’曰：‘教之。’”孔子认为，要治理好一个国家，首先要有众多的人口，其次要努力发展经济使之富裕，最后还要加强教育，提高文化。只有教育搞好了，一个国家才能算治理好了。

孔子认为，通过教育工作使民众有坚定的信念和信心是立国的根本。他把“足食、足兵、民信”作为立国的基本要素，认为在不得已时，食、兵可去，民信不可失。《论语·颜渊》载：“子贡问政。子曰：‘足食、足兵、民信之矣。’子贡曰：‘必不得已而去，于斯三者，何先?’曰：‘去兵。’子贡曰：‘必不得已而去，于斯二者，何先?’曰：‘去食。自古皆有死，民无信不立。’”

孔子认为应当通过德治和礼教来治理国家，教育比政令、刑律更加重要和有效。《论语·为政》中说道：“道之以政，齐之以刑，民免而无耻；道之以德，齐之以礼，有耻且格。”刑罚虽然可以使百姓不敢做坏事，但并非出自百姓自觉，应当进行道德教育使之耻于做坏事。孔子强调教育的作用和地位具有历史进步性。

2. 教育对个人发展的作用

孔子认为教育在人的成长中起着决定性的作用。《论语·阳货》中说：“性相近也，习相远也。”他认为人的本性基本都差不多，由于教育和学习，人和人之间的差别越来越大。可见孔子主张生而平等的人性论，同时也意识到了个体之间的差异，注意到了环境、教育的重要作用。孔子认为：无论何人，只要肯努力求学，就一定能获得成功。《中庸》记载孔子的话说：“人一能之，己百之；人十能之，己千之。果能此道矣，虽愚必明，虽柔必强。”

但他并未完全摆脱天命迷信的束缚，他把人分为三类：“生而知之”的圣人，“学而知之”和“困而学之”的中人，“困而不学”的下民。《论语·季氏》中说：“生而知之者，上也；学而知之者，次也；困而学之，又其次也；困而不学，民斯为下矣。”他还武断地说“唯上智与下愚不移”（《论语·阳货》）。但孔子否认自己是生而知之者，“我非生而知之者，好古，敏以求之者也”（《论语·季氏》）。可见他思想与实践的矛盾性。在孔子的教育实践中，特别强调对中人的教育作用。

（二）关于教育目的的论述

孔子从“为政在人”的政治立场出发，认为教育的目的是培养弘道的君子和士，他教育学生“人能弘道，非道弘人”（《论语·卫灵公》）。“朝闻道，夕死可矣”（《论语·里仁》）是孔子的追求，他认为行道要通过办学收徒来扩大道的影响，或者从政做官，以道安邦。

子夏所说的“仕而优则学，学而优则仕”（《论语·子张》）概括了孔子教育目的的主张：把官职与学习紧密联系起来，有官职的人应当是受过教育并不断学习的人，受过教育的人应当得到一定的官职。可见孔子认为教育的终极目的是要培养治国安民的贤能之士。其进步意义在于“举贤才”作为世袭制的对立面被继承下来，对后来的学校教育和唐宋后的科举制产生了深刻的影响。其消极作用是把做官当做求学的唯一目标，把学习当做获取高官厚禄的手段，形成了“万般皆下品，唯有读书高”的思想传统。

（三）关于教育对象和教育内容的主张

孔子所办的私学在教育对象上坚持“有教无类”的办学方针。他认为，无论贵族或平民、华夏或蛮夷，都可以入学。这不仅打破了“礼不下庶人”的等级制度，而且把教育普及到了蛮夷之地。

在教育内容上，孔子继承并发展了西周“六艺”教育的传统。《论语·述而》记载：“子以四教：文、行、忠、信。”“文”指西周以来的《诗》、《书》、《礼》、《乐》等典籍，

"行、忠、信"都是道德教育的要求。他主张："弟子入则孝，出则弟，谨而信，泛爱众，而亲仁。行有余力，则以学文。"可见，孔子的教育内容以德育为重，品行首先要符合道德标准，其次才学习文化知识，学习文化知识是为道德教育服务的。

孔子在教学中精心编撰"六经"作为教材，后被奉为儒家经典。《诗》、《书》、《礼》、《乐》是其主要教材，《论语·泰伯》记载："兴于《诗》，立于《礼》，成于《乐》。"孔子很重视《诗》(即《诗经》)的教育作用，说："不学诗，无以言"(《论语·季氏》)。他认为学《诗》可以学会比喻联想，学会观察风俗习惯，可以让人合群，可以培养针砭时政的才能，可以培养事父、事君的品行，还可以掌握一些自然常识。《论语·阳货》记载："诗可以兴，可以观，可以群，可以怨；迩之事父，远之事君；多识于鸟兽草木之名。"《书》即《尚书》，包括周以前的政治、军事、经济和文化等方面的资料，孔子将其中的零散篇章系统整理作为教材以宣扬文武之政。《礼》是孔子搜集编撰的一部士君子必须掌握的礼仪规范的教材，以周礼为主。他说："不学礼，无以立"(《论语·季氏》)。

总的来说，孔子的教育教学内容具有以下一些特点：第一，重人事，轻宗教。《论语·子路》中记载，子路问事鬼神，孔子曰："未能事人，焉能事鬼?"问死，曰："未知生，焉知死?"由此形成了我国教育重人伦、轻宗教的传统，这在世界教育史上是罕见的。第二，轻视生产劳动。樊迟问农，孔子拒绝回答，还骂他"小人"。第三，重文轻武。

(四) 教学思想

孔子在教学活动中积累了丰富的经验，他创造性提出的一系列教学原则和方法不仅对后世儒家学者和学校教育影响极大，而且至今仍具有借鉴意义。

1. 因材施教

孔子是第一个因材施教的实践者，主张针对学生的不同特点进行教育和教学，并认为实行因材施教的关键是对学生要有深刻、全面的了解。孔子十分注意观察、了解学生的特点，回答学生的问题往往难易、繁简各不同。如子路和冉有都问他听到以后是否就要去实践，孔子的回答却截然相反，因为二人个性不同。①

读一读

孔子教育子路成才可以说是因材施教的典范。

子路，即仲由，因他曾为鲁国贵族季氏的家臣，又被称作季路，比孔子小9岁。史书记载，子路出身微贱，生性粗野，好逞勇斗狠，为人刚强爽直，经常头戴鸡冠式的帽子，身佩用野猪皮装饰的剑，曾想"陵暴"孔子，孔子通过礼仪慢慢诱导他，使他改邪归正，改穿儒服，拜孔子为师。逞勇好斗是子路的缺点，孔子便在施教过程中加以纠正。有一次，子路问："君子好勇乎?"孔子回答说："义之为上。君子好勇而无义则乱，小人好勇而无义则盗。"由此告诫子路首先要崇尚义，如果没有义只有勇，无论身份高低，都会走上歪门邪道。

---

① 《论语·先进》记载：子路问："闻斯行诸?"子曰："有父兄在，如之何其闻斯行之?"冉有问："闻斯行诸?"子曰："闻斯行之。"公西华曰："由也问'闻斯行诸'，子曰'有父兄在'；求也问'闻斯行诸'，子曰'闻斯行之'。赤也惑，敢问?"子曰："求也退，故进之；由也兼人，故退之。"

子路为人耿直，光明正大，做事专一，对孔子忠心耿耿、不离不弃，保护孔子唯恐不周，不愿孔子遭人非议，对孔子处理和南子、佛肸、公山弗扰等人的关系敢提异议，成了孔子的监督者。孔子说他可以管理千乘之国的军事，又说："自吾得由，恶言不闻于耳。"又发出这样的感叹："道不行，乘桴浮于海，从我者其由与！"（我的道如果行不通，就乘小筏到海上去，跟随我的，恐怕只有仲由吧！）可见师生间感情之深。

在孔子的教导下，子路的进步很快，由"野人"变成了言行一致的"君子"。在学问方面，孔子称他已经"登堂"但仍未"入室"。对他的好勇，孔子始终加以批评："由也好勇过我，无所取材。"指出子路好勇，很不可取。又预言子路如果继续好勇下去，一定会"不得其死"。

公元前480年，卫国发生内乱，这时子路在卫国担任孔氏宰。孔子听说卫国内乱，便断定子路必死，继而闻报子路被砍成肉酱，时年已72岁的孔子感到悲痛无比。史书记载子路临死也不忘礼仪，他的帽带被人砍断了，子路说："君子死而冠不免"，于是结好帽带便死去了。

个性鲜明的子路与冉有同为孔门政事科的杰出代表，被列为孔门十哲之一。他闻过则喜的学习态度、始终如一的高尚品德深受后人好评。宋人程颢说："子路亦百世之师。"

资料来源：http：//www.iguoxue.cn/html/10/n-173410-2.html。

2. 学思并重

孔子认为学和思二者都很重要，并精辟地阐述了学与思的辩证关系，主张学思结合、学思并重。孔子说："学而不思则罔，思而不学则殆"（《论语·为政》），意思是：只学习不思考就会困惑不明，只思考不学习就会空乏而不实。孔子常常强调学习的重要性，反对思而不学，说："吾尝终日不食，终夜不寝，以思，无益，不如学也"（《论语·卫灵公》）；同时又强调思考的重要性，说："饱食终日，无所用心，难矣哉"（《论语·阳货》）。

3. 启发教学

为调动学生学习的能动性与发挥教师的主导作用，孔子运用启发诱导的方法协调这一对矛盾，是启发式教学的首创者。孔子曰："不愤不启，不悱不发，举一隅不以三隅反，则不复也"（《论语·述而》），精辟地阐述了启发式教学原则。按照后世的注解就是：只有当学生处于积极思维的状态，教师才适当地引导其思维方向；如果学生尚未处于积极思维状态，就不要勉强施教，以免生成依赖性而阻碍发展。

（五）道德教育思想

孔子的教育目的是培养实施仁政的君子。高尚的道德品质修养是成为君子的必要条件，所以在孔子的私学中，道德教育居首要地位。孔子道德教育的内容以"礼"、"仁"和"孝"为核心。道德教育要达到的目标是君臣、父子、兄弟、朋友之间要各有其礼，各遵其道。孔子在教育实践中提出了许多有价值的道德教育原则。

1. 立志乐道

孔子强调立志在道德修养中的重要作用，《论语·子罕》中说："三军可夺帅也，匹夫不可夺志也。"孔子认为人生应当有远大的理想和目标，要有艰苦磨炼的精神，不应沉溺于物质享受，即"君子谋道不谋食"、"君子忧道不忧贫"，他称赞颜渊："一箪食，一瓢饮，在陋巷，人不堪其忧，回也不改其乐。贤哉回也!”

2. 自省自克

孔子主张克己内省、自我节制的道德教育观。孔子强调道德教育要严于责己，以身作则，要“躬自厚而薄责于人”（《论语·卫灵公》）。他强调进行德育要自省，正如他的学生所说:“吾日三省乎吾身”（《论语·学而》）；他还强调外察与自省相结合:“见贤思齐焉，见不贤而内自省也”（《论语·里仁》）。

3. 身体力行

孔子认为道德修养必须体现在行动上，要多干实事、少说空话，主张“敏于事而慎于言”（《论语·学而》），“讷于言而敏于行”（《论语·里仁》），反对“言过其行”（《论语·宪问》），要说到做到，“言必行，行必果”（《论语·子路》）。在教育实践中，孔子主张“听其言而观其行”（《论语·公冶长》）来判断一个人的道德修养水平。

4. 改过迁善

孔子认为完美的人是少见的，人非圣贤，难免犯错误，关键是对待错误的态度。有的人犯了错误却竭力掩饰，“小人之过也必文”（《论语·子张》），而有良好道德修养的人犯了错误后并不怕别人知道，而是下决心改正，不再重犯，从而获得人们的敬仰，即“君子之过也，如日月之食焉:过也，人皆见之；更也，人皆仰之”（《论语·子张》）。犯了错误不改正才是真正的错误，“过而不改，是谓过矣”（《论语·卫灵公》）。

（六）论教师与师生关系

孔子的教育思想中有许多关于教师修养的观点，至今仍是我们宝贵的精神财富。

1. 以身作则，言传身教

孔子强调教师的榜样作用，要以自己的行为为学生做出表率。他说:“其身正，不令而行；其身不正，虽令不从”，“不能正其身，如正人何?”如果自己都做不到，如何能要求学生去做到呢？教师只言教而不注重身教的话，言教只会变成空洞的说教。孔子正是以自己伟大的人格和学识赢得了学生的信任和敬爱。

2. 学而不厌，诲人不倦

孔子认为教师必须自己先学好才能教好学生，他一生从未停止过学习。他谦虚而好学，“三人行，必有吾师焉”（《论语·述而》），他随时随地向别人请教问题，“不耻下问”、“无常师”，晚年时仍然“发愤忘食，乐以忘忧，不知老之将至”（《论语·述而》）。当学生向他请教时，他总是不厌其烦地解答。学生一问、再问、三问，他便一答、再答、三答，直到解决问题为止。

3. 热爱学生，教学相长

孔子与学生之间的感情非常深厚，向学生传授知识毫无保留，对待学生与对待自己的孩子毫无差异，与学生情同父子。孔子认识到教学过程中不应是教师对学生单方面的知识传授，于是经常与学生切磋学问，对学生给予深切的期望。他说:“后生可畏，焉知来者之不如今也?”（《论语·子罕》）他教导学生在“仁”面前不分师生，“当仁，不让于师”（《论语·卫灵公》）蕴含着平等的师生关系。

二、孟子的教育思想

孟子

孟子（约公元前 372 年—公元前 289 年），名轲，战国中期鲁国邹人。幼年时，其母为教子曾三迁其居，“孟母三迁”的故事广为流传。孟子是孔子之孙子思的门徒，自称“得圣人之传”，被认为是孔子思想的嫡传，后世称为“亚圣”。孟子主张“仁政”，他从事教育工作也是为实现其政治主张服务的。《孟子》七篇是研究他的教育思想的主要依据。孟子热爱教育工作，把教育看做人生三大乐趣之一，“得天下英才而教育之，三乐也”（《孟子·尽心上》），这是中国教育史上第一次把“教育”二字连用。

（一）性善论

人性问题是百家争鸣中的焦点问题之一。当时的主张有“性无善无不善”、“性可以为善，可以为不善”，还有主张“性善”和“性不善”的，而“性善论”是孟子论述教育问题的主要理论基础。孟子认为，人性生来是善的，人生来就有“良能”（不用学习就具有的道德本能）和“良知”（不用学习就具有的道德知识）。人性先天具有四种善的萌芽：恻隐之心、羞恶之心、辞让之心、是非之心。这四种善端是仁、义、礼、智四种道德观念培养的基础与条件。《孟子·公孙丑上》记载：“恻隐之心，仁之端也；羞恶之心，义之端也；辞让之心，礼之端也；是非之心，智之端也。”

孟子把道德属性当成人天生就有的东西，并以此论证封建伦理道德纲常的合理性，这无疑是一种唯心主义的先验论。但他强调道德属性是人区别于动物的本质特征，则是对中国传统思想的继承和发展。“性善论”强调了道德培养中主体的作用，认为真正的道德行为是自觉的，人们只要选择正确的方向，用真、善、美的道德规范来要求、约束自己，任何人都可以成为圣人。

（二）关于教育的目的与内容

孟子认为设立学校办教育的目的在于“明人伦”。他说：“圣人，人伦之至也”（《孟子·离娄上》），“明人伦”的圣人是孟子道德教育所追求的理想人格。“人伦”即“人道”，“人伦”的具体内容是：“父子有亲，君臣有义，夫妇有别，长幼有序，朋友有信”（《孟子·滕文公上》），后世称为“五伦”。“五伦”体现了中国古代社会的宗法关系。在“五伦”中孟子尤其重视父子之孝与兄弟之悌这两种关系，由此决定了教育内容是以孝悌为主体的道德规范体系。

孟子之所以重视孝悌，又尤其重视孝，是因为他希望把国家的统一、政治理想的实现建立在血缘的宗法关系基础上，而孝道就是巩固宗法关系的强有力的纽带。他认为：如果以孝治国，“老吾老以及人之老，幼吾幼以及人之幼”，那么“天下可运于掌”，否则连家也难保；只要人人能够亲其亲、长其长，天下就会太平。

以孝悌为基础的仁、义、礼、智是孟子进行道德教育的主要内容。仁、义、礼、智四德在孔子的思想中已有萌芽，孟子将四者系统化了。孔孟虽然都强调仁德的养成，但孔子的仁是与礼相联系的，注重道德规范准则的把握；孟子将仁与义结合，更强调行为的养成。故曰："孔曰成仁，孟曰取义。"仁，事父母；义，从兄长；礼，孝悌表现在礼节上；智，明白以上的道理并坚持老老实实地去做。"四德"以仁、义为核心。孟子认为：仁是发自内心的思想情感，是内在的精神状态；义是仁的外化，是外在的道德行为；礼是行为的准则；智是辨别是非的智慧。它们都是仁义的形式与判别能力。仁、义、礼、智结合起来，构成了孟子的道德教育的基本内容。

（三）关于教育的原则与方法

孟子十分重视教育，他认为教师教育学生必须有明确的目标和恰当的原则。孟子在继承和发展孔子的道德教育思想的基础上提出了以下原则：

1. 尚志养气

孟子继承和发展了孔子立志的思想，认为修养道德首先应当志存高远。士的最高志向是"居仁由义"（《孟子·告子上》），士不仅应该立大志，而且应该有能为自己的志向牺牲自己生命的精神，他说："生亦我所欲也，义亦我所欲也；二者不可得兼，舍生而取义者也"（《孟子·公孙丑上》）。"尚志"要注意"养气"。意志专一了就会一鼓作气，志气专一了也会使意志更加坚定，所谓"志一则动气，气一则动志"（《孟子·公孙丑上》）。

2. 刻苦锻炼

这里指的是意志锻炼。孟子认为人的道德和才智主要是在逆境中得到磨砺和锻炼的。他说："天将降大任于斯人也，必先苦其心志，劳其筋骨，饿其体肤，空乏其身，行拂乱其所为，所以动心忍性，曾（增）益其所不能"（《孟子·告子下》）。他认为人的聪明才智得之于艰苦的磨炼，环境越是恶劣，对人造就的可能就越大，"生于忧患，死于安乐"（《孟子·告子下》）。

3. 反求诸己

孟子从"性善论"出发，继承与发展了孔子自觉、内省的道德修养方法，认为道德教育的重要原则是"反求诸己"。孟子说："爱人不亲，反其仁；治人不治，反其智；礼人不答，反其敬。行有不得，皆反求诸己"（《孟子·离娄上》）。当你的行动没有得到对方的回应时，就应当首先自问，从自己身上找原因，对自己提出更高的要求，然后对人做得更到位，同时，面对超过自己的人，不应有怨恨，应当同样反躬自问，从自身找原因，时时反省，严于律己。

4. 自求自得

孟子强调在教学中发挥学生的主动精神。他认为知识的学习并非从外而来，必须经过自己主动自觉地努力钻研，才能彻底领悟。既然万事万物的道理都在我心中，那么只有自求自得，才能深入心通，心有所得，达到运用自如的地步。"自得之，则居之安；居之安，则资之深；资之深，则取之左右逢其原，故君子欲其自得之也"（《孟子·离娄下》）。

三、荀子的教育思想

荀子

荀子，名况，字卿，又称孙卿，是战国末期赵国人，儒家学派的代表人物。荀子是先秦诸子思想的综合者，批判各家思想又吸收各家思想，思想学说庞杂，但其基本思想仍属儒家。研究荀子教育思想最可靠的材料是现存的《荀子》，共 32 篇，大部分为荀况本人所著。

（一）性恶论与教育的作用

不同于孟子的“性善论”，荀子提出了“性恶论”。他说：“今人之性，生而有好利焉，顺是，故争夺生而辞让亡焉；生而有疾（嫉）恶焉，顺是，故残贼生而忠信亡焉；生而有耳目之欲，有好声色焉，顺是，故淫乱生而礼义文理亡焉”（《荀子·性恶》）。所以，如果顺从人的本性而不加任何限制的话，社会就会朝着违反礼义的方向发展，导致天下大乱。因此，他得出结论：“人之性恶，其善者伪也”（《荀子·性恶》）。人之所以能行善，是后天的学习道德规范之故。文化道德规范不是人先天具有的，而是历史上的圣人为了社会生活的需要人为制定出来的。而教育的根本作用就在于“化性起伪”，即通过培养人符合道德规范来改造人的自然本性，并用它来节制自己的思想和行为，“化性起伪”是环境、教育和个体努力的共同结果。

（二）教育教学思想

荀子主张的教育目的继承了孔孟，主要是在于培养士、君子与圣人。荀子以《诗》、《书》、《礼》、《乐》、《春秋》为主要教育内容，尤其强调乐教和礼法之教。

荀子在教学活动中摸索出了一套行之有效的教学方法。荀子从唯物主义认识论出发，把教学和学习过程归为闻、见、知、行四个环节，并将行看做学习的最终目标。他说：“不闻不若闻之，闻之不若见之，见之不若知之，知之不若行之，学至于行之而止矣。行之，明也。明之为圣人。”（《荀子·儒效》）荀子认为：知识与善德要不断积累才可学得。有的人才性虽高，如弃而不学，终将一事无成；有的人才性虽低，如锲而不舍，亦能成绩卓著。他说：“积土成山，风雨兴焉；积水成渊，蛟龙生焉；积善成德，而神明自得，圣心备焉。故不积跬步，无以至千里；不积小流，无以成江海。骐骥一跃，不能十步；驽马十驾，功在不舍。锲而舍之，朽木不折；锲而不舍，金石可镂。”（《荀子·劝学》）荀子认为学习应当专心有恒，不能一心二用。他说：“心何以知？曰：虚一而静。”（《荀子·解蔽》）“蚓无爪牙之利、筋骨之强，上食埃土，下饮黄泉，用心一也。蟹六跪而二螯，非蛇鳝之穴，无可寄托者，用心躁也。”（《荀子·劝学》）荀子认为，学习中应将事物的各个方面或各种情况都展示出来，通过比较权衡而选择中正的。这是对孔子“叩两端”思想的发展，含有辩证法的因素。“故为蔽，欲为蔽，恶为蔽，始为蔽，终为蔽，远为蔽，近为蔽，博为蔽，浅为蔽，古为蔽，今为蔽。凡万物异则莫不相为蔽，此心术之公患也。”（《荀子·解蔽》）

荀子特别重视教师的作用和地位，将君师并提，认为教师是礼法的化身，能否尊师关系到国家兴亡盛衰。荀子要求学生必须尊重服从教师，同时又对教师提出了严格要求。他说："天地者，生之本也；先祖者，类之本也；君师者，治之本也。无天地，恶生？无先祖，恶出？无君师，恶治？"（《荀子·礼论》）"国将兴，必贵师而重傅……国将衰，必贱师而轻傅。"（《荀子·大略》）"师术有四，而博习不与焉。尊严而惮，可以为师；耆艾而信，可以为师；诵说而不陵不犯，可以为师；知微而论，可以为师。故师术有四，而博习不与焉。水深而回，树落则粪本，弟子通利则思师。"（《荀子·致仕》）

第三节 墨家的教育思想

一、墨子生平与墨家学派

墨家学派的创始人是墨子，他是继孔子之后伟大的思想家。墨子，名翟，曾为宋大夫，大约生活在战国初年。墨子出身微贱，常自称"鄙人"、"贱人"，精于工技，是一个小生产劳动者。从思想倾向看，他代表着"农与工肆之人"的利益。从思想渊源上说，墨子是学过儒的。《淮南子·要略》记载："墨子学儒者之业，受孔子之术"，但是墨子认为儒家"其礼烦扰而不说，厚葬靡财而贫民，（久）服伤生而害事"，所以"背周道而用夏政"，转而批判儒家，自成一家，是学术思想史上第一个批判儒家的思想家。墨子一生的活动主要是"上说下教"，墨家私学以自然科学、生产技术和逻辑学为主要特色。现存《墨子》53 篇是研究墨子和墨家学派的主要资料。

墨子

二、墨家的教育教学思想

在教育作用与教育目的上，墨家和儒家一样都主张教育必须为社会政治服务。墨子认为，天下大乱的根源在于人们"不相爱，交争利"，因而造成了"饥者不得食，寒者不得衣，劳者不得息"（《墨子·尚贤下》）。要消除这些社会弊端，唯有推行"兼爱"，即"有力者疾以助人，有财者勉以分人，有道者劝以教人"（《墨子·尚贤下》）。如果能教天下人都彼此爱护，做到"爱人若爱其身"，天下就太平了。要实现这样的政治理想，教育的目的就是要培养能自觉爱护别人、"兴天下之利，除天下之害"（《墨子·兼爱中》）的"兼士"。

墨家学派的教育内容与儒家不同。墨家反对礼乐教育，重视科技教育，强调劳动的重要性，"教人耕者，其功多"（《墨子·鲁问》）。为了反对非正义的战争，墨家还重视武艺的学习。此外，墨家还注重辩论学、逻辑学。在墨家后学所著的《墨经》中，涉及了几何学、物理学、光学、数学等方面的知识。可见，墨家的教育内容大大突破了儒家"六经"的范围。

墨子重视教育，但更强调环境对人的发展的决定作用，提出了"染丝说"。他以染丝为喻，说明环境对人性形成的影响："染于苍则苍，染于黄则黄，所入者变，其色亦变；五入必（毕）而已，则为五色矣。故染不可不慎也。非独染丝然也，国亦有染……非独国有染也，士亦有染。"（《墨子·所染》）墨子认为人性不是先天的，不过是待染的素丝，如同下什么颜色的染缸就成什么颜色的丝一样，有什么样的环境与教育就能造就什么样的人。

墨家学派的教育教学方法也与儒家有极大的不同。墨子施教，一向坚持积极主动。他不同意儒家的"叩则鸣，不叩则不鸣"的教学态度，提出"虽不叩必鸣者也"。他认为："不强说人，人莫知之"（《墨子·公孟》），即使学生不来请教，也应主动去教。墨子一生都在"上说下教"，从事各种社会活动，推行自己的主张。墨子批评儒家"述而不作"的保守态度，主张"述而且作"，对古人的文化遗产不仅要继承而且要创新，"古之善者则述之"。墨子在教育中特别强调行动实践，反对说空话不务实际，"口言之，身必行之"（《墨子·公孟》）。墨子还提出了量力性原则，要求施教必须根据学生不同的能力、基础等实际情况进行，"知者必量其力所能至而从事焉"（《墨子·公孟》）。

第四节　《礼记》的教育思想

在战国末期出现了一批集中论述教育问题的著作，这些论著形成了中国古代教育理论发展的一个高峰。《礼记》是儒家学派分化又融合后的产物，其中不少内容与教育有密切关系，还有专门论述教育的篇章，这里简要介绍《礼记》中的《大学》和《学记》两篇。

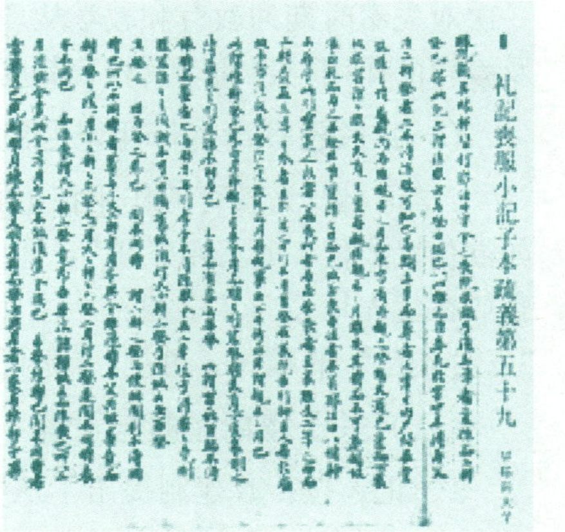

礼记

一、《大学》中的教育思想

《大学》是儒家学者论述"大学之道"的一篇文章，是儒家对于大学教育的目的、任务和步骤提出的一个完整而概括的政治、道德教育的纲领。《大学》提出了教育目的："大学之道，在明明德，在亲民，在止于至善"，即"三纲领"。大学教育的目的首先是"明明德"，使人们先天的善性得到恢复和发扬，以达到修己的目的。修己是为了治人。大学教育的第二个目的是"亲民"，即推行德治与仁政，然后达到"至善"的终极目的："为人君止于仁，为人臣止于敬，为人子止于孝，为人父止于慈，与国人交止于信。"这是对儒家伦理思想的概述，统治了中国两千多年的封建教育。

《大学》又提出了实现教育目的的八个步骤：格物、致知、诚意、正心、修身、齐家、治国、平天下，或称"八条目"。"八条目"彼此联系又逐步递进。"格物"、"致知"实际上就是学习、领悟儒家道德文艺的知识，并加以融会贯通。"诚意"、"正心"、"修身"是综合修养个人道德及协调与他人的关系。从"修身"引出"齐家"，齐家是一个施教过程，即通过个人的“修身”来协调家族内部的关系。“齐家”是治国的基础，“一家仁，一国兴仁；一家让，一国兴让”，如果家家户户都做到了孝、悌、慈，则“治国”、“平天下”的目标也就实现了。因此，“齐家”、“治国”、“平天下”是紧密相连、精神一贯的。可见，《大学》中这几个过程是相互联系、转换和发展的，以“修身”为最重要的中心环节，服从于封建伦理道德。

《大学》的基本思想是通过教育使被教育者服从于统治，宋代以后被收入《四书》，成为封建教育最重要的教材。

读一读

《大学》云：“古之欲明明德于天下者，先治其国；欲治其国者，先齐其家；欲齐其家者，先修其身；欲修其身者，先正其心；欲正其心者，先诚其意；欲诚其意者，先致其知；致知在格物。物格而后知至，知至而后意诚，意诚而后心正，心正而后身修，身修而后家齐，家齐而后国治，国治而后天下平。”

二、《学记》中的教育思想

《学记》是中国古代教育史上最早系统而全面地阐述教育教学思想的教育学专著，第一次对先秦时期的教育和教学从理论上进行了总结。《学记》全文仅 1 200 多字，内容涉及教育的作用与目的以及教育制度、教育内容、教学方法、师生关系。

（一）关于教育的作用与目的

《学记》认为教育的作用在于服务政治，目的是“建国君民，教学为先”，认为“君子如欲化民成俗，其必由学乎”，即统治者要想使百姓遵守秩序，必须进行教育，必须把教育放在优先地位。《学记》所主张的教育目的是培养具有“建国君民”能力的统治者和“安分守己”的顺民。可见，《学记》把教育当成了重要的政治手段。

（二）关于教育制度与管理

《学记》按行政建制提出了从中央到地方的学制系统：“古之教者，家有塾，党有庠，术有序，国有学。”这种办学思想对后世兴办学校产生了很大的影响。在学校管理方面，《学记》提出了一个完整的教学进程和考查标准：“比年入学，中年考校。一年视离经辨志，三年视敬业乐群，五年视博习亲师，七年视论学取友，谓之小成。九年知类通达，强立而不反，谓之大成。”它从知识和品德两方面规定了每个阶段的具体标准且逐步深化提高，体现了德智并重、循序渐进的特点。

（三）关于教育教学原则

《学记》在综合各家学派的基础上，总结了一套教育、教学原则和方法。

第一，教学相长。《学记》曰：“学然后知不足，教然后知困。知不足，然后能自反也；知困，然后能自强也。故曰：教学相长也。”这段话说明了教师自身的学习与进行教学是相互依存、相互促进的，揭示了教与学之间的辩证关系：“学”因“教”而日进，“教”因“学”而益深。

第二，尊师重道。《学记》明确提出了“师严而道尊”的思想。《学记》高度评价了教师的作用和地位：“能为师，然后能为长；能为长，然后能为君。故师也者，所以学为君也。”教师对于君主要免行为臣之礼以示尊师：“师严然后道尊，道尊然后民知敬学”，“当其为师，则弗臣也”。《学记》又对教师提出了严格的要求，既要有渊博的知识和崇高的道德修养，又要有丰富的教学方法、技巧，这样才能当教师。如：“知至学之难易而知其美恶，然后能博喻，能博喻然后能为师”，“既知教之所由兴，又知教之所由废，然后可以为人师也”。

第三，藏息相辅。《学记》曰：“大学之教也，时教必有正业，退息必有居学……故君子之于学也，藏焉修焉，息焉游焉。”就是说正课学习与课外练习必须兼顾，互为补充。课外练习既可以深化课内学习的内容，又可使学习张弛有度，这样学生可以感受到学习的乐趣和教师的亲切、同学的可爱。这一经验也是十分可贵的。

第四，豫、时、孙、摩。“豫”是预防性原则，及时采取预防性教育措施，把不良行为和习惯消灭在萌芽状态；“时”指及时施教原则，要求掌握学习的最佳时机，及时施教，以免“时过而后学，则勤苦而难成”；“孙”指循序渐进原则，教学要按从简到易、由浅入深的规律来进行，如果“杂施而不孙则坏乱而不修”，其效果将适得其反；“摩”指学习观摩原则，学习中要相互观摩、取长补短，如果“独学而无友，则孤陋而寡闻”。

第五，启发诱导。《学记》指出：“君子之教，喻也。道而弗牵，强而弗抑，开而弗达。道而弗牵则和，强而弗抑则易，开而弗达则思。和易以思，可谓善喻矣。”就是说，教学要积极引导，不能牵着走；要督促勉励，不要强迫压抑；要打开学生思路，不能硬塞知识。这样才能调动学生学习和思考的积极性和主动性。

第六，长善救失。《学记》提出：“学者有四失，教者必知之。人之学也，或失则多，或失则寡，或失则易，或失则止。此四者，心之莫同也。知其心然后能救其失也。教也者，长善而救其失者也。”这指出了学生学习中存在的贪多、片面、自满自足、畏难不前的缺点。教师要因材施教，因势利导，利用积极因素，克服消极因素，将学生的缺点转化为优点。

此外，《学记》还提出了不少非常有价值的教学方法，如问答法、讲解法、练习法、类比法等。[①]

本章小结

随着奴隶制政治、经济的瓦解，奴隶制官学逐渐解体。政治、经济下移导致文化下移，打破了奴隶主阶级垄断文化的格局，私学逐渐兴起。以孔子为代表的一批教育家是我国古代私学的首创者。私学的兴起打破了“学术官守”，是我国教育制度一次大的变革，具有深远的影响。士阶层在诸侯之间政治斗争的背景下崛起，统治阶层争相养士作为自己的“智囊团”，士阶层有较高的社会地位和自由。由于较宽松的学术氛围，诸子纷纷发表自己的政治主张并创立学派，通过游学和办私学以推广。各学派互相之间驳难与吸收，于春秋末期以儒、墨之争揭开了“百家争鸣”的序幕。稷下学宫成为“百家争鸣”的中心场所。

---

① 刘德华主编：《中外教育简史》，67～70页，沈阳，辽宁大学出版社，2007。

关键概念

官学　　私学　　儒学　　《大学》

复习题

1. 春秋战国时期私学有哪些主要特点？
2. 简述孔子的基本教育主张。
3. 试比较儒、墨学派教育思想的主要异同。

讨论与思考

“虽有佳肴，弗食不知其旨也；虽有至道，弗学不知其善也。是故学然后知不足，教然后知困。知不足然后能自反也，知困然后能自强也。故曰：教学相长也。”

请对其中所蕴含的教育思想观点加以分析评述。

第三章　秦汉魏晋南北朝时期的教育

【本章要点提示】

- 了解秦朝的文教政策措施
- 了解汉朝的文教政策措施
- 掌握汉朝太学的特点
- 掌握汉朝选士制度

【本章内容引言】

秦始皇统一中国后，建立了中央集权的君主专制制度，紧接着颁布了一系列加强控制与统一的文教政策，这些政策给教育带来了什么样的影响呢？在此基础上，西汉、东汉依次创立，这一时期社会稳定、政治统一、经济发展，在此社会背景下，教育又得到了哪些新的发展呢？三国、两晋、南北朝时期，地方分裂割据、社会动荡不安、政策朝令夕改，儒学独尊的状态被打破，佛教广泛传播，道教不断发展，玄学兴盛一时，三教并行。在多种思想文化活跃的条件下教育又会发生怎样的变化呢？可以说，中国古代教育制度在秦汉时期初步建立起来，并从此确立了儒家教育思想的主体地位。魏晋南北朝时期，学校体系不是很完善，但有所创新，教育思想仍以儒家为主，但吸收了许多佛、道的因素。

第一节　秦朝的文教政策

公元前221年，秦灭六国，建立起我国历史上第一个统一的多民族的封建制国家。为了巩固统治，秦始皇采取了一系列的政治和经济措施以加强中央集权，同时还颁布了一系列有利于巩固统一的重大文教政策。

一、“书同文”、“行同伦”

这是为巩固统一而推行的统一文字、规范社会习俗的重要措施，相对来说具有建设性。“书同文”的目的是消除战国时期“言语异声，文字异形”的现象，以小篆为标准文字形式，进行文字改革与统一，这为秦朝政策法令的顺利推行扫除了障碍，同时也为文化的传播和教育的推广创造了有利的条件。“行同伦”的目的在于“黔首改化，远迩同度”，即在于统一社会伦理规范和行为习惯，这对于促进中华民族共同价值观念的形成起到了积极的作用。

二、禁办私学、焚书坑儒

政治上统一后，秦始皇开始重视文化思想的统一与控制。他采纳了法家代表李斯的建议，颁布“挟书令”，禁止传播儒家思想及有关儒学书籍。当时明确规定，除博士馆的藏书以及医药、卜筮、种树之书外，民间所藏的诗书、百家经典一并焚毁，以消除聚谈诗书、非议朝廷的现象；禁止办私学，以杜绝社会上聚徒讲学、结党营私的现象。一些儒生对秦始皇“焚书”极其不满，议论朝政，被坑杀。焚书坑儒是历史性的文化教育灾难，对我国古代文化典籍造成了严重的破坏，不但没起到统一思想的作用，反而加剧了社会矛盾。

焚书坑儒

图片来源：http：//baike. baidu. com/view/14125. htm。

三、以吏为师、以法为教

秦始皇为了巩固统一的中央集权制度，在李斯的建议下，实行集法律、教师、官吏为一体的“吏师制度”，在郡县建立了“学室”，召“吏”的子弟入学为“弟子”，修习律令，实施“以法为教”。这种文教政策仅仅依靠官吏的作用来实现对人们的教化，以法律教育取代学术文化的发展，否定学校教育，是教育发展过程中的一种倒退。

第二节　汉朝的教育

汉朝是秦朝后的王朝，包括西汉和东汉。西汉初，统治者以“无为而治”的“黄老之术”为政治指导思想来恢复经济文化，百家之学得以再度兴起。公元前140年汉武帝即位后，为了加强中央集权、统一思想意识，听从董仲舒的建议，“独尊儒术”。

一、“独尊儒术”的文教政策

汉武帝即位之后，下令要选拔优秀知识分子来充实官吏队伍。通过回答有关经文、政治、经济、文化以及其他各方面的问题来选拔贤良之士，称“对贤良策”或“贤良对策”。汉武帝亲自拟定题目，亲自阅卷。他对董仲舒治理国家的思想主张十分赞同，采纳了董仲舒的建议并推行实施。

汉初为了恢复文化教育采取了宽松政策，各学派借此机会得到了良好发展，但封建统治者认识到各学派之间的相互争雄必将危及政治局面的稳定。董仲舒分析总结：“春秋大一统者，天地之常经，古今之通谊也。今师异道，人异论，百家殊方，指意不同，是以上亡以持一统；法制数变，下不知所守。臣愚以为诸不在六艺之科孔子之术者，皆绝其道，勿使并进。邪僻之说灭息，然后统纪可一而法度可明，民知所从矣。”（《汉书·董仲舒传》）汉武帝采取了董仲舒的意见，施行“独尊儒术”的文教政策。“独尊儒术”的文教政策确立了教育为治国之本的地位，以儒家经典为教育内容，确立了对人民进行思想教化的指导思想。为了推行该政策，董仲舒又提出了“兴太学以养士”，即政府通过办太学直接掌控教育大权，决定人才培养目标，这是促进儒学独尊的重要手段。另外董仲舒主张建立完备的选士制度。针对汉初人才选拔中的弊病，董仲舒主张建立选士制度以选拔任用贤才，并提出了一套严格的选士方案，强调“贤能为上，量材而授官，录德而定位”的用人思想。董仲舒在此提到的“材”、“德”都是以儒家伦理道德规范为标准的，这对确立儒学独尊的地位也有重要的作用。选士在汉代得以制度化。

二、汉朝的学校教育制度

汉朝统治者在确立了独尊儒术的文教政策的同时，也逐步建立起了从中央到地方的学校体系与相应的教育行政管理体制。汉朝官学分为中央官学和地方官学两种。中央官学由政府直接设置管理，主要有太学、宫邸学和鸿都门学。地方官学按地方行政建制设立，有学、校、庠、序四类。汉朝私学有“蒙学”和“精舍”，在官学资源不足的情况下承担了民间的小学教育和大学教育。

（一）太学

根据董仲舒的建议，汉武帝在都城长安设立太学。太学即儒家经典中说的大学。太学的设立标志着我国封建官学制度的确立。太学的学生有京都直接挑选的“正式生”，还有各郡县选送的“特别生”。其中贵族子弟居多，但也有出身贫寒的子弟。太学生在年龄上没有特别要求，所以太学里有十几岁的少年，也有几十岁的老人。太学生可以免除徭役和赋税。在汉武帝创办太学之初，只有50位学生，规模较小，但到西汉末年已达数千人。太学随着社会政治、经济条件的变化以及不同时期的帝王对教育重视程度的不同，时有兴衰。到东汉末年，太学的学生人数已达3万人。太学生人数在不断增多，管理制度却并未健全，供需严重失调。随着政治上的腐败，太学生开始参与政治。东汉末年两次“党锢”

使得不少太学生遭到迫害。

汉朝太学的教师由博士担任。博士始于战国；秦朝博士的职责为典文书、备咨询；汉朝博士主要从事太学的教学工作，各专一经进行讲授，但同时也部分保存咨询官吏的职能。众教师中通常推选一位德高望重的博士为首领，称作博士祭酒。博士并不是很高的官品，没有实际权力，但地位优越。随着太学的发展，博士的选拔任用趋向于严格和制度化，人数也有严格的限制。

汉代讲经画像砖

太学所传授的知识是单一的儒家经典。太学博士专修五经，太学所讲授的内容以五经为限，但并不要求学生学习所有的五经。除了《论语》、《孝经》外，太学生一般只是向某位专经博士学习某一经或某一经中的某一学派的学说。汉代经学教育中特别强调守“师法”、“家法”。“师法”就是师承关系。能自成一家之言的学术造诣就是“家法”。当时太学经师传经需严守“师法”、“家法”。重师法、家法的学风，一方面有助于经学准确无误的传授，并且密切了师生关系；但另一方面也带来了很大的弊端，束缚了学生的创造力，甚至形成门户之见，阻碍了学术的发展。

太学的教学形式先后有变化。太学初建时学生较少，博士采用个别或小组教学；后来学生的数量多以千万计，而博士最多时仅 15 名，于是出现了一种称为“大都授”的集体上课形式，主讲的博士称为“都讲”。此外，次第相传的教学形式也在太学内出现，即以高业生教授低业生。教学形式多样化解决了教师不足的问题。太学生除了听博士说经外，有充裕的自学时间，同学之间经常相互讨论。

太学里没有严格的教学制度，但十分重视考试，以督促和检查学生的学习成绩。太学的考试基本上采用“设科射策”的形式。所谓“射策”就是抽签口试问答。“设科”是按照试题难易程度分为甲、乙两科。学生根据考试成绩优劣获得相应的官职。未获取官职的学生和考试不合格的学生，可以继续参加考试直至获得官职，太学以此鼓励士人博通儒家的五经。很多人“结童入学，白首空归”，为了通过太学考试获取官职而耗尽毕生精力却没有收获，甚至有年过六十还留居太学的。

（二）鸿都门学

公元 178 年，鸿都门学为满足皇帝爱好尺牍、书法、绘画的需要而创建，是一所研究文学和艺术的专门学校，因校址在洛阳的鸿都门附近而得名。它的创建是政治斗争的产物。东汉末年，宦官集团和儒家士大夫集团的斗争异常激烈。“党锢”事件后，士大夫集团遭受迫害，很多有学问、有才华的太学生被杀戮禁锢。宦官集团虽然在政治上得势，但是他们也深感培养一批依附于自己的知识分子很重要。因在经学上无法与太学抗衡，宦官集团便创办了鸿都门学，教授辞赋、小说、尺牍、字画等，学生毕业后待遇远优于太学生。此举显然与儒家传统的价值观念相悖，士大夫们视其技艺为“雕虫小技”，强烈反对。

鸿都门学虽源于政治斗争，但不可否认其在客观上打破了汉代以儒经一统天下的局面，是中国历史上第一所文学艺术专科性质的学校，对于中国教育的发展具有重要的进步意义。

（三）宫邸学

这是一种设于宫廷内的学校，是朝廷专门为外戚贵族及功臣子弟们设立的贵族学校。当时主要是为外戚樊氏、郭氏、阴氏、马氏的子弟们所办，故称为“四姓小侯学”。其教学内容有《孝经》、《尚书》等儒家经典。由于贵族特权，这所学校的办学条件和教师水平在当时都是一流的，教学质量比较高。汉安帝时，邓太后主政，深感贵族子弟不学无术的危害，高度重视宫廷教育，又专门办了贵胄学校。这所学校规模较大，学生有七八十人，还有专门的校舍，开展经学教学。宫邸学是汉代唯一由官方举办的小学。这类学校的设立，一方面反映了东汉外戚势力强大，享有教育特权，另一方面也体现了当时加强皇权的需要，试图通过儒学教化使贵族阶级循规蹈矩。

（四）文翁兴学

文翁兴学所办的学校是汉代最早的地方官学。汉代时郡国是最大的地方行政单位。汉景帝时，蜀郡太守文翁深感蜀地偏僻、文化落后，而本地又不具备培养条件，便挑选聪明伶俐的小吏十余人到京师向博士学习，学成以后回到蜀郡，根据学绩情况授予官职。同时，他还在成都办郡学，把下属各县的吏民子弟召集起来进行法令的教学。为了让学生专心学习，文翁给予了他们很好的待遇并且免徭役，学成优秀者可以充任官吏，还可以享受种种优待。这样，很快形成了重教劝学的良好社会风气，儒家思想很快在蜀地发展起来，改变了当地的风俗，促进了经济的发展。这就是“文翁兴学”，其为当地社会发展做出了很大的贡献。“文翁终于蜀，吏民为立祠堂，岁时祭祀不绝。至今巴蜀好文雅，文翁之化也”（《汉书·循吏传》）。汉武帝对文翁兴学一事极为赞赏，下令各郡国都效仿蜀郡设立学校。此后，各地方官纷纷在自己的郡内设立学校。

（五）汉朝私学

汉朝时私学十分发达，因为当时做官必须读书，但官学规模有限，难以满足士人求学者。一些汉代经师大儒得不到官职或任博士的机会便从事私人讲学，很多有官职的名儒也收录弟子。当时的私学有两种：一是相当于小学教育的“蒙学”；二是相当于大学教育的“精舍”。

“蒙学”也叫做“书馆”。一般士人进入太学前接受的初等教育多依靠“蒙学”。学生在“蒙学”主要学习识字和书法，后期则开始接触儒学的基础内容。所习教材以《急就篇》流传最广，而且一直保存至今的只有《急就篇》。其内容包括姓氏、器物名称以及日常生活等方面的知识，全文押韵，便于记诵，比较适合儿童的心理特点。《急就篇》一直使用到唐代才被新的字书教材取代。书馆教育中，体罚现象比较严重。

“精舍”也叫做“精庐”，实际是一些经师大儒聚徒讲学的场所，西汉时已经出现，东汉时更为兴盛，其学生的水平并不逊于太学。精舍中师生关系非常亲密、感情真挚，传为美谈。董仲舒、王充、郑玄等都是两汉著名的私学大师。私学规模越来越大后，弟子众多，无法逐一面授，故私学弟子分作两种：一种是“及门弟子”或称为“授业弟子”，多是私学大师的高足，直接从师受教；另一种是“著录弟子”，他们在老师门下留下名字，老师承认他为弟子，不必亲来受业，可在需要的时候来请教。因此，私学中最常使用的教育方法是次相传授，老师只对高业弟子进行直接传授，再由高业弟子转相传授初学弟子。

如董仲舒使弟子“次相受业，或莫见其面”（《汉书·董仲舒传》）。又如郑玄在马融门下学习，“三年不得见”，至出师时才见了马融一面。

学习资料

http：//www.zwbk.org/mylemmashow.aspx? lid=169084

第三节　魏晋南北朝的教育

魏晋南北朝时中国处于王朝更迭频繁、政权分裂的战乱时期，学校教育时兴时废，官学数量减少，但也出现了一些新现象和新特点，不过教育事业的延续主要是依靠私学。在教育思想上，这一时期的儒学受玄学和佛道的影响，进入了一个新的阶段，被称为教育史上“继汉开唐”的新时代。在官学制度上，中央恢复了太学，并进一步完善了其管理制度，增设了国子学，开办了专科学校。私人讲学之风依然兴盛，尤其是宗族教育和家庭教育开始有了一定的发展，一些科技知识与技能也得以传承。

一、国子学与太学并列

汉代太学体现着封建中央集权的权威形象，是以儒学育才的基地。魏国在建国之初便恢复了太学，完善了考试制度和学生管理制度。晋武帝时，统治阶级内部形成了一个门阀贵族阶层，即门阀士族。他们不愿入太学与贫寒子弟为伍。但统治者亦无法将出身贫寒的太学生赶出太学。为了满足门阀士族保持自己的利益和尊贵的愿望，统治者就在太学之外另立国子学以区分士庶，突出士族阶级的教育特权。国子学设置国子祭酒、博士各一人。晋惠帝元康元年（291 年）明确规定五品及以上官员的子弟可入国子学，六品及以下官员的子弟入太学。

创办国子学用来突出贵族子弟的教育特权这一举措，是魏晋南北朝时期门阀士族与庶族地主之间的政治对立在教育上的反映。

二、专科学校的产生

魏晋南北朝是个社会动荡的时期，同时也是学术思想非常活跃的时期。这时候的教育体制发展冲破了“独尊儒术”的樊篱，先后涌现了史学、文学、律学等专科学校。尽管这些专科教育在形式上、内容上、规模上还尚未完备，时间也不长，但所形成的多学科教育的格局有重要的意义。

三国魏明帝时卫觊奏请置律博士教授刑律，招收律学弟子。后秦姚兴也设置“律学”。

梁朝梁武帝也增设“律学”。晋武帝时设立书博士，教习书法。南朝宋文帝时设立了儒学、玄学、史学、文学共四个学馆，各聚门徒就业，史称“江左风俗，于斯为美”（《南史·宋文帝纪》），就是说，在文化思想上，研究儒经的“儒学”、研究佛老的“玄学”、研究历史的“史学”、研究辞章的“文学”四科并立。南朝宋文帝又开设了医学。这是我国古代教育分科教授制度的开始。

三、私学与家庭教育的发展

魏晋南北朝时期的官学虽因战乱而显衰颓，但私人讲学之风依然盛行，并且家庭教育也有了进一步发展。当时有许多著名的讲学大师，如三国时期魏国的国渊、邴原等，吴国的虞翻，晋国的范平、杜夷、刘兆，南朝的雷次宗、何胤等，北朝的刘献之、张吾贵等。他们的学生常有数十人甚至数千人。《晋书·儒林传》记载：“济南刘兆，博学善诱，著作百余万言，从受业者数千人。”除名儒大家私人讲学兴盛外，玄学家、佛学家也纷纷聚徒讲学，大大丰富了私学的内容，如天文学家郭琦聚集门徒讲授天文、五行。也有妇女进行授徒讲学的，如韦逞的母亲宋氏继承家学《周官》音义，在战乱中仍然不曾中断教学，号宣文君。

宗族教育和家庭教育也有所发展。《晋书·孝友传》记载：王延因天下战乱而专注于农耕养桑，闲暇时间里仍然从容不迫地训导宗族。刘殷有七子，向二子传授《史记》和《汉书》，向其余五子各授一经，一家之内，经史并举。东晋王羲之是书法大家，被称为“书圣”，他的幼子王献之，七八岁时学书，被称为“小圣”。南齐祖冲之一家都擅长天文历算。家族传授学术的形式在当时很普遍，培养了许多儒学家、玄学家、科学家、文学家、艺术家。颜之推的《颜氏家训》是这个时期家庭教育的代表作。

第四节 董仲舒的教育思想

一、生平与著作

董仲舒，西汉最著名的儒家学者，被称为“汉代孔子”。他对《春秋公羊传》与《易经》有特别研究，在汉景帝时担任博士，主要收徒讲学。汉武帝大举天下贤良时，他连对三策被武帝赏识，这三大文教政策是：“罢黜百家，独尊儒术”，以统一思想；兴学育士，以培养人才；健全选士制度，以选拔人才。他先后做过江都易王和胶西王的相；晚年去职居家，专心写作与讲学。他平生著述甚多，现仅存有《春秋繁露》和《汉书·董仲舒传》中的《举贤良对策》，是研究其教育思想的主要参考资料。

董仲舒

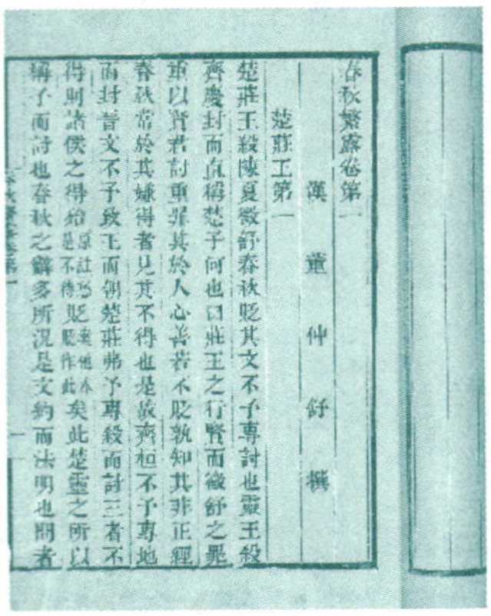

春秋繁露卷第一
漢　董　仲　舒　撰
楚莊王第一
楚莊王殺陳夏徵舒春秋貶其文不予專討也靈王殺
齊慶封而直稱楚子何也曰莊王之行賢而徵舒之罪
重以賢君討重罪其於人心善若不貶孰知其非正經
春秋常於其嫌得者見其不得也是故齊桓不予專地
而封晉文不予致王而朝楚莊弗予專殺而討三者不
得則諸侯之得殆矣此楚靈之所以
稱子而討也春秋之辭多所況是文約而法明也問者

《春秋繁露》

二、教育思想

在人性论问题上，董仲舒调和了孟子的“性善论”和荀子的“性恶论”，认为：“性者，天质之朴也”，即人性是“天”创造人类时所赋予的一种先验的素质，这种素质具有善的可能性，也具有恶的可能性，教育的作用就是使人性为善。董仲舒提出了“性三品”说，他把人性分为“圣人之性”、“中民之性”和“斗筲之性”。“圣人之性”是不教而善、天生的“过善”之性，其他人虽经后天努力亦不可及，是上品，如帝王、孔子等少数人；“斗筲之性”根本没有什么“善质”，生来就是恶的，近似于禽兽，教化对他们来说是没有用的，只能用刑罚，是下品。“中民之性”代表万民之性，有善质但还不能称之为善，只有通过教化才能成“善”，但也成不了圣人，是主要的教育对象。

董仲舒很重视教育的社会作用，提出了“王从天命以从事，任德教而不任刑罚”的治国方针，认为通过道德教育能够化民成俗，从而可以有效地预防犯罪。他说：“夫万民之从利也，如水之走下，不以教化堤防之，不能止也。是故教化立而奸邪皆止者，其堤防完也；教化废而奸邪并出，刑罚不能胜者，其堤防坏也。古之王者明于此，是故南面而治天下，莫不以教化为大务。立太学以教于国，设庠序以化于邑，渐民以仁，摩民以义，节民以礼。故其刑罚甚轻而禁不犯者，教化行而习俗美也。”董仲舒把一个国家的治乱兴废几乎都归于礼乐教化，政治上最重要的就是道德教育。他主张对人民要加强思想统治，使他们“从义向善，远利止恶”，达到“变民风，化民俗，万民正”的目的。

“三纲五常”是董仲舒伦理道德教育的主要内容。他继承了先秦儒家概括的“五伦”，即君臣、父子、夫妇、兄弟、朋友，又突出强调君臣、父子、夫妇三种主要关系，并用“阳尊阴卑”的理论将其等级化。这就是所谓的“王道三纲”：“君为臣纲，父为子纲，夫为妻纲。”从此，臣忠、子孝、妻顺成为封建社会中最重要的道德规范。与“三纲”相配合的是“五常”，即仁、义、礼、智、信。董仲舒特别强调“仁”与“义”。“三纲”与“五常”结合的道德体系成为中国封建社会道德教育的中心内容。董仲舒认识到伦理道德教育的核心是正确处理人我关系问题，提出了“以仁安人，以义正我”的道德教育原则，这与孔子“宽以待人，严于律己”的思想是一致的。他强调：道德修养不能只停留在认识上，还要体现在行动上，“强勉行道，则德日起而大有功”；此外，道德教育还应当重视道德情感的培养，并且与知识教育结合起来。

本章小结

秦统一中国后，为了实现其政治目的实行了三大文教政策：“书同文”、“行同伦”对形成中华民族的共同价值观念起了一定的积极作用；“禁办私学”、“焚书坑儒”则是历史性的文化教育灾难；“以吏为师”、“以法为教”否定学校教育，更是教育发展过程中的一种倒退。汉初，“无为而治”的政治取向使得百家之学得以再度兴起。汉武帝为了加强中央集权，听从董仲舒的建议采取“独尊儒术”的文教政策，并建立起从中央到地方的学校教育体系。中央官学主要有太学、宫邸学和鸿都门学。地方官学以“文翁兴学”为典型。私学有“蒙学”和“精舍”。至魏晋南北朝时期，恢复改进了太学，增设了国子学，开办了专科学校，并且私学教育依然兴盛。

关键概念

以吏为师、以法为教　　独尊儒术　　太学　　国子学　　三纲五常

复习题

1. 简述秦朝的“以吏为师”、“以法为教”制度。
2. 简述汉朝官学的学制系统。
3. 简述汉朝太学的基本特点。
4. 简述董仲舒关于教育作用的思想。

讨论与思考

董仲舒的教育思想有哪些是科学合理的？对于今天的教育教学有什么启发意义？哪些是不合理的？为什么？

第四章　隋唐时期的教育

【本章要点提示】

- 理解隋唐儒学的特点
- 了解唐朝的学校教育制度
- 掌握科举制度的产生、内容、发展以及意义

【本章内容引言】

公元589年，魏晋南北朝300多年的动乱割据状态结束，隋朝成为统一的中央集权封建帝国。隋朝统治时间虽然不长，但其创立的教育制度和科举制度对以后的朝代有重要的影响。公元618年，隋朝衰败，李渊建立唐朝取而代之。唐朝是中国历史上的盛世时期，在唐太宗的统治下出现了历史上著名的“贞观之治”。唐玄宗时，唐朝的国势达到了空前的盛况，史称“开元盛世”，政治稳定，经济和文化繁荣，中国封建社会到了一个鼎盛时期。唐朝的学校教育体制更加完备，科举制度日益完善，教育思想也有了新的发展。

第一节　隋唐的文教政策

一、重振儒术

魏晋南北朝时，由于社会动乱，佛教和玄学兴盛，儒学曾一度失去了两汉时的独尊地位。在隋朝短暂的统治时间内，为实现统一和中央集权的要求，开始恢复儒家思想的正统地位，重视对儒经的整理修订。唐朝初期，统治者注重吸取各朝经验教训，更加认识到儒学对于巩固和维护政治统一的重要性，实行了重振儒术的文教政策。

（一）尊孔

自汉朝以后，孔子的地位不断提高，汉高祖时开始形成祭孔传统。到唐朝时，孔子的地位更加显赫，唐高祖于武德二年（619 年）在国子监设立孔子庙，立周公为先圣、孔子为先师，开始祭祀活动；唐太宗时升孔子为先圣、颜回为先师；唐玄宗追封孔子为“文宣王”，庙宇中的孔子塑像都着王服；唐朝各个皇帝经常亲临国子学参观祭祀孔子的典礼。

（二）提高儒生地位

唐朝皇帝都重视儒生，给予儒生非常高的地位，以掌握儒术为用人标准。房玄龄、魏征等都是当时有名气的大儒，唐太宗即位时召之为学士，共议天下大事；之后又设置了弘文馆，精选天下名儒授予官职，经常与他们讨论经文、政事。唐玄宗时，颁布《求儒学诏》下令举荐有才能的儒生，还在秦始皇焚书坑儒的地方为遇难的儒生立祠。

（三）整理儒经

儒学派别多，汉代时有古、今之争，魏晋后又形成南、北两派。唐太宗于贞观十四年（640 年）诏令国子祭酒孔颖达等人负责整理五经，编撰《五经正义》，共成 170 卷，几经考订，于高宗时颁布天下，被确定为全国官学的统一教材。《五经正义》的编撰与颁布标志着儒家经典的统一，儒学再次居于正统地位。科举取士也以儒经为准，从此教育思想、教育内容又被统一起来。无论科举考试还是学校教育，都以儒经为主要内容。唐代教育的主要特点就是儒家思想控制了学校教育和科举考试，这对后世封建社会的教育也产生了深远的影响。

二、兼容佛道

与两汉的“罢黜百家，独尊儒术”不同，隋唐统治者虽重视儒家思想，但并不限制其他学说的发展，并且对当时的佛教和道教予以支持和鼓励。隋朝时提倡佛教，各地均建有寺庙，由官府保护，毁坏佛像者以恶逆论罪。唐朝时，许多皇帝都信仰佛教，修建寺庙佛像。贞观年间，玄奘取经归来受到了皇帝的亲自接见。武宗时，达到了“十分天下之财，而佛有其七八”的地步。佛教从兴盛直至泛滥，当时儒家一些代表人物表示反对。另外，唐朝国姓为李，与道教创始人老子同姓，于是奉老子为“太上玄元皇帝”。再加上许多统治者希望得到长生之道，所以道教也得到了尊崇。玄学与道教同宗，也一并得以提倡。但是后来，大肆修建佛教、道教寺庙以及举行繁冗的仪式，浪费了大量的财力、物力，挤占了用于学校教育的资源，并且其思想也造成了麻痹人民的后果。佛道的兴盛也丰富了文化的内容，在文学艺术、建筑雕刻等方面留下了很多珍贵的作品。儒、佛、道三者的地位虽在不同统治者时期有所变动，但从整个隋唐时期来看，是以儒为主体，兼容佛、道，三者都得到了很大的发展，总的来说对当时文化教育进步有一定的积极意义。

第二节　隋唐的学校教育制度

一、隋朝的教育制度

隋唐教育的最大贡献是完备了官学制度。隋朝建立之初，就建立了从中央到地方一系列学校，并设立了国子寺，设祭酒专门负责管理，下面又设有属官主簿、录事各1人。这是中国教育史上第一次由中央设立专门的教育行政管理机构和专门的教育管理人员，具有重要意义，标志着中国封建教育已经发展到了独立于其他部门的时代。中央官学包括国子学、太学、四门学、书学和算学。隋朝在地方上也设置了州县学。因为隋文帝的扶持，隋初的教育是非常发达的："讲诵之声，道路不绝。中州儒雅之盛，自汉、魏以来，一时而已"（《隋书·儒林传序》）。但后来因隋文帝重佛教，便下令废除京师和郡县的学校，只留下国子学，改成太学，官学蒙受重大损失。

至隋炀帝时，学校教育得到了恢复和发展，中央和地方的官学在规模上超过了隋文帝时期。隋炀帝大业三年（607年），改国子寺为国子监，国子监的名称一直沿用到了清朝。国子监内仍旧设有祭酒、主簿和录事，并且增加了司业1人、丞3人。国子学有博士和助教各1人，学生数目不定；太学有博士和助教各2人，学生500人。隋炀帝还设立进士科考试以挑选人才，为己所用。但后因其对内横征暴敛、对外穷兵黩武的残暴统治，学校衰落。在隋朝短暂的统治时期，学校教育两次兴衰皆源自统治者的主观好恶。

二、唐朝的教育制度

（一）学校教育体系

1. 中央官学

唐朝的学校教育制度已经相当完备了，在教育史中占有很重要的地位。在中央官学管理机构国子监下设有"六学"、"二馆"。"六学"包括国子学、太学、四门学、书学、律学、算学，属于直系。国子学、太学、四门学主要是学习儒经，学历层次大致相同，学生的出身不同。唐朝的学制对什么等级的学生进什么样的学校有严格的规定：国子学最高，太学次之，四门学又次之。但根据学生的学习成绩，四门学毕业生可升入太学，太学毕业生可升入国子学，这为庶族子弟向上流动提供了机会。书学、律学、算学主要是专科学校，至此，专科学校已经正式纳入学制当中了。"二馆"属于旁系，东宫设有弘文馆，门下省设有崇文馆。皇族子孙另立小学。

此外，玄学隶属于祠部，类似于大学性质。集贤殿书院隶属于中书省，作用等同于中央图书馆。政府各个部门还开办了各种人才培训的机构，如太医院开办医学，司天台开办天文、历数、漏刻等门类，太仆寺则办有兽医学，校书郎办有校书学等。

2. 地方官学

唐朝规定：府有府学，州有州学，县有县学，按照府、州、县的大小分为大、中、小三等来确定学校的规模，性质类似于中小学。地方官学主要是教授儒家经典，在府、州两级还设有医学。州、县学校的学生一般都是庶族子弟，教师的社会地位和经济待遇较低，教学质量要求也相对低一些，仅能粗通文艺、经学、医学和玄学而已。这些学生如果能通一经便可升入中央四门学，或者可以参加地方政府的“乡贡”，进入仕途。这样一来，中央学制与地方学制得以衔接。

3. 私学

唐朝的私学也很昌盛。当时有很多名师大儒聚徒讲学，传经授业。如以考定五经而著名的颜师古，在没有成名以前“以教授为业”。又如孔颖达，曾和颜师古一起编撰《五经正义》，在没有做官以前也“以教授为务”。刘炽曾是国子学有名的儒生，后来回家乡后专门从事著述和教授，孜孜不倦。柳宗元被贬柳州时，许多人“不远数千里皆随宗元师法”。农村也有私学，基本是小学程度的，课本有《急就篇》、《千字文》等流行。

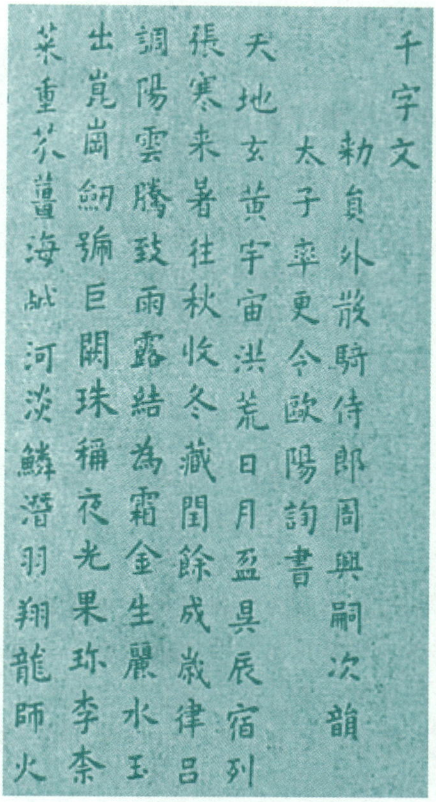

《千字文》

（二）教育管理体制

隋唐专门负责教育行政管理的机构是国子监。国子监设祭酒为教育最高长官。祭酒下设司业二人，协助祭酒管理并负训导之责；设丞一人，管理六学学生的学业成绩；设主簿一人，记录学生在学校学习的表现，对不尊重教师、不认真学习、违反纪律的学生予以开除学籍。各级学校教师有博士、助教及直讲等。博士分经教授学生，助教佐助博士分经教授的工作，直讲佐助博士及助教讲授经学。专科学校的博士及助教，用各自的专业教授学生，并负责监督及考试。

学生按社会地位入不同等级的学校。六学中以国子学地位最尊贵，文武三品以上官员的子弟可以入学。其次是太学，学生限于五品以上官员的子弟。再次为四门学，文武七品以上官员的子弟、庶民中非常优秀的人以及省试落第的举人可以入学。这些学校程度都差不多，但因入学资格有贵贱等级区分，所以学校地位就有高低之分。而书学、律学、算学这些专科性质的学校地位最低，入学资格限制也最宽松，八品以上官员的子弟和一般庶人都可以入学。弘文馆、崇文馆是为皇族子弟开设的学校，地位又高于国子学，但程度要比国子学、太学低。地方学校的学生则主要是中小地主的子弟。学生入学后一切饮食皆由学校供给。

唐朝规定学生入学要行隆重的“束脩礼”仪式以表示尊师。国子学和太学的学生每人送绢三匹，四门学的学生每人送绢两匹，律学的学生每人送绢一匹；地方学校的学生每人送绢两匹。此外，还须赠送酒肉，分量不限。学生的束脩礼分为五份，三份给博士，两份给助教。

读一读

“束脩”——古代学生与教师初见面时，必先奉赠礼物，表示敬意，名曰“束脩”。束脩早在孔子的时候已经实行，孔子的学生付的学费即是“束脩数条”，束脩就是咸猪肉。唐代学校中仍采用束脩之礼并由国家明确规定，不过礼物的轻重因学校的性质而有差别。教师在接受此项礼物时，还须奉行相应的礼节。束脩的致送，表示学生对教师的尊敬。

资料来源：http：//baike. baidu. com/view/1137943. htm。

唐朝官学有严格的考试制度，各级学校均有旬试、岁试和毕业试。旬试在旬假前一天举行，检查学生这十天学习的情况，由博士主持。该测验分读和讲两种形式，学生可任选一种。若选择读经，则要读经三千言，每一千言中试一帖，每帖三言，共三帖九言，通二帖为及格。若选择讲经，则讲经文六千言，每两千言问大义一条，总三条，通二条为及格。如果在旬试中“通一及全不通，酌量决罚”。岁试用来考核学生一年内学习的课程，问大义十条，通十为上，通六为中，通五为下。如果不及格就重考，累计三次不及格则令退学罢归原籍。毕业试由国子监主持，是模拟科举考试的考前练习，是学生获得参加科举考试资格的测试。考试及格的学生由国子监推荐到礼部。

（三）教育制度的特点

唐朝建立了从中央到地方相当完备的封建学制体系，中央设国子监总管教育。国子监既是高等学府，又是教育行政管理机构，具有双重性质。弘文馆和崇文馆既是研究机构又是教育机构，除负责整理图书外还招收学生开展教育。太医院、司天台等行政机构同时也具有研究机构和学校的性质，设有专职人员在进行专业研究的同时传授学生专业知识。行政机构具有教育和研究的功能，教育成为其有机组成部分，这是唐朝教育的一大特色。

地方学校包括州府、县两级，是在全国推行的统一的学制。医学、律学、书学等专科学校逐渐定型。行政管理以及各项制度更加健全，等级性也更加分明，学习内容趋于标准化。除律学、书学及算学外，医学尤被重视。

学校与科举的关系极为密切，学校培养人才以供科举考试选拔。一方面，这把选才和育才结合了起来，促进了教育的发展；另一方面，因为科举几乎是学生唯一的出路，这使得学校教育成为科举的附庸，其发展受到严重的限制。

唐朝的文化教育非常发达，不仅对本国各民族有深刻的影响，而且影响至亚洲各国文化。长安成为当时亚洲各国经济文化交流的中心。亚洲很多国家都曾派学生到长安学习，其中日本是派留学生最多、最频繁的国家。像唐朝这样拥有大规模的留学生在世界古代史上都是罕见的。

第三节 隋唐的科举制度

科举制度是中国封建王朝采取分科考试的办法来选拔人才和官吏的一种制度。科举考试制度以考试为手段，以选拔人才为目的，存在了1 300多年，对中国封建社会的文化教育事业产生过广泛而深远的影响。

一、科举制度的确立

在选士制度上，汉朝实行“察举制”，魏晋南北朝时期实行的是“九品中正制”。隋初，士族地主阶级逐渐失势，庶族地主力量壮大，开始要求参与政治。隋朝统治者为了加强皇权，满足庶族地主参政的要求，以解决地主阶级内部的矛盾，于隋炀帝大业二年(606年)设置进士科，创立了科举制度。唐承隋制，进一步发展了科举考试制度，扩大了考试科目，增加了考试内容，完善了考试程序。科举制度于是成为历代统治阶层选拔人才的主要制度。

科举取士由礼部、吏部直至皇帝亲自掌握，这样选士权力就集中于封建最高统治者，有力地限制了士族特权的膨胀，也有利于防止封建割据势力的发生。而且，选士规定了统一的标准和措施，这对于笼络广大的中小地主阶级知识分子是十分成功的。科举考试也确实为当朝统治者选拔了很多优秀的人才。当年唐太宗在端门看见新科进士列队而行，高兴地说：“天下英雄，入吾彀中矣。”这都说明了科举制度对巩固封建统治的积极作用。

读一读

“状元”一词始于唐代。凡举人进京会试，须先到礼部投状报到，故时人称进士第一名为状元，又称状头。唐代的状元还不像后世那样令人艳羡。唐代状元并不为史书所特别记录，两唐书里有传的状元，如王维、柳公权、李固言，只称“中进士第”，并不强调其状元头衔。而且，唐代考中状元仍和其他进士一样，只有再通过吏部试才能入仕做官。唐代科举，考试和录取的透明度都很高，所谓通关节，是指在考前就和主考官约定，用不着在考场内、答卷上或在阅卷时作弊，虽不正大光明，却也不违法。宋代比唐代更加重视科举，由皇帝亲自行殿试、定状元。宋代朝廷竭力给予新科进士各种荣耀。进士录取后，皇帝亲自一一接见并赐宴（如闻喜宴、琼林宴等）；诏令宫中卫士为状元清道开路，前呼后拥，公卿以下无不驻足观望，连皇帝也行注目礼。北宋殿试前三名均称“状元”；南宋时称为“状元”、“榜眼”和“探花”，并为后代所沿用。

资料来源：http：//www.longquanzs.org/articledetail.php？id=25759。

二、唐朝科举考试的程序

唐朝参加科举考试的考生主要有两个来源：其一是“生徒”，其二是“乡贡”。“生徒”是那些就学于中央官学或地方官学，并且在校内考试合格，由学校送名单到尚书省参加考试的考生。而那些没有在学校学习但仍然学有所成想要参加科举考试的人，可以先向所在县提出申请，逐级考试合格后，推举至尚书省参加考试，即“乡贡”。“生徒”和“乡贡”都是常科的考生，常科是每年都举行的。

科举考试大约从每年的农历十一月开始报考，具体报考的过程是：从中央官学至地方官学把通过校内考试合格的“生徒”名单上报至尚书省的礼部。中央官学由国子监祭酒负责，地方官学由长史负责。“乡贡”要自己带着所需材料先向所在州县进行报名，通过考试选拔出合格的学生。长史把考试合格的学生随同贡物一起送到尚书省。到尚书省后，“生徒”、“乡贡”都要填写姓名、三代履历以及担保人等材料，经过户部审查后将名册送往礼部，由礼部定期举行命题考试。唐朝对报考资格有严格的规定，触犯律法的人、从商者以及衙门的小吏都不准参加科举。如果推举这些人参加科举，则祭酒和长史都要受罚。

“生徒”和“乡贡”到长安后首先要拜先师。在考试那天，考生要自备水、炭、蜡烛和餐具，等考官点名、搜身后才能入场。入场后，考生坐在廊下答题。考试过程中，监考严格，考生稍不慎便会被驱逐出考场。考场外有兵将守卫。考试以一日为限，直到晚上还未完成的考生，允许点三支蜡烛继续答卷，烛尽，便交卷。

参加省试（尚书省的考试）合格的考生在发榜后要参加吏部复试。复试包括“书、判、身、言”。“书”即看其书法是否优美；“判”即要求写别的文体的文章判断其“文理优长”；“身”即考察其相貌是否端正；“言”即判断其口齿是否清晰。只有这四方面都通过了，才可以授予官职。

三、唐朝科举考试的科目和方法

（一）唐朝科举考试的科目

唐朝科举分文科举和武科举两大类。文科举又分常科和制科两种。常科每年定期举行，科目有秀才、明经、俊士、进士、明法、明字、明算、一史、三史、开元礼、道学、童子科等。其中经常举行的有秀才、明经、进士、明法、明字、明算六科。

秀才科选拔注重博识高才，有计谋策略类的题目五道，按照回答的水平评为上上、上中、上下、中上四等的为录取。隋朝时秀才科先后录取人数不过十人。唐朝每次及第的也只有一两人。所以隋唐时此科地位最高，录取也最难。唐高宗时一度废除了秀才科。以后虽然偶然开考过几次，但及第者很少。士大夫追求的只是明经科和进士科。

明经科注重经义的精熟，考试的内容基本上是儒家经典，即大经、中经、小经以及必考内容《论语》和《孝经》。但明经科的考试内容由于统治者取向不同而发生过变化。唐高宗为抬高道家，曾把《道德经》和《孝经》奉为上经。唐玄宗曾减《尚书》和《论语》，加试《老子》，天宝年间又停试《老子》，以《尔雅》代替。明经科考试要先帖经，每经十帖，每帖三言，通六以上为及格；然后口试，问经义十条，通十为上上，通八为上中，通七为上下，通六为中上，皆为及格；最后答时务策三道，通二为及格。三试都通过就是及第。明经科主要考察人们的记忆力，所以较为容易，录取率也相对较高，每年及第者约有百人。

进士科注重诗赋，唐初为时务策，要求论理公允透彻；后增加帖经和杂文。帖经开始是帖一小经和《老子》，唐玄宗时改帖一大经，天宝九年（750 年）又改《老子》为《尔雅》。杂文即是作诗赋各一篇。经策全通为甲，策通四、帖通四以上为乙，以下为不及第。开元九年（721 年），唐玄宗认为策试空疏无用，于是诗赋逐渐被人们所重视。天宝年间，帖经不合格的人，若诗赋好也可录取。太和年间，诗赋和策问同等重要。而实际上，进士科考试已偏重于以诗赋取士了。进士科从唐高宗起逐渐被人们所重视。进士科考试比明经科的要求高，考中者的仕途及待遇要优于明经科，所以投考的人特别多。录取最少时只有几人，最多时有五十人。进士科出身的人，常常官位显赫，还有不少人后来成为了著名的学者、诗人等。所以进士科很受重视。

明法科注重律令知识，考察考生对国家组织制度与朝廷律令、刑罚的了解程度。考生主要来自律学的学生和乡贡，录取人数很少。

明字科旨在选拔对书法、文字有专长的人才。考试内容以文字学为主，兼及书法，主要考《说文》、《字林》，要求精通训诂，并且熟悉杂体。

明算科考核算术，要求详明术理。考《九章算术》、《海岛算经》、《孙子算经》、《五曹算经》、《张邱建算经》、《夏侯阳算经》、《周髀算经》、《五经算术》、《数术记遗》、《三等数》等，及第后授予的官职较低。

在这六科中，最初秀才科最高，后来此科废除。明法、明字和明算都是专门的科目，不经常举行。实际上经常举行且又为人们所重视的只有明经科和进士科，其考试以儒家的经典为中心内容，以《五经正义》（后扩展为“九经正义”）为标准，可见唐朝的教育中儒家思想仍然占据统治地位。

（二）唐朝科举考试的方法

唐朝科举考试的主要方法有帖经、墨义、口义、策问、诗赋五种。

帖经是科举考试的一种主要方法，各科考试都要用到。具体操作是将教材上的一些字句贴起来，要求考生把所贴去的字句填写出来。

墨义是和口义对经义的考问，要熟读经文和注释才能回答。考生如果用笔试的方法来回答称做“墨义”，如果以口头回答则称做“口义”。

帖经和墨义、口义因为相对简单，所以要答三五十条甚至一百条才算通过。但后来因为考的次数多了，主考人为了难倒考生，专选那些孤章绝句来考。本来帖经和墨义、口义的目的是要考生熟记经书的，但这种专挑生僻词句的考法反而使得考生机械背诵，禁锢了学子的头脑。

策问相对帖经、墨义、口义较难，也较重要。各科考生去留基本在策问环节决定。策问的考法是就人事政治的问题指定题目，由考生做文章。这种方法本来很好，但实施到后来，考生将每年的旧策搜集来熟读烂背，结果使得这种方法也失去了本来的价值。

诗赋是后来鉴于考生多背诵经义和旧策、没有实才而加试的一诗一赋，也称为“帖诗”。后来进士科的考试逐渐偏重诗赋，帖经不及格的考生如果诗赋做得好也可通过。诗赋对格式有严格的要求，后来演变为禁锢思想的形式主义的八股文。

四、科举制度的影响

唐朝实行科举取士制度，收到了一定的加强控制与统一的政治效果。(1) 朝廷直接行使取士权力，加强了全国政权的统一和集中。(2) 考试有统一的标准和内容，加强了思想的统一。(3) 通过考试授予官职也为各地方的庶族地主、平民打开了入仕的门路，调和了阶级矛盾。这在一定程度上确实加强了中央集权、巩固了封建统治。(4) 科举制度以统一考试来获取官职，似乎只要读好书就可以应考做官，这种表面的公平掩饰了官僚政治的阶级本质，使大批知识分子埋头苦读四书五经，忠于封建伦理纲常，有利于维护封建统治的稳定。(5) 科举制度以考试为主，有一定的客观标准，的确为统治阶级选拔出了不少有用的人才。科举选士制度相比察举制和九品中正制，是符合历史发展要求的一种进步，对当时社会的发展起了一定的积极作用。

科举制度对教育的积极影响有：(1) 使选士与育士紧密结合，促进了学校教育的发展。科举制设置一定的考试内容和方法来选士，通过科举可以取得官职。出身低微的人想要取得功名首先要具有一定的知识与文化修养，因此人们都有强烈的学习愿望。这在客观上刺激了学校教育的发展，形成了"五尺童子，耻不言文墨"的社会风气。(2) 科举考试的主要内容是儒家经典，人们学习儒家经典的同时也接受了儒家思想潜移默化的影响，结束了思想混乱的局面，统一了教育内容和标准。科举考试形成了一套完备的制度、程序与方法，为确保考试的公正合理建立了一系列防范措施，这比以前任何一种选士制度都更为公正客观，对以后考试制度的发展产生了积极的影响。(3) 科举考试科目中还设有明法、明算、武举等，这对封建教育中重文轻武、重经学轻科学的陈规产生了一定的冲击。(4) 科举制对世界教育有重要的影响。788 年，朝鲜开始仿唐制实行以儒学为标准的科举考试制度，直到 1893 年才废除。越南从 1075 年以儒学为标准实行科举考试制度，直到 1915 年才正式废除。日本在 676 年实施的考试科目、内容、程序等，均与唐代科举考试制度类似。18 世纪末到 19 世纪在欧洲各国逐步推行的文官考核制度也吸取了科举考试制度的积极因素。隋唐创立的科举考试制度，对东西方都产生过较大的影响。

但是科举制在发展过程中也逐渐产生了一些消极作用：(1) 科举考试与学校教育的密切关系使得学校完全屈从于科举，成为科举的附庸：科举考什么，学校教育就教什么。而科举考试的内容仅限于儒家的几部经典以及一些字句华丽的诗赋，考试方法死板，以死记硬背为主。这直接导致了学校教育中空疏的学风，重文辞少实学，重背诵而不理解意思，走向形式主义与教条主义。学子们埋头苦读经书与权威注释却不注重研究现实问题，重视书本背诵而轻视实践活动。这导致学校教育失去了创新能力。(2) 在科举考试制度下，受"学而优则仕"观念的影响，人们读书的目的不是求知求真，而是求得功名利禄与荣华富贵。这种非常功利的读书观、学习观，严重影响了人们对待读书的态度。"万般皆下品，唯有读书高"以及"两耳不闻窗外事，一心只读圣贤书"等便是当时知识分子学习态度的写照。(3) 科举考试是封建知识分子进入官场的唯一阶梯，而名额又很少，竞争十分激烈，最后舍取权仍然把握在权贵手中。一般知识分子如果没有靠山，很难有被录取的希望。为了出人头地，很多知识分子便不择手段地通关节、贿赂、作弊等，不良风气泛滥，严重地毒害了学校教育。

读一读

唐代著名诗人孟郊，16岁参加科举，一直到46岁才考中，在30年的学习生涯当中，他的生活条件非常艰苦，考中以后他的心情是非常高兴的，作诗《登科后》："昔日龌龊不足夸，今朝放荡思无涯；春风得意马蹄疾，一日看尽长安花。"这逼真地写出了考中前生活上的困顿、思想上的局促不安与金榜题名后的强烈对比。

状元游街砖雕

第四节　韩愈的教育思想

一、生平与著作

韩愈

韩愈，字退之，又称昌黎先生，唐代著名的文学家、思想家和教育家。韩愈幼时处境孤苦但好学，尽管无师教读，却"尽能通六经百家学"。韩愈主张"文以载道"，发起了"古文运动"，反对六朝以来浮泛华丽的骈体文。他一生积极从事教育活动，做过国子博士、四门博士、国子祭酒。在潮州任职期间，他曾拿出自己的薪俸办"乡学"，学生皆以"韩门弟子"而自豪。他的讲解生动活泼，说理深刻，引人入胜，教学形式多样而不拘泥，"讲评孜孜，以磨诸生，恐不完美，游以诙笑啸歌，使皆醉义忘归"。韩愈的著作有《韩昌黎集》，中有《师说》、《进学解》等教育名篇。

二、教育思想

（一）教师观

韩愈的教育论著《师说》对教师问题做了精辟的论述。韩愈针对当时轻视教师的错误思想，阐明了"从师"和"为师"的重要性。他提出教师的基本任务是"传道、授业、解惑"，"道"是师的灵魂，"业"是传授道的工具，"师"是道的传播者和解惑者，三者紧密联系。该论述在中国教育史上首次完整地概括了教师的任务，强调了教师的主导作用。关于教师的标准，韩愈提出：谁掌握了道，谁就是教师，道是唯一根本的标准。"生乎吾前，其闻道也固先乎吾，吾从而师之；生乎吾后，其闻道也亦先乎吾，吾从而师之。吾师道也，夫庸知其年之先后生于吾乎？是故无贵无贱，无长无少，道之所存，师之所存也。”这一论述冲击了封建师德的权威性，是师德思想的新发展。关于师生关系，韩愈提出辩证地看待师与弟子的关系，“弟子不必不如师，师不必贤于弟子，闻道有先后，术业有专攻，如是而已”，师生间是互相学习、教学相长的关系。这一具有辩证法因素的民主的教育思想也是对历代封建统治者强调教师绝对尊严与权威的一种否定。韩愈进一步主张“人无常师”和“不耻相师”。他以孔子向郯子请教官名、向苌弘请教音乐、向老聃请教礼仪为例，提倡人们要善于学习他人的长处，要随时随地向德行高尚、学有专长的人学习，才能学有所成，成为“圣贤”。

（二）学习观

在学习方法上，韩愈提出了“业精于勤，荒于嬉；行成于思，毁于随”的重要思想，强调个人的努力和勤学。在学习中，他提倡提纲挈领、博约相济的学习方法和原则，即：“记事者必提其要，纂言者必钩其玄，贪多务得，细大不捐。”在治学态度上，他要求要有“沉浸浓郁，含英咀华”和“焚膏油以继晷，恒兀兀以穷年”的勤奋精神，要像品尝美味佳肴一样去探索经典著作，学习应孜孜不倦，力作不息。在继承与创新上，他赞成吸收前人的优秀成果，但反对只背诵和模仿古人的陈词滥调，一味模仿等同于剽窃：“师古圣贤人”要“师其意不师其辞”，也就是要以古人为师，但不能拘泥于章句，而是要学习其思想、方法，要活学活用。韩愈主张把学习和创作结合起来，“自成一家新语”，鼓励创造性。

（三）人才观

韩愈认为，人才总是有的，关键在于能否加以识别、栽培和培养。他在《杂说四·马说》一文里，用识马的道理形象地比喻了识别人才的重要意义。他说：“世有伯乐，然后有千里马。千里马常有，而伯乐不常有。”其意思就是如果没有伯乐那样的鉴定千里马的慧眼，千里马就会被埋没。他讽刺那种不识才的人“策之不以其道，食之不能尽其材”，不按照正确的方法来养马，听到马鸣也不能理解马的意愿，却“执策而临之，曰：‘天下无马’!”这是多么的无知而傲慢；世上真的没有千里马吗？只不过是认得千里马的人不常见啊。“其真无马邪？其真不知马也。”韩愈这种爱才、选才、用才的思想，对于我们今天如何转变人才观念、正确对待每一个学生有着深刻的借鉴意义。

本章小结

隋朝重新开始重视儒学思想的正统地位。唐朝时，统治者实行重振儒术的文教政策，帝王都奉孔子为先圣并形成祭祀传统、重用儒生并提高儒生地位、编撰整理儒家经典并确立为学校教育的统一教材。唐朝统治者确立儒学主体地位的同时并未限制佛教与道教，儒、佛、道均得到了很大的发展，对当时文化教育进步产生了一定的积极意义。隋唐时期建立了非常完备的教育制度，从中央到地方都建立了一系列等级鲜明的学校，设立国子监为专门的教育行政管理机构，内设祭酒专门负责。这是中国教育史上首次有专门的教育行政管理机构。国子监具有高等学府和教育行政管理机构的双重性质，这是唐朝教育制度的一大特点。中央官学主要有“六学”、“二馆”。“六学”包括国子学、太学、四门学、书学、律学、算学，其中书学、律学、算学是专科学校。“二馆”是弘文馆和崇文馆。另外，政府各部门开办各种人才培训机构，行政机构同时也是教育机构，这也是唐朝教育制度鲜明的特点。地方官学按府、州、县的大小来确定学校的规模。民间私人讲学依然兴盛。隋朝创立科举考试为选士制度，至唐朝发展更加完备。科举制度以儒家经典为主要考试内容，对考试资格、程序、科目与方法都有详细而严格的规定，这对中国古代教育乃至世界教育都产生了重要的影响。科举制度在中国封建社会存活了1 300多年，后随着封建社会的灭亡而瓦解。

关键概念

科举制度　　六学　　二馆

复习题

1. 唐代官学制度的特点是什么？
2. 简述科举考试制度的作用和影响。

讨论与思考

近年来，关于状元的话题热闹非凡，人们奖状元、找状元、拜状元、贬状元，议题不断。2012年6月28日，一组名为“人大附中学生拜状元”的图片出现在网络上。照片上，一名身穿人大附中校服的中学生，冲着操场边摆放的两张大头照鞠躬，大头照上两个主人公分别是当年北京高考文、理状元。8月，湖北恩施州高考状元杨某在闹市中胸戴大红花以无比骄傲的身姿穿过天窗站立在一辆黑色轿车上向人们展示状元的风采，数十人组织的腰鼓队为其助阵，引得行人驻足注目。其中学校长说：该同学以668分的高考成绩成为恩施州的高考状元，是一件值得庆祝的大事。

试谈谈你对这些高考状元事件的看法。

第五章　宋元时期的教育

【本章要点提示】

- 掌握宋朝书院发展始末
- 了解宋朝科举制度的发展
- 掌握朱熹的教育思想

【本章内容引言】

宋朝的建立，结束了自唐“安史之乱”以后至五代十国长期的分裂割据局面，统一的中央集权的封建国家重新建立起来；社会环境相对稳定，为政治经济文化教育事业的发展提供了有利条件；印刷术的发明对教育产生了重要的影响。此外，宋朝在天文学、数学、医学、农学等方面取得了重要成就；在文化思想方面，理学的产生是这个时期的一个重要特点，特别是理学教育思想集大成的教育家朱熹的教育思想有着深远影响。本章将介绍宋元两代的文教政策、北宋兴学的创举以及书院制度的形成、发展和变迁等内容。

第一节　宋朝的文教政策

宋朝鉴于五代十国之乱，实行重文轻武的政策，政治制度上实行以文制军，军事将领受文官的管制。它的文化教育政策也是为了维护集权统治而制定的，具体表现在尊孔崇儒，同时支持佛、道，使之互相补充，重视文化教育事业的建设。统治者的积极提倡，为“理学”——宋明时期的“新儒学”的产生和发展提供了有利条件。

一、宋朝“重文”的文教政策

（一）尊孔崇儒

为了加强统治，避免重蹈覆辙，宋太祖采取重用儒臣的方略，称“宰相需用读书人”，任用大批文臣执政。他说：“王者虽以武功克定，终须用文德致治”，“进士须通经义，遵周孔之教。”因此，他积极提倡科举，扩大名额选取治国之士，提高儒学的地位。宋真宗于1008年祭泰山并亲自到曲阜孔庙行礼，加谥孔子为“玄圣文宣王”，著文《文宣王赞》、《崇儒术论》称颂孔子和儒学；命人校定《周礼》、《仪礼》等书的“正义”，并编撰《论语正义》、《尔雅义疏》、《孝经正义》、《孟子正义》，与唐人编撰的九经正义一起合称“十三经正义”，大量印行，赐给州县学校，作为官方指定教材。宋仁宗培养选拔通晓儒经的官吏，所以重视教育，命令州县都办学校。从中央到地方涌现出一批儒家学者聚徒讲授孔孟典籍，教育在全国兴盛。这对于对维护宋王朝集权统治起了巨大作用。

（二）提倡佛道

宋太祖为了争取南方地主阶级的支持，修废寺、造佛像、刻印大藏经，对佛教采取保护政策，佛教及佛学获得了很大的发展。宋太宗认为佛教有利于政治统治，对佛教更为热心。宋真宗时是北宋佛教最盛时期。宋真宗撰写了《崇儒术论》和《崇释论》，意在把佛学也作为统治工具。直到南宋时期，佛教仍保持支配地位。

道教是宋朝的第二大宗教。宋太宗赐封华山道士陈抟为“希夷先生”，并在各地修建道观。宋真宗热心道教，伪造天书，封老子为“太上老君混元上德皇帝”，又命人搜编道书4 300多卷。宋徽宗时直接任用道士参与政治，并给予优厚的待遇。南宋时，道士虽不再直接参与政治，但仍享有特权。

（三）促使理学的形成与发展

宋朝统治者推行儒、佛、道三教融合的政策，对儒学的发展提出了挑战。儒学在不断的改造中向新的方向发展。周敦颐首先提出把佛、道融入儒学所倡导的服从封建伦理纲常，要求人们既要效忠于君王又要清心、寡欲、安贫乐道，这是理学的开端；接着，张载、程颢、程颐为理学奠定了基础；南宋朱熹加以总结概括，形成理学体系，后成为中国封建社会官方哲学。宋宁宗诏赐朱熹遗表恩泽，称“朱文公”；嘉定五年（1212年）把《论语集注》、《孟子集注》定为官方教科书。宋理宗在宝庆三年（1227年）下诏，因朱熹为《大学》、《论语》、《孟子》、《中庸》做注有功，追封为“信国公”，从此确定了朱熹和理学的历史地位。此后，理学一直是元、明、清各代官方统治思想。

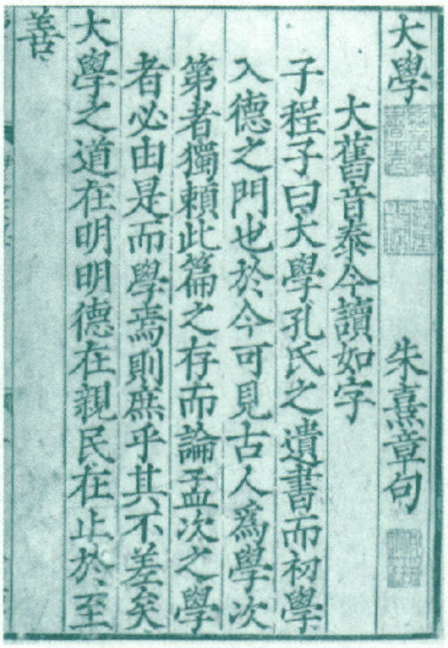
大學
大舊音泰今讀如字　朱熹章句
子程子曰大學孔氏之遺書而初學入德之門也於今可見古人爲學次第者獨賴此篇之存而論孟次之學者必由是而學焉則庶乎其不差矣
大學之道在明明德在親民在止於至善

《四书章句集注》

二、北宋的三次兴学

宋初虽然采取了“重文”政策，但是由于重科举轻教育，学校教育并不发达，官学最初只有国子监。宋太祖为了复兴教育曾下令增修，并且三幸太学，还曾亲自会见学生进行讲说。后虽有各种努力，但收效甚微，学校教育仍然不景气。因此，宋仁宗以后，以三次兴学来改革科举、振兴学校，对于宋代教育的发展起了重大作用。

（一）庆历兴学和胡瑗“苏湖教法”

范仲淹

北宋第一次兴学，是在仁宗庆历四年（1044 年）。政治家范仲淹在任地方官吏时便不满当时只重科举不重教育的做法，数次进谏改革意见。他在《上执政书》中，主张“重名器”是国家六件大事之一，就是要慎重对待选举、敦促发展教育。他把只注重考试而不发展教育的科举制度比做“不务耕而求获”，建议“先策论以观其大要，次诗赋以观其全才”，并恢复制科等，但因执政者的反对而没有得到实行。后来范仲淹任宰相，在其革新纲领《上十事札》中第三件事即为“精贡举”，得到多数人的支持。其兴学主要有三项内容：第一，命令州县办学。规定科举考生必须在州县学习三百日才可以应试；曾经考过试的，也需要再学百日。第二，改革科举考试内容。停止考帖经和墨义，着重考策论和经学。第三，改革太学。以湖州胡瑗的“苏湖教法”为太学的改革模式，批判当时形式主义的教学和空疏的学风。但此次兴学随着范仲淹在政治上的不得志而失败，科举全部恢复旧制。庆历兴学虽然失败了，但其对于北宋学术风气产生了深刻的影响。

胡瑗，字翼之，是宋代学术开创者之一。范仲淹于景祐二年（1035 年）聘其为苏州州学授课，后来又被湖州知事聘为湖州州学主教。胡瑗在苏湖教学二十余年，四方学者云集受业。为改变当时崇尚辞赋的学风，他在苏湖两地的教学重经义与时务，在学校里设置了经义斋和治事斋，经义斋学习六经，治事斋学习治兵、水利、算数等，学生依据爱好与特长分别在不同的斋学习。胡瑗教学以明体达用、培养有实际才干的人为目标，教学方法也不同于传统的死记硬背，而是循循善诱，密切联系实际，“引当世之事明之”。他有时使用直观教学法，将“三礼”仪物“图之讲堂”。他还注重感性学习，让学生实地考察。他说：“必游四方，尽见人情物态，南北风俗，山川气象，以广其闻见，则为有益于学者矣。”范仲淹对胡瑗“明体达用”的教育主张非常赞赏，于是在庆历兴学期间，派人去湖州学习胡瑗的教学方法。胡瑗在皇祐四年（1052 年）执教于太学，任国子监直讲，各地学生慕名前来学习，以至太学校舍都容纳不下，只能安置在旁边的房子里。《宋史·胡瑗传》记载：“礼部所得士，瑗弟子十常居四五，随材高下，喜自修饰，衣服容止，往往相类，人遇之虽不识，皆知其瑗弟子也。”

王安石

（二）熙宁、元丰兴学和王安石的教育改革

北宋第二次兴学在宋神宗熙宁、元丰期间，其时王安石两次为相推行变法，实行教育改革。

王安石，字介甫，21 岁中进士，曾任地方官职多年。他亲眼目睹了北宋王朝“积贫积弱”，内忧外患，财力衰竭，政治腐败，深为国家担忧，于是立志革新，希望通过变法以图强。嘉祐五年（1060 年）他在《上仁宗皇帝言事书》中提出了变法的纲领。他认为国家衰弱的原因是“患在不知法度”，人才不足是由于陶冶人才不得其道，并且提出培养人才的方法就是“教之、养之、取之、任之有其道而已”，并详细论述了教、养、取、任的办法，这成为熙宁变法改革教育的主导思想。在论述“教之之道”中，他批评当时的学校教育有名无实、空疏无用，不但不足以使人成才，反而会毁才。他主张要择才而教，教以实用之学，文武兼备。关于“养之之道”，他提出要“饶之以财，约之以礼，裁之以法”。关于“取之之道”，他批判科举考试仅以死记硬背和文辞诗赋来取士，认为这种办法选取的人多为“不肖者”。关于“任之之道”，他反对重出身与资格而轻德才的用人制度，主张“人尽其才、才尽其用”。宋神宗即位后起用王安石参政进行变法革新，王安石的政治改革主张得以实现，直到熙宁九年（1076 年）王安石第二次罢相后，改革措施才停滞。

王安石的改革有以下几点：

第一，改革太学，创立“三舍法”。宋初以来，太学衰败，熙宁、元丰期间不断整顿，稍有完备。熙宁四年（1071 年）十月，创立太学“三舍法”，把太学分为外舍、内舍、上舍。元丰时设定外舍生以两千人为限；外舍生一年可升为内舍生，名额为二三百人；内舍生再升为上舍生，名额仅百人。学生通过考试升舍：外舍生每月考一次，年终有总考，只要成绩合格、遵守学规就可升入内舍；内舍生只要平时考试成绩达到“优”、“平”，再参考平时行为，就可升入上舍；上舍生按考试分上、中、下三等，上等生将直接授以官职而无须经过科举考试。于是，太学同时也具有了取士的职能。

第二，重整地方学校。熙宁四年（1071 年）令京东、京西、河东、河北、陕西设立学校，选取通经术的人担任教师，并且给每所学校都置田地。

第三，颁定《三经新义》。王安石实行新政非常重视思想统一。熙宁六年（1073 年）专门设置了经义局，重新注释了《周礼》、《诗》、《书》；熙宁八年（1075 年）完成后经宋神宗批准，作为学校必读教材颁发，同时也作为科举考试的内容和标准。

第四，设置专门学校。王安石在新政中还设置了武学、律学和医学等专门学校来培养专门人才。

第五，改革科举考试制度。针对科举考试的弊端，王安石废除了明经科，增加了进士名额，并且规定进士科的考试取消诗赋、帖经、墨义，而考“本经”（任选《诗》、《书》、《易》、《周礼》、《礼记》中的一种）和“兼经”（《论语》、《孟子》知道大意即可）及策论。

王安石推行的教育改革，使宋朝的教育获得了一定发展，但最终因政治变故，各项教育改革措施均废弃，第二次兴学以失败告终，不过它对教育的发展产生了深刻的影响。

（三）崇宁兴学

宋徽宗崇宁元年（1102 年），北宋发起第三次兴学，令全国兴学，实行“三舍法”：县学的学生通过考试可升入州学，州学的学生每三年选拔入太学。修建了辟雍，并不断扩充州县的学校及学生。崇宁三年（1104 年）时，除了太学以外，还设置有算学、书学、画学，学制走向完备。

第二节　宋朝的教育制度与科举制度

宋朝学校教育制度基本沿用唐制，官学各项制度在三次兴学中逐步走向完善。

一、中央官学

宋朝的中央官学有国子监、太学，此外还设有专门学校，由国子监和各职能部门统辖。另有一些设置时间很短的学校，如广文馆、四门学、辟雍等。

国子监：又称国子学，是国家最高学府，同时也是专门的学校教育管理机构，宋初建立。七品以上官员的子弟可入国子学，这比唐朝的等级限制要宽松。景德四年（1007 年），又设置了西京国子监。国子监设有监事二人，元丰年后改设祭酒一人总管国子监。

太学：是宋代中央官学的主要形式，八品以下官员的子弟和庶民中的俊秀者可以入学。宋徽宗崇宁年间规定州学每三年选送太学生一次。南宋高宗时，州学学生学满一年后，通过选拔并且没有不良记录的可送入太学。宋孝宗时从科举落第举人中选合格者送入太学。太学人数时增时减，北宋徽宗崇宁元年（1102 年）最盛，南宋时锐减。太学设博士十人负责讲经等教育工作。对学生的考核除了平时的学习行为考查外，主要有私试、公试两种。私试每月进行一次，孟月试经义，仲月试论，季月试策，由学官主持；公试一年进行一次，初场考经义，次场考策论。

律学：宋初在国子学中设置律学博士教授法律。熙宁六年（1073 年）时独立设置，由国子监管理，招收在职官员和举人学习刑书与政府颁布的条令等。

算学：宋徽宗崇宁三年（1104 年）建立，隶属于太史局，招收在职官员和庶人学习《九章算术》、《海岛算经》、《孙子算经》、《夏侯阳算经》以及天文等。

书学：宋徽宗时建立，隶属于翰林书艺局，学习篆、隶、草三种字体，还要修习《说文》、《尔雅》、《论语》、《孟子》。

画学：宋徽宗时建立，隶属于翰林图画局。学生除了学习绘画外，还要修习《说文》、《尔雅》、《方言》、《释名》。

医学：宋初建立，开始由太常寺管辖，后经数次更改，隶属于太医局，分为方脉科、针科、疡科。

二、地方官学

宋朝地方行政区划为路、州（府、军、监）、县三级。地方官学只有州学和县学两级。宋朝地方官学较前朝在学校管理方面有所改进。其一，设置了主管地方教育的行政长官，以考查教师的优劣及学生的学习情况。其二，实行“三舍法”。宋哲宗元符二年（1099

年）令全国各学全部采用“三舍法”。其三，给学校置田地以充作经费。宋代地方官学发达还表现在若干地区的少数民族纷纷请建番学，而且高丽亦曾遣士于州学就读，开创了外国人入地方官学的先例。

三、宋朝的科举制度

（一）高度重视科举

宋朝建立初期，因为需要通过科举补充大批文武官员，所以对科举特别重视，增加了取士名额，并且在及第后给予优厚待遇。唐朝科举最盛时，每年取士最多不超过50人，通常只有一二十人。而宋太祖开宝六年（973年）时复试，各科取士增至96人。宋仁宗即位之初，进行复试，取士500余人，这样的规模是前所未有的。后来，每科取士都有几百人。对于屡试不中的人也给予恩赐。除了取士数量大增以外，宋朝大幅提高科举进士及第的待遇，远超隋唐。只要中了进士便授予非常尊贵显赫的官职，不需要再经过吏部的考试。

（二）科举的科目、内容及方法

宋朝的科举大致上沿用了唐朝旧制，设有常科与制科等。宋初常科有进士、九经、五经、开元礼、三史、三礼、三传、学究、明法九科，其中以进士科最为重要。常科之外还有制科、武举及童科，都是时废时兴。王安石实施新政进行教育改革时，曾取消了明经科，只保存了进士一科。宋徽宗崇宁年间，更是一度彻底停办科举，由学校来进行取士。但改革失败后，又恢复了科举取士。

殿试

在考试内容上，宋朝科举制度也是仿照唐制，考诗赋、帖经、墨义。王安石在熙宁变法中为了改变死记硬背、空疏无用的学风曾取消了诗赋，但收效甚微。后来随着变法失败，仍然恢复了旧制。随着政治起伏，又有过取消诗赋、专用经义的举措，但南宋末时又恢复了考经义。

宋朝的科举考试，开始时每年一次，后来到仁宗时改为两年一次，神宗时改为三年举行一次，此后成为定制；考试措施比前朝更加严密，采用糊名誊录的办法以防止门第势力的影响，并且正式确立了殿试制度，由皇帝直接控制对人才的选拔录用，进一步加强了封建集权。

（三）科举的作用和影响

总的来说，由于宋初统治者重视科举取士，因此，宋朝科举制度在各方面都比唐朝有了进一步发展。宋朝科举制度对于控制思想、巩固中央集权确实起了重要作用。但是科举的盛行对教育却产生了十分消极的影响，学校教育成为了科举的附庸。朱熹在《学校贡举私议》中讲道：“所谓太学者，但为声利之场。而掌其教事者，不过取其善为科举之文，而尝得隽于场屋者耳。士之有志于义理者，既无所求于学，其奔趋辐辏而来者，不过为解额之滥，舍选之私而已。”也就是说，太学成为了学子们追名逐利的地方。既然学子只为追逐名利，寄希望于侥幸登上仕途享受荣华富贵，那么其读书的目的就不是为了治理、振兴国家，其对待学习也不求甚解。官学虽设而有名无实，科举考试所取的士，多为没有真才实学的庸人。科举制度不断走向腐朽。

学习资料

http：//www. confucianism. com. cn/html/lishi/11239645. html
http：//www. lishi. net/html/wenxian/2011-07/1270. html

第三节　宋朝的书院

一、书院制度的产生

书院是中国教育史上一种特殊而重要的教育组织形式。自北宋末到清代，书院对各朝代的政治和教育都发挥了重要的作用。“书院”的名称始见于唐朝。书院有官办性质和私办性质两种。官方举办的书院有丽正书院、集贤书院等。这些官办的书院起初是校勘、收藏经籍的地方，后来逐渐成为聚徒讲学的教育组织。私人举办的书院有张九宗书院、李宽中秀才书院等，这些是读书人自己研究学问的地方。虽然最初也有少数书院有一些讲学活动，但规模很小，也并不普遍，尚未形成制度。

到唐末五代十国时期，社会动荡、连年征战、学校荒废、礼义衰败，许多读书士子穷居草野，无由显身，私人书院于是有所发展，涌现出了白鹿洞书院、石鼓书院、嵩阳书院等著名书院。宋朝统一后，社会逐渐稳定，重视科举，于是文风四起，社会上士子们又产生了就学读书的需求。但当时的政府实力不足，无暇顾及教育，无法兴办学校。在这种形势下，民间纷纷举办书院。书院的兴起既满足了读书人的求学要求，又解决了统治者求才的问题，所以政府对之采取支持的态度并给予资助，私人书院一时兴盛起来。朱熹在《衡州石鼓书院记》中说：“予惟前代庠序之教不修，士病无所于学，往往择胜地，立精舍，以为群居讲习之所。而为政者，乃成就而褒表之：若此山、若岳麓、若白鹿洞之类是也。”吕祖谦在《鹿洞书院记》中说：“儒生往往依山林，即闲旷以讲授，大率多至数十百人。”

书院的学规、教学活动方式等均受到禅林讲学制度的影响。佛教传入中国后，在魏晋隋唐时兴盛，佛教徒经常在山林名胜之地建立禅林，修道讲习，并制定有详细的学习与讲授佛经的规程。

二、宋朝书院的兴衰

宋初书院兴起，白鹿洞书院、石鼓书院、岳麓书院、应天书院、嵩阳书院都是当时著名的书院。

白鹿洞书院位于江西庐山。唐贞元年间，江州刺史李渤在当年与弟弟一同读书的地方修建台榭，取名为白鹿洞。南唐升元年间建白鹿洞国学，命国子监九经教授李善道为洞主，在此教授学生。宋太宗太平兴国二年（977 年）时白鹿洞学生多达千人。宋真宗时重修白鹿洞，并塑孔子与十大弟子像。南宋孝宗淳熙六年（1179 年），南康知军朱熹重修白鹿洞，并订立《朱子白鹿洞教条》，从此白鹿洞书院闻名于世。

白鹿洞书院

石鼓书院位于湖南衡阳，唐时李宽在此读书，宋时在该处修建书院。宋仁宗时，给该书院赐匾额和学田以集贤校理。

今重修后的石鼓书院

图片来源：http：//baike. baidu. com/view/284457. htm。

岳麓书院位于湖南岳麓山下，刘鳌初建；开宝九年（976 年），潭州太守朱洞修建；咸平二年（999 年），潭州太守李允则扩充了学生，并请国子监颁赐经书；南宋时，潭州太守朱熹曾在此讲文，于是闻名。

今岳麓书院正门

图片来源：http：//baike. baidu. com/view/7288. htm。

应天书院位于河南商丘县，原来是宋朝名儒戚同文的旧居，后来曹诚在此建学舍，藏书收徒讲习。

嵩阳书院位于河南登封县太室山脚下，五代后周时始建，宋时赐名太室书院，景祐二年（1035 年）更名嵩阳书院。

宋初书院发展兴盛，对地方教育起了重要的作用。北宋三次兴学后，中央官学和地方官学有了一定的发展，对于书院便不再热心。士子们一心想入官学求名利，不愿守山林潜心为学，于是书院逐渐衰落。到南宋，书院却又得到极大发展。南宋时，战事不断，政治腐朽，国力衰微，官学有名无实，于是私人书院又应运而起，几乎取代官学成为当时的主要教育机构。当时有岳麓书院、白鹿洞书院、丽泽书院、象山书院等著名书院。

南宋书院和理学家讲学有密切关系。如白鹿洞书院为朱熹讲学之所，岳麓书院为张栻、朱熹讲学之所，丽泽书院为吕祖谦讲学之所，象山书院为陆九渊讲学之所等。南宋发达的书院不仅培养了大批统治人才，为维护封建制度起了重要作用，而且书院讲学的风气与经验在教育史上也占有重要的地位。

三、书院的教学制度

书院有私办、官办和私办公助等多种形式。书院的负责人既负责管理书院又承担书院的主要教学工作，一般没有专门的管理人员和机构，组织形式较为简单。书院的负责人通常称为“山长”或“洞主”。书院经费来源于政府下拨或私人捐赠的院田。到书院学习的学生，膳食由书院提供，教材由私人捐赠或官方颁发。书院不同于官学，有很多显著的特点：

第一，书院既是学术研究机构又是教学机构。书院的负责人或创建者多是当时著名的学者，每个书院往往就是某一派学术研究和教学的中心，教学活动与学术研究紧密结合。

第二，书院允许不同学派学者莅院讲学，特别是南宋以后书院盛行“讲会”制度。朱熹和陆九渊代表两个观点对立的学派，淳熙八年（1181 年）朱熹邀请陆九渊赴白鹿洞书院讲学，首开书院“讲会”之风。

第三，书院对学子自由开放。著名学者讲学时，如有其他书院的师生前来听讲，书院都热情接待。

第四，学生学习以个人读书钻研为主。书院教学多采用问难辩论式，启发学生思维，提高学生能力。

第五，书院内师生关系融洽，师生间的感情相当深厚。

第六，学规是书院教学的总方针。书院教学的目标、方法和程序，多见于书院所制定的“学规”或“教约”。

读一读

宋代最著名的学规是朱熹制定的《朱子白鹿洞教条》，是后来书院学规的一个范本。其主要内容如下：

五教之目：“父子有亲，君臣有义，夫妇有别，长幼有序，朋友有信。”

为学之序：“博学之，审问之，慎思之，明辨之，笃行之。”

修身之要：“言忠信，行笃敬。惩忿窒欲，迁善改过。”

处事之要：“正其谊，不谋其利；明其道，不计其功。”

接物之要：“己所不欲，勿施于人；行有不得，反求诸己。”

第四节　元朝的教育

一、元朝"遵用汉法"的文教政策

元朝是蒙古族建立的全国统一政权。元朝建国后，为了加强控制巩固政权，一方面采取武力政策来镇压汉人，另一方面采取"遵用汉法"的文化教育政策以笼络汉族地主阶级及知识分子。

为了笼络汉族，元朝统治者任用了一些儒生，并且积极收罗儒、道、释、医、卜士；被俘人员中有一技之长的都下令释放，由此发现了大儒赵夏等。忽必烈为亲王时，请儒生教授经书，并且征用一些大儒给他讲"经国安民"之道。

这些儒生提出的一套儒家治国思想对其后来实施兴学校、立科举、尊孔子等措施起了很大的作用。公元 1234 年，元太宗将全国的枢密院改为宣圣庙（孔子庙），后命令各地皆立孔子庙，元武宗时加封孔子为"大成至圣文宣王"。

在大儒的建议下，元朝统治者非常尊崇理学，理学成为元代统治者的"治国安民"之道。太宗十年（1238 年），为纪念理学鼻祖周敦颐，专门建立了"周子祠"，还令一些蒙古国子生学习程朱理学。于是，各级学校增读朱熹提倡的"四书"，使之与"五经"并列；科举考试从"四书""五经"中出题，"四书"以朱注为准。从此，理学成为元朝以及我国封建社会后期的官方统治思想。

二、元朝的学校制度

（一）中央官学

国子学：创立于元世祖至元六年（1269 年），至元二十八年（1291 年）改称国子监。国子监设祭酒一人、司业二人、博士二人、助教四人，另有正录、伴读，分别管理教务和杂务。学生最初限额八十人，后增至四百人，另设陪堂生二十人。宿卫大臣的子孙、卫士世家的子弟及七品以上朝官的子孙有资格入学，不分种族；平民中的俊秀者，由三品以上官员保举，可以做陪堂生。

蒙古国子学：创设于至元八年（1271 年），蒙汉官员子弟中的俊秀者可入学。教材用蒙文教授《通鉴节要》，考试成绩优秀者根据等级授予官职。

回回国子学：创设于至元二十六年（1289 年），以波斯文进行教学，以培养诸官衙译史人才为目的，公卿大夫及富民子弟可入学。

（二）地方官学

规定在路、府、州、县均建立学校。路学创设于至元九年（1272 年），设有教授、学正、学录等各一名，府学及上中州学各设教授一名。至元二十八年（1291 年）命江南各个路学及县学设立相应的小学。在名儒读经的地方建立具有地方官学性质的书院。元代的地方官学除设以上学校外，还设有具有民族特点的蒙古字学、相医学、阴阳学。

（三）书院

元朝统治者为缓和民族矛盾、加强统治，对书院采取提倡、扶植和加强控制的政策，使书院逐渐官学化。太宗八年（1236 年）设立第一所书院，即太极书院。后来许多不愿在元朝政府任官的儒家学者便自行修建书院，元代统治者积极扶植、控制，委派山长并授予官衔，发给官俸；书院的教授等的任命、提升都由政府批准，学生经地方官员推荐、考核，可分配做学官等，就这样，书院逐渐官学化。

（四）元朝的选士制度

不同于唐宋主要以科举制为选士的途径，元朝的选士主要有怯薛入仕和官吏出职，科举制虽然没有被完全废弃，但遭到长期停废，即便偶有恢复也并未得到重视。

怯薛入仕：怯薛组织中有蒙古子弟，也有汉官子弟，是一个贵族组织，享有特权。怯薛歹任官只需要怯薛长向皇帝推荐即可。因此，在怯薛当差是入仕的捷径。当然，入仕的官阶也因出身门第而有所不同。

官吏出职：在中国封建社会中，官是拥有权职的，而吏是供人差使、没有品级、社会地位较低的。但元朝打破了官吏界限，提高了吏的社会地位，吏也可以任官职。元朝吏员名目繁多，并且建立了详密的吏员选用办法，规定儒生可以充任官吏，给各类学校的学生由吏入官的机会。

元朝建立后，科举制一度停废四十多年。仁宗即位后奉行儒学治国，于延祐二年（1315 年）恢复科举取士，规定每三年开科考试一次。元朝科举基本效仿宋制，考试制度异常详细，带有鲜明的民族歧视和民族压迫的特点。元朝科举结束了以辞赋取士，确立了以经义取士，开始规定以程朱理学作为科举取士的程式。

第五节　朱熹的教育思想

一、生平与教育活动

朱熹

朱熹，字元晦，后改为仲晦，号晦庵。他出身于地主官僚家庭，他的父亲也是学者。朱熹 18 岁中举，19 岁登进士科，曾先后在京做官五任，又任泉州同安主簿、南康知军、浙东常平提举等，一生总计做官 10 年左右，其余时间大部分从事私人讲学与著述。朱熹在 24 岁时拜程颐的三传弟子李侗为师，继承并极大地发展了程颐的客观唯心主义哲学思想，成为宋朝理学思想的集大成者。

朱熹是著名的教育家，一生从事教育活动 40 余年，在他从政的10年中，每到一处，除处理政务以外，他还时常提倡设立书院和州县学校，并亲自讲学。他任南康知军时，重修了白鹿洞书院，亲自任山长，制定了著名的《朱子白鹿洞教条》，该学规成为以后各代书院学规的楷模。他在白鹿洞书院讲学授徒，形成了自己的学派，培养了大批学生。岳麓书院也是朱熹聚徒讲学、传授理学的地方。他的弟子很多，每到一处都有弟子相从学习。黎靖德编纂的《朱子语类》140卷，是朱熹一生从事教育活动、研究学术的记录。朱熹很重视整理编著教材，其中影响最大的是《四书章句集注》，在元、明、清各代都被列为官学的必读教科书。

二、关于教育目的、作用的主张

朱熹的教育思想建立在他的“理”一元论的客观唯心主义哲学体系基础之上。朱熹继承了儒家学者的一贯主张，认为教育的目的、作用就在于“明人伦”。他说：“父子有亲，君臣有义，夫妇有别，长幼有序，朋友有信。此人之大伦也。庠、序、学、校皆以明此而已”。《朱子白鹿洞教条》里，把这“五伦”列为五教之目。然而，朱熹在阐述理学的基本理论时，却把“存天理、去人欲”的“复性”之说，与“明人伦”的教育目的、作用等同起来，把儒家传统的教育观点用理学作了新解释。

朱熹认为宇宙的本源是“理”或“天理”，天理“挂搭”在人身上，叫做“性”。他说：“性即理也”。他将具有“天理”的人性叫做“天命之性”，“理”和“气”相杂的人性叫做“气质之性”。“理”是最完美的；“气”有清浊、昏明之别，所以气质之性有善有不善：清明至善者为“天理”，昏浊不善者为“人欲”。既然“气质之性”中理和气、善与不善杂然并存，就要通过教育把“气”与“不善”清除干净。这个清除过程，就是“存天理、去人欲”。

朱熹认为不同人拥有“天理”和“人欲”的多寡不同，应有不同的教育目标。“圣人”生来就是由“清明之气”形成的，因此不需要教育。“贤人”要次于“圣人”，必须通过教育才能达到“亦无异于圣人”的地步。教育对于“中人”，则起着重要的作用。他认为，“中人”由于“气质”之偏、“物欲”之蔽，而介于“君子”与“小人”之间，要对其进行教育以“存天理，去人欲”，可使其成为“君子”；如果不加以教育，也可使“中人”变为“恶人”。

朱熹以理学思想为基础论述教育的目的与作用，把三纲五常为核心的封建伦理道德说成是“天理”必须遵守，违背或反抗封建道德的言行则是必须根除的“人欲”。朱熹关于教育的目的与作用的论述，是为强化封建伦理纲常服务的，是为封建统治的合理性服务的。

三、朱子读书法

朱熹重视读书，强调读书穷理：“为学之道，莫先于穷理；穷理之要，必在于读书；读书之法，莫贵于循序而致精；而致精之本，则又在于居敬而持志，此不易之理也。”他提出过读书的一些重要原则和方法，经他的弟子归纳为“朱子读书法”：（1）循序渐进；（2）熟读精思；（3）虚心涵泳；（4）切己体察；（5）着紧用力；（6）居敬持志。

循序渐进：强调读书要按顺序进行，“以二书言之，则通一书而后及一书。以一书言之，篇、章、文、句，首尾次第，亦各有序而不可乱也”。

熟读精思：对所读之书，要多读、背诵，理解精深。“遍数已足，而未成诵，必欲成诵。遍数未足，虽已成诵，必满遍数”，要“记得注解，成诵精熟”。

虚心涵泳：“读书须是虚心，方得。圣贤说一字是一字。”读书时必须有虚心的态度，千万不可穿凿附会。

切己体察：“学者读书，须要将圣贤言语，体之于身。”也就是说读书时必须融入道理中去体会其中的含义。

着紧用力：读书要有废寝忘食的精神。“为学要刚毅果决，悠悠不济事。”读书时要“抖擞精神，如救火治病然，如撑上水船，一篙不可放缓”。

居敬持志：“应事时，敬于应事；读书时，敬于读书。便自然该贯动静，心无不在。”强调读书做事都要专心致志。

研究学习“朱子读书法”，要注意两点：（1）他所说的“书”主要是宣扬封建道德纲常、维护封建统治的“圣贤之书”；（2）他的读书法没有忽略实践，但忽略了书本知识和实际的联系。不过，“朱子读书法”是我国古代学者论述读书最充分、最系统的经验总结，至今仍有研究参考的价值。

本章小结

宋朝建立后，在文化教育事业上实行“重文”政策，具体表现为尊孔崇儒，同时支持佛、道。在三教融合背景下，儒学走向新的发展方向，即“理学”，以南宋朱熹为集大成者。“理学”宣扬既要效忠封建纲常，又要安贫乐道。由于其符合统治阶级的要求，成为元、明、清各代统治者采纳的官方统治思想。宋朝重科举轻学校，因此宋朝的学校教育并不发达，经过三次兴学后，学校教育制度有所完善，但士子读书只为荣华富贵，科举逐渐走向腐朽。书院是中国教育史上一种特殊而重要的教育组织形式，可以说是私学高度发展的一种产物。宋朝时涌现出很多有名的书院，如白鹿洞书院、岳麓书院、应天书院、嵩阳书院、石鼓书院等。书院的组织制度不同于官学，学风自由开放，在中国教育史上占有重要的地位。元朝为笼络汉人、加强统治，实施了“遵用汉法”的文教政策，其教育制度渗透着蒙古族特点，其选士制度具有鲜明的民族歧视色彩。

关键概念

北宋兴学　苏湖教法　三舍法　书院　理学　朱子读书法

复习题

1. 简述王安石教育改革的主要措施及意义。

2. 简述宋代科举制度的主要特点。
3. 简述朱熹关于教育内容、原则、方法的基本主张。

讨论与思考

试分析北宋三次兴学为何失败。

第六章　明、清（鸦片战争前）的教育

【本章要点提示】

- 了解明朝教育制度的主要内容
- 了解八股取士的内容
- 了解王守仁关于教学原则的主张

【本章内容引言】

明、清（鸦片战争前）五百余年，是中国封建社会发展的重要阶段，社会形势变得复杂严峻。首先，本国资本主义萌芽，农民反封建主义的斗争更加激烈。其次，中外交往也空前频繁。帝国主义的入侵给中国人民带来了深重的灾难。在这个特殊的历史时期，精神财富与物质财富的创造依然在进行，以加强君主专制为主体的政治制度和文化教育制度等趋于高度完善。这个历史时期的文化教育可以为我们提供宝贵的历史经验。

第一节　明清的文教政策

朱元璋带领起义军推翻了元朝，于1368年建立了明朝。1636年，后金政权率军入关，改国号为大清。顺治元年（1644年）世祖迁都北京建立了清朝。道光二十年（1840年）鸦片战争爆发，资本主义国家用枪炮敲开了中国的大门，从此中国进入了半殖民地半封建的近代社会。明、清两代的文化教育仍然继承了前朝培养忠君的“顺民”的总方针，文教政策均围绕此方针制定。

一、尊经崇儒，以程朱理学为指导思想

朱元璋在征战中经常请儒士为他讲解经书历史，每攻占一处必定访求当地儒士，网罗

为自己的参谋。明朝建立后，更加重视人才选拔与文化教育事业，把尊经崇儒作为国家政策。明太祖朱元璋数次下诏在全国访求贤才与招纳儒士，并赐予高官厚禄。有诏书曰：“贤才，国之宝也。古圣王劳于求贤……人君之能致治者，为其有贤人而为之辅也。山林之士，德行文艺可称者，有司采举，备礼遣送至京，朕将任用之，以图至治。”当时“由布衣而登大僚者不可胜数”（《明史》卷七十一）。

明朝的尊经崇儒，特别推崇程朱理学。明政权建立后，尊崇程朱理学为正学，曾数次表彰程朱后裔及其门人。为清除佛、道的思想，朝廷下令各级学校讲读程朱理学，重申封建纲常道德。明太祖《御制大诰》中说：“申明我中国先王之旧章，务必父子有亲，君臣有义，夫妇有别，长幼有序，朋友有信。”而“胡人纲常大坏”，“今后若有犯先王之教，罪不容诛!”他把纲常道德作为统一思想的武器和进行教育的“圣经宝典”，要求全民学习他的《御制大诰》，而纲常之“道载于经”，因此必须把“纲常”道德教育渗透到经史的教学中去。

明朝中期以后，程朱之道已日趋保守而僵化衰败，代之而起的是陆王心学。王守仁继承发展了理学中的主观唯心主义，创“致良知”说，流传百年，但终未战胜朱学。明朝后期朱学又兴。同时，因明朝中期以后资本主义萌芽，反理学的实学思潮亦兴起，但程朱理学还是起着主导作用。

清朝建立以后，仍然推崇程朱理学，将其定为官方哲学，作为支配人们思想和行动的最高权威指导，为巩固封建统治的精神支柱。为了表示尊崇程朱理学，顺治十二年（1655年），诏以朱熹十五世孙朱煌承袭翰林院五经博士，在籍奉祀；清圣祖玄烨于康熙五年（1666年）又诏以朱熹十六代孙朱坤承袭翰林院五经博士，在籍奉祀。康熙二十二年（1683年）御书“万世师表”匾额，悬于孔庙大成殿。康熙五十一年（1712年），皇帝特下圣旨把朱熹列为十哲之一，并命人编辑《朱子全书》六十六卷，亲自为书作序。其在序中说：“朕读其书，察其理，非此不能知天人相与之奥……非此不能仁心仁政施于天下，非此不能外内为一家。”可见，康熙十分推崇程朱理学，把它作为施教开蒙的理论基础和指导思想。清王朝后期，既提倡理学又提倡汉学，推行所谓“崇宋学之性道，而以汉儒实之”的文教政策，其目的是控制思想，使臣民愚忠，“不犯上作乱”。

二、文化专制，禁锢思想

明清两王朝，为了维护其君主专制的中央集权统治，都采取了种种文化专制的政策措施以禁锢思想。

明朝建立后，朱元璋广为搜罗和培养儒生来充实各级官僚机构，服务新王朝。朱元璋一方面重视儒生，给予官职，另一方面又猜忌他们，对不同意见者进行镇压，大兴文字狱，很多知识分子被扣上莫须有的罪名加以迫害，这种妄加抹杀的行为是明代君主专制主义的具体表现。明中后期，皇帝的专制独裁空前加强，政治腐败，宦官专政，陷害忠良，鱼肉人民，社会矛盾日趋激烈，明朝走向衰败。

清朝统治者为了禁锢思想，钳制舆论，多次大兴文字狱，屠杀知识分子，令人发指。康熙、雍正、乾隆三朝文字狱案有案可查的共有一百多起，而实际上远远超过此数。这可以说是有史以来文教上的最大浩劫，是文化教育界知识分子的大灾难。此外，清朝统治者一边搜集明朝遗老们的著作进行销毁以达到消灭异说的目的，一边诏令当时学者参与编书以便进行控制。自康熙二十四年（1685 年）开始，即大肆搜集国内藏书，删减篡改对他们不利的字句，禁绝不利于其统治的书籍。

明清之际大动荡的时代，产生了一批启蒙思想家和教育家。他们提出了初期的民主思想，全面批判了为封建专制和封建特权服务的整个宋明理学及八股取士制度。在反理学中产生了实学思想，这一思潮反映在教育方面，形成了一代教育改革的思潮，如反对空谈心性，提倡“务实”致用的学风，教育思想和教育制度的民主化，教育内容注重科学和实用，并不同程度地反对封建道德，谋求人的个性解放等。

第二节　明朝的教育制度

一、中央官学

（一）国子监

明太祖建都南京，建国学于鸡鸣山下，改名为国子监。明成祖迁都北京后，在北京建京师国子监，于是明代国学有南北两监之分。南京国子监规模宏大，校内建筑除射圃、仓库、疗养所、储藏室外，教室、藏书楼、学生宿舍、食堂就有两千余间。教学和管理设有五厅（绳衍厅、博士厅、典籍厅、典簿厅和掌馔厅）以及六堂（率性堂、修道堂、诚心堂、正义堂、崇志堂、广业堂)。永乐二十年（1422 年)，其学生达 9 900 多人。但是这种兴盛时间并不长久，至景泰、弘治之际，学生“奸惰”，不安于学习；教师“失职”，不勤于教学。后来形成了“南北国学皆空虚”、有名无实的局面。

明朝国子监的入学资格比前朝大大放宽了。国子监的学生统称为监生，主要有四类：一为“举监”，即会试下第入监肄业者；二为“贡监”，即地方学校生员中选贡到国子监学习者；三为“荫监”，即三品以上官员子弟或勋戚子弟；四为“例监”，庶民捐资于官府者，其子弟可入监读书。可见，当时中小地主和有钱的工商业者也要求接受教育。国子监的学生一方面有优厚的待遇，如监生的膳食、衣帽、被褥等全由政府提供，每逢节假日还有赏钱，此外，国家还负责供养诸生的妻儿；另一方面，他们的思想也被前所未有地控制着。

国子监的学习内容以“四书五经”为主，兼读《性理大全》、《说苑》、《御制大诰》、《大明律令》等，此外还有习字、习射等。国子监六堂分为三个等级，正义、崇志、广业三堂为初级；修道、诚心二堂为中级；率性一堂为高级；学生按照考试成绩决定入学。仅通“四书”者，在初级三堂学习；学习一年半以上，考核合格者升入中级二堂学习；再学习一年半以上，经史兼通、文理全优者升入率性堂学习；进入率性堂后实行考试积分，积满八分就授予官职。

读一读

“四书”指的是《论语》、《孟子》、《大学》和《中庸》；“五经”指的是《诗经》、《尚书》、《礼记》、《周易》、《春秋》，简称“诗、书、礼、易、春秋”，在之前，还有一本《乐经》，合称“诗、书、礼、乐、易、春秋”，这六本书也被称做“六经”，《乐经》后来亡佚了，就只剩下了“五经”。“四书五经”是南宋以后儒学的基本书目、儒生学子的必读之书。

明朝国子监还实行“监生历事制”，以培养学生处理政事的实际能力。监生学习到一定年限，分拨到中央政府各部门或地方州、县机关实习吏事，时间长短不一，期满经考核，分为上、中、下三等，上等授官，中、下等者仍历事一年再考，考后中等不拘品级，随才任用，下等回监读书。

（二）宗学、武学

宗学是专为皇亲国戚等贵族子弟而设立的贵族学校，规定世子、长子、众子、未及冠的将军和中尉以及 10 岁以上宗室子弟可入学就读，统称“宗生”，主要学习《皇明祖训》、《孝顺事实》、《为善阴骘》，兼习“四书五经”等。宗学每年组织考试，后改为参加科举考试。

武学是一种军事学校，学生是都司、卫所应袭子弟年满 10 岁以上者，由提学官选送入学，主要学习《武经七书》、《百将传》、“四书五经”等。崇祯十年（1637 年）令府、州、县学皆设武学生员，武学又成为地方官学的一种。

二、地方官学

明朝的地方官学主要有儒学和社学两类。

儒学有按行政区设立的府学、州学、县学，还有在行政机构所在地设立的都司儒学、行都司儒学、卫儒学。在行省一级设置儒学提举司，负责管理所辖各级地方儒学。后又建立了提督学校官制度，在两京（北京、南京）和各行省设置提学官，负责监督各级学校教育情况。学生分为廪膳生、增广生和附学生三类。初入学享有廪膳者为“廪膳生”，随入学人数增加，附于廪膳生后的是“增广生”，再增加名额附于末的名“附学生”。廪膳生、增广生的名额有定制，附学生则无定额。学习内容初为专习一经，以礼、乐、射、御、书、数设科分教，后又改为分礼、射、书、数四科。但实际上，由于学校已成为科举的附庸，官学只教习八股范文而已。

地方官学通过考试流通，考试分为月考、岁考和科考。月考由教官主持，每月举行一次。岁考和科考则由提学官主持，其在任三年内，两试诸生，第一次为岁考，成绩分为六等，考至一等前列可补廪膳生，其次补增广生，四等以下给予处分；第二次为科考，取岁考时一、二等生，加以复试，上等者可获应乡试资格。

社学是设在城镇和乡村以民间子弟为教育对象的一种地方官学。它招收 8 岁以上、15 岁以下儿童入学。洪武初年，朱元璋令天下设立社学，于是全国各地纷纷设立社学，并挑选地方上有学问的长者任教师，教授识字、写字，所用教材主要是《三字经》、《百家姓》、《千字文》等；教授经、史、历、算等知识，兼读《御制大诰》、《大明律令》，还讲习冠、婚、丧、祭诸礼。

明朝的地方官学除上述学校外，还设有医学、阴阳学、武学等专门学校。

三、书院

明朝初期，统治者极为重视发展学校教育，强化学校的育才和选才功能，书院几乎沉寂，到成化年间才逐渐发展起来，到世宗嘉靖年间达到鼎盛。明代书院多达 1 200 余所。王守仁、湛若水等理学大师的讲学活动对明代书院的盛衰产生了重大影响。王守仁既是朝廷重要命官又是知名学者，他积极提倡书院，所到之处均设立书院进行讲学。

明朝后期，一方面书院和科举的关系更加密切，书院官学化程度更深；另一方面，科举腐败，学校教育空疏，一批士大夫便纷纷兴复或创建书院，倡导讲学之风。官方对于官学化的学院采取保护政策，对于不能纳入官学轨道的书院就加以禁毁，在嘉靖、万历、天启年间，曾先后发生了多起禁毁书院的事件，阻碍了书院的发展。江苏无锡的东林书院，万历年间顾宪成与好友在此讲学，经常“讽议朝政，裁量人物”，抨击当权者，得到许多士大夫的呼应，形成了一股反对当权者的势力。以魏忠贤为首的阉党，逮捕、屠杀了一批东林党人，禁毁了东林书院。

第三节　清朝的教育制度

一、中央官学

清朝中央官学以国子监为主干，以宗学、觉罗学、八旗官学、算学、俄罗斯文馆等为旁枝。

（一）国子监

清朝的国子监沿袭了明朝的旧制。顺治元年（1644 年）世祖修葺北京国子监为太学，亦设祭酒一人，其他人员则兼顾满、汉两族，如：司业，满、汉各一人，总理监务；监丞，满、汉各一人；博士，满、汉各一人。不过六堂士子肄业有内外班之分，其中内班住宿，外班走读，每逢上课的时候就到校。

国子监学生按其资格分为监生和贡生。监生包括恩监、荫监、优监和例监。贡生包括岁贡、恩贡、按贡、优贡、副贡和例贡。此外，国子监还有来自琉球、俄罗斯等国的留学生。国子监学生分别编在率性、修道、诚心、正义、崇志、广业六堂学习，分内外两班，学生最多时共计三百名。国子监学生学习“四书五经”、《性理大全》等。国子监学生的待遇除了发给“膏火”外，还有免役的权利。

清朝国子监的教学制度一方面继续沿用明制，实行监生历事制和积分法；另一方面是仿照北宋胡瑗的苏湖教法，实行分斋教学制度。乾隆年间，仿宋儒胡瑗的做法，经义与治事分斋而教学，反对大学只教经文不讲有用之学，一度出现过师徒济济、奋发求学的新气象。但由于政治日益腐败，士子科举只为名利，太学教育日趋没落和形式化。

（二）宗学、觉罗学、八旗官学

这些是为皇亲国戚、八旗贵族子弟专门设立的贵族学校。宗学是专为清宗室子弟设立的学校。觉罗学是专为觉罗氏子弟设立的学校。八旗官学是专为八旗子弟设立的学校，隶属于国子监。

（三）算学和俄罗斯文馆

康熙九年（1670 年）即选满洲官学生六名、汉军官学生四名学习算学。康熙五十二年（1713 年）正式设算学馆于畅春园，选八旗子弟入学学习算法。乾隆四年（1739 年）因算学馆隶属国子监而定名为国子监算学，学生 12 名。

俄罗斯文馆创办于乾隆二十二年（1757 年），是清政府为培养俄语人才而设立的一所俄文学校，聘请驻京俄人充任教师教授八旗子弟，学生学习期满后经考试来授予官职。

二、地方官学

清朝的地方官学主要有在府、州、县办的府学、州学、县学，统称儒学。在军队驻地设立的卫学、为孤儿以及少数民族优秀者设立的义学、设在边疆的井学，这些学校都带有儒学性质。

清随明制，在全国各地建立起府、州、县学。府学设教授，州学设学正，县学设教谕训导学生。此外，设有提督学政总管地方教育事宜。府、州、县学的学生通称生员，俗称“秀才”，明制也分为廪膳、增广、附学三种。学校内部的管理较明代更加细密，生员等级不再固定，根据学业成绩可在等级之间升降。

儒学的教学内容主要包括“四书五经”、《性理大全》、《资治通鉴纲目》、《大学衍义》、《历代名臣奏议》、《圣谕十六条》、《卧碑文》、《大清律》等，不外乎儒家经典和宋明理学著作以及应付科举考试的“时文”之类，超出规定的书籍不允许诵读。

三、书院

清朝书院的发展情况受当时文教政策所限制。清初统治者害怕书院传播反清思想，所以除了保存修复了白鹿洞书院、岳麓书院、石鼓书院等历史悠久的书院外，严禁创设书院，对书院采取抑制的政策。因此，在清初的九十年间书院一直处于沉寂状态。但是，书院制度流传经宋、元、明三代，在士大夫阶层的一些知识分子中间仍然影响深刻。因此，清政府虽限制书院，但民间仍然有人创立书院讲学，只不过为数不多。

直到雍正十一年（1733 年），待明末清初的一些大学者相继去世后，朝廷开始逐步改变对书院的政策，由消极抑制转为积极兴办，并加强控制。清政府拨给经费命各省省城设立书院，由各省的教育长官学政聘请书院的主持者及教师，地方官员考核选择成绩优秀的学生入学。地方政府或私人创办的书院必须经官厅审核，必须教授程朱理学。在这种钳制政策下，书院已经完全失去了其早期的生气而逐渐演变成官学。

第四节　明清的私学

明清时期的私学有了进一步的发展，就层次而言，划分为蒙学和经馆两级。蒙学相当于小学教育，以识字和学习基本知识为主；经馆是在蒙学的基础上，学习儒家经典、理学著作，为参加科举考试做准备，相当于大学。两类私学的阶段划分并不明显，多统一于一校之内。在此，对蒙学做主要介绍。

明清时期的蒙学教育机构主要有：私人设立的私塾、乡学、村学，宗族设立的义学，富庶人家设立的家馆和政府拨款的社学。明清时期的蒙学教育开办形式多样、种类较为齐全、设置区域广泛，以义学和社学较具代表性。

私塾

图片来源：http：//baike.baidu.com/view/42498.htm。

义学又称义塾，是由官方或社会捐献而设立的一种免费的蒙学教育机构。早在宋代就已出现了义学，但明清时期的义学得到了政府的支持和鼓励，有了更大的发展。清朝康熙、雍正年间，政府多次下令在贵州、云南、广西等地区设立义学，到乾隆年间，义学已遍布全国。

社学是一种得到国家政策鼓励、由乡村利用冬闲时期举办的私学。社学起源于元朝而盛于明、清。明朝曾令各府、州、县建立社学，以教民间子弟。清初沿用明制，康熙九年（1670 年）令各府、州、县每乡设置社学一所。凡在社学中学业成绩优异者，经考试可升入府、州、县学；成绩考核不合格则被遣回社学。社学与府、州、县学在学制上相互联系。

明清时期蒙学教材种类多、数量大，获得了很大的发展。蒙学教材分类编写更为普遍，同时还出现了专供儿童使用的工具书，如《字汇》、《初学检韵》、《家塾蒙求》等，一些辅助教材也大量出现。

第五节　明清的科举制度

明朝统治者对于科举取士非常重视，一方面注意总结历代经验教训，将制度建设得更加严密、繁琐，另一方面通过科举进行文化专制的统治更甚。相比前朝，明朝科举制度的变化主要有：

第一，将三级考试改为童生试、乡试、会试、殿试四级考试。童生试包括院试、岁试和科试。院试由负责一省地方教育与考试的长官主持，考试合格者为“秀才”。通过科试选取前三等的学生参加接下来的乡试。乡试在北京、南京或各省省城举行，三年一考，因其在秋季举行，又称“秋闱”。朝廷规定乡试的录取名额，考试合格后称“举人”，第一名称“解元”。乡试第二年在京城由礼部举行会试，因考期在春季，故又称“春闱”。会试通过被录取者称为“贡士”，第一名称做“会元”。会试取中后不久即参加殿试，不过殿试仅为名次排序。名次分为三甲：一甲赐进士及第，只取三名，即状元、榜眼、探花；二甲赐进士出身；三甲赐同进士出身。一、二、三甲统称“进士”。

南京江南贡院历史陈列馆——中国古代乡试模拟

第二，精简了科目，只设有进士科。

第三，考试方式主要有经书义和策论。经书义考试是以经书中的文句作为题目，要求考生作文阐明其中的“义理”。为使考卷评审公正客观，将八股文（又称时文、制艺）定为考试的标准规定文体。八股文注重格式、讲究对偶排比，且题目主要限于“四书”，所论述内容也要以朱熹的《四书章句集注》为标准，不许自由发挥，字数也有规定。可见，八股文形式呆板，内容空洞贫乏。这实际上是文化专制主义在科举考试中的反映。策论，是指针对经义或政事提出问题，令考生对答，格式较灵活。

第四，考试规则更加严密。考生报名须填写家状，内容包括本人姓名、年龄、籍贯、三代、户主、父母年龄等情况。

清朝科举制度沿袭了明朝，变化不大，只是在考试科目中增加了一门小楷。清末科举更加腐败、空疏无用、残害知识分子，不断遭到有识之士的谴责。1905 年，实行了1 300 余年的科举制度被彻底废除。

读一读

清代小说家吴敬梓写的《儒林外史》深刻揭示了科举制度下知识分子的面貌。其中“范进中举”一段主要内容是：范进是个老读书人，考了几十年的科举连个秀才也没有考到，在家里备受冷落，妻子对他呼来唤去，老丈人胡屠户对他更是百般呵斥。范进向老丈人借盘缠考乡试，被奚落了一顿。但范进仍瞒着家人，参加了乡试。发榜当日，范进家中绝粮，被迫拿了一只下蛋的母鸡到市集去卖。报录人来报喜，邻人到市集领回范进告诉他高中的喜讯时，范进因高兴过度发了疯。他的老丈人胡屠户给了他一耳光，才打醒了他，治好了这场疯病。众人对他大献殷勤。以前对他冷眼旁观的人，一改往日的态度，纷纷送鸡、送米，大献殷勤。胡屠户也改变了态度，对乡邻夸耀说自己有眼光，将女儿嫁给了个老爷，并替范进扯衫尾，称之为“贤婿老爷”。

“范进中举”漫画

图片来源：http://baike.baidu.com/view/364812.htm。

第六节　王守仁的教育思想

一、生平

王守仁

王守仁，字伯安，明朝中期著名的主观唯心主义思想家、教育家。因为他曾在阳明洞读书、讲学，自称阳明子，别号阳明，人称“阳明先生”。其死后谥号为“文成公”，后人亦称他为“王文成公”。

王守仁自幼就抱有“读书学圣贤”的志向，21岁举浙江乡试，后随父至京师，遍求朱熹遗书阅读，28岁举进士，先后任云南清吏司主事、兵部武选清吏司主事、江西卢陵县知事、南京刑部和吏部清吏司主事、文选清吏司员外郎、南京鸿胪寺卿、都察院左佥都御史等职。

王守仁从政的同时热心于教育，从事兴学、讲学共23年。他从34岁开始收徒讲学，曾创立龙冈书院，在文明书院主讲，修建濂溪书院、阳明书院，集门人于白鹿洞书院讲学，在浙江设立稽山书院。50岁后他曾专门在稽山书院、龙泉寺中天阁讲学，盛极一时。他的主要思想反映在《王文成公全书》38卷和《传习录》中，这两部著作是研究他的教育思想的主要资料。

二、教育思想

（一）关于教育作用和目的的主张

王守仁哲学思想的核心是“心即理”。王守仁“心即理”的主观唯心主义观点来自南宋陆九渊提出的“宇宙便是吾心，吾心便是宇宙”。王守仁将其继承发挥，认为宇宙万物都靠心的认识而存在。他说："你未看此花时，此花与汝心同归于寂；你来看此花时，则此花颜色一时明白起来，便知此花不在你的心外。"他反对朱熹"即物穷理"的思想，不承认有客观存在之理，认为"心外无事，心外无理，故心外无学"，"君子之学，以明其心"，因此，教育的作用就是明心、存心、求得其心，即去人欲、去习染，也就是"存天理，去人欲"。

王守仁认为教育的目的是"明人伦"。他所谓的"人伦"就是三纲五常的封建道德观念，他说："所谓父子有亲、君臣有义、夫妇有别、长幼有序、朋友有信五者而已，唐虞三代之世，教育惟以此为教，而学者惟以此为学。"他认为人人都有"不待学而有，不待虑而得"的"良知"，即"天理"。圣人天理纯全，良知常在，所以为圣。一般人的良知常被私欲所蒙蔽，有如明镜染尘埃，要想去掉私欲，恢复本心，必须要有存善去恶"致良知"的功夫。因此，"致良知"就是"存天理，去人欲"，以实现"明人伦"的教育目的。其本质就是要求教育培养具有封建道德观念的"顺民"，以维护和巩固封建伦常的社会秩序。

志不立，则如无舵之舟、无勒之马，漂荡奔逸，终亦何所底乎？——王守仁

（二）关于教育内容的主张

王守仁认为凡是有助于"求其心"的都可作为教育内容，读经、习礼、写字、弹琴、习射，各自有不同的作用，都可以学习。王守仁关于读经的看法不同于朱熹。朱熹认为：圣人的教训都在经书，为学必须穷理，穷理必须读书；而王守仁认为：经书是"常道"，即永恒而普遍的道理，然其根源仍在本心。他认为"六经"不过是"本心"的账簿而已："《书》也者，志吾心之纪纲政事者也；《诗》也者，志吾心之歌咏性情者也；《礼》也者，志吾心之条理节文者也；《乐》也者，志吾心之欣喜和平者也；《春秋》也者，志吾心之诚伪邪正者也。"所以读经是为复明本心之"常道"。因此，他主张读书时必须与自己的"心"结合，并认为写字、弹琴、习射也对陶冶本心很有价值。

根据这种主张，王守仁提出了著名的"训蒙教约"，规定道德训练的标准为孝、悌、忠、信、礼、义、廉、耻八目，所设科目为歌诗、习礼、读书三项。歌诗可以"精神宣畅"，"心气和平"；习礼可以"礼貌习熟"，"德性坚定"；读书可以"义礼浃洽"，"聪明日开"。每日课程，先考德，次背书、诵书，次习礼或作课仿，次复诵书讲书，次歌诗。"凡习礼歌诗之类，皆所以常存童子之心，使其乐习不倦，而无暇及于邪僻。"

（三）关于教学的原则和方法

除了继承前人的教学原则和方法外，王守仁还提出了不少具有个人思想特色的教学原则和方法。

1. 知行合一

在知行关系上，王守仁主张知行合一。"知之真切笃实处即是行，行之明觉精察处即是知。""知是行之始，行是知之成。若会得时，只说一个知，已自有行在；只说一个行，已自有知在。"他的"知行合一"以"致良知"为标准，知行合一是为了"致良知"，要想"致良知"就要知行合一。"知"是知天理，"行"也是要行天理，人只要切

实地去掉“人欲”，保存“天理”，就自然达到“知行合一”。但针对程朱理学知而不行的“空疏谬妄”，他提出了“真知即所以为行，不行不谓之知”的观点，他的主张更倾向于行，“尽天下之学，无有不行而可以言学者”，他强调只有行动才能“学”，反对“着空”。尽管其理论体系是主观唯心主义的，但重视行动的知行观对学习来说具有一定的积极意义。

2. 自求自得

孔子曾曰“当仁不让于师”，孟子亦说“尽信《书》，则不如无《书》”，但在统治者实行文化专制的文教政策下，独立思考是被压制的，考试的唯一标准是儒家经典和宋明理学。而王守仁认为“是非之心，人皆有之”，提倡独立思考，强调自求自得，认为应当不囿于圣人之见、经书之说，这在当时是非常先进的思想。

王守仁主张，学习贵于自得，教师要引导学生“各得其心”。他引用孟子的话表达自己的观点：“君子深造之以道，欲其自得之也。自得之……则取之左右逢其原（源）。”他说：“学问也要点化，但不如自家解化者，自一了百当。不然，亦点化许多不得。”他自己在教学中很少长篇大论，多数情况下是三言两语地指导与启发，鼓励学生独立思考得出结论。因此，他提倡学术公有，认为人人都有独立思考和发表意见的权利。他说：“夫道，天下之公道也。学，天下之公学也。非朱子可得而私也，非孔子可得而私也，天下之公也，公言之而已矣。”

责善，朋友之道，然须忠告而善道之，悉其忠爱，致其婉曲，使彼闻之而可从，绎之而可改，有所感而无所怒，乃为善耳。——王守仁

3. 顺应儿童天性的教学方法

王守仁批判当时人们进行儿童教育的方式，反对以粗暴的手段对待儿童。他认为当时学校里教师对待儿童是“鞭挞绳缚，若待拘囚”，致使儿童“视学舍如囹狱而不肯入，视教师如寇仇而不欲见，窥避掩覆以遂其嬉游，设诈饰诡以肆其顽鄙，偷薄庸劣，日趋下流”。

王守仁认为教育儿童应当顺应儿童天性，采取诱、导、讽的教学方法。他从良知说出发认为，乐是心中本体，好玩是儿童的天性，教学应从积极方面入手，通过各种措施引起儿童的乐学情绪。他说：“大抵童子之情，乐嬉游而惮拘检，如草木之始萌芽，舒畅之则条达，摧挠之则衰痿。今教童子，必使其趋向鼓舞，中心喜悦，则其进自不能已。”针对这种认识，王守仁提出，以诱之歌诗、导之习礼、讽之读书，来“训导其志意，调理其性情，潜消其鄙吝，默化其粗顽”，从而达到“日使之渐于礼义而不苦其难，入于中和而不知其故”的效果。可见，王守仁主张对儿童进行教育应当如春风化雨般启发诱导，使儿童在潜移默化中得以成长。

总之，王守仁关于儿童教育的思想是符合儿童生理与心理发展特点的，不仅具有进步的历史意义，而且具有积极的现实意义。

第七节 颜元的教育思想

明末清初，资本主义萌芽，封建社会的经济基础开始瓦解，西方文化开始传入中国，文化教育领域也出现了启蒙主义的教育思潮。启蒙主义教育思潮主张教育要培养经世致用的实用人才，反对理学家仅仅注重内省自修的教育方法，主张践行、习行，重视“行”的作用，在教育内容上也提倡有实际内容的实学。他们揭露科举考试的弊端，要求重视对自然科学知识、军事知识技能等的学习，培养“实才实德之士”。其代表人物有黄宗羲、顾炎武、王夫之、颜元等。

一、生平

颜元

颜元，字易直，又字浑然，号习斋，清初著名的启蒙主义思想家。他年轻时便设家塾，收受弟子，一生主要从事学术研究与教授生徒；后来因招收学生越来越多，订立“习斋教条”二十则；晚年应邀主持漳南书院，亲自为书院设立规章，将书院分成文事、武备、经史、艺能、理学、帖括六斋，颇负盛名。

颜元反对理学，在批判理学的过程中形成了自己的学术与思想理论体系，有著作《存学编》、《存性编》、《四书正误》、《朱子语类评》以及门人整理的《习斋言行录》等，是研究其教育思想的主要材料。

二、论教育的作用

颜元是从两个方面来论述教育的作用的：一是教育的社会政治作用；二是教育对人性发展的作用。

颜元认为教育培养人才是治国安邦的基础。颜元批判传统教育：“普天昏梦，不归程朱，则归陆王，而敢别出一派与之抗衡乎？”尤其反对程朱理学，认为其“全以章句误乾坤”。他还抨击八股取士制度：“天下尽八股，中何用乎！故八股行而天下无学术，无学术则无政事，无政事则无治功，无治功则无升平矣。故八股之害，甚于焚坑。”他认为八股最终将导致政治腐败、世风日下。由此，颜元提出教育的目的是要培养“肯做工夫庸人”的“圣人”，要想“致富强”，出现“列之朝廷者皆经济臣”的良好局面，就必须使“天下之学校皆实才实德之士”，培养经世致用的人才。

在人性问题上，颜元不同意理学把人性分为义理之性和气质之性。他认为人性是善的，之所以为恶，是由于“引蔽习染”，所以教育的作用在于预防和去掉恶习，使人性向善。这是必要而且可能的。即便是为恶的，对其进行教育也可以教好。颜元强调通过教育可以改造沾染的恶习，重视环境对人的影响作用，具有一定的积极意义。

人才为政事之本，而学校尤为人才之本也。——颜元

三、关于教育的目的和内容

颜元主张教育要培养出“经世致用”的人才。他指出“学所以明伦耳”，他要求所培养的人不仅要有仁、义、礼、智等德行，而且应当掌握一定的专业技能，这样有实才实德的人才是能够利济苍生的圣贤。颜元关于教育目的的主张沿用了儒家传统圣贤的观点，但赋予了新的内容。

颜元认为要达到培养这种“有学术”、“有治功”的学用一致的济世人才的目的，教育内容必须反对空疏无用的书本和空谈，要以“实文”、“实行”、“实体”和“实用”为原则。因而，他提倡文武兼备，反对重文轻武；提倡劳动教育，反对不劳而食。

颜元晚年主持漳南书院的工作，是他教育思想的实践。漳南书院设文事斋、武备斋、经史斋、艺能斋、理学斋和帖括斋。文事斋教授礼、乐、书、数、天文、地理等科；武备斋教授黄帝、姜太公以及孙、吴五子兵法，陆水战法、射御技击等科；经史斋教授十三经、历代史、诸文等科；艺能斋教授水学、火学、工学、象学等科；理学斋教授静坐、程朱陆王之学；帖括斋教授八股文。

理学斋与帖括斋的设立是为了“应时制”，其他四斋是颜元“实学”的具体教育内容，只有学习这些内容才能实现“垦荒、均田、兴水利”以富天下，实现“人皆兵，官皆将”以强天下，最终实现“举人才、正大经、兴礼乐”以安定社会秩序。颜元的教育思想代表了当时启蒙思想家的一致认识。

四、关于教学方法

在教学方法上，颜元反对理学的“主静”观点，强调“主动”、“习行”的教学方法，认为这两种方法是势不两立、不可调和的。他提出“觉思不如学，而学必以习”，人们要想获得真正有用的知识，就必须“习行”，把知识和实践联系起来，这关系到人才的培养和国家的强弱。颜元强调“习行”并非是排斥书本知识，事实上他也主张通过读书获得知识，但是认为读书、讲授都必须与“习行”相结合才能获得良好的效果；要在实际活动中进行教学，要通过具体的事去传授知识。颜元还重视劳动在人才培养中的积极作用。

主动、习行的主要方法是“格物致知”。他认为“物”就是客观世界中实际的事和物，“格物”就是亲自去接触、去感受这些客观的事物，只有亲身接触了才能获取到知识，即“致知”。就比如礼节讲几十次、思考几十遍，仍然不能算是知道了，除非亲身体验如何行礼的过程，才能算是知道了。可见，颜元十分重视直接经验。

颜元的教育思想受时代的局限，基本立场仍是维护封建统治的，但敢于冲破封建束缚，提出了与理学唯心主义相对立的唯物主义教育理论，是中国古代教育史上的重大突破。

本章小结

本章介绍了封建社会发展的最后阶段——明清时期的教育。明清为了维护封建统治，奉行相似的文教政策，均以程朱理学为官方唯一指导思想，尊经崇儒，实行文化专制以禁锢思想，只是具体实施上有所差异。明清期间均有过多次文字狱，是文化教育事业上的浩劫。清末，初期的民主思想萌芽，批判宋明理学及八股取士制度，提倡"实学"。在教育制度上，明朝学校教育制度较为完整，清朝基本沿用明朝旧制，两朝统治者均不断兴办学校，但因特别重视科举，所以学校教育制度反而更加有名无实、形同虚设。书院在明朝与清朝逐渐走向官学化，统治者为了排除异己思想，对书院进行笼络，或者从各方面进行严密控制与打压。至清末，书院已经失去了原来的生气。明清时期的私学有了进一步的发展，主要是相当于小学教育阶段的蒙学，这些设在乡村的学校承担了民间普及小学教育与传承文化的重要职能。明清两朝均非常重视科举。经过不断改进与完善，科举考试在形式上更加严密与繁琐，但内容更加空疏无用，也更加腐败，不断遭到有识之士的抨击，最终于1905年被完全废止。

关键概念

程朱理学　　致良知　　知行合一

复习题

1. 简述明清时期书院的发展。
2. 简述明朝创行八股取士的意义和影响。
3. 简述明清教育中私学的发展。
4. 评述王守仁的教学原则。

讨论与思考

评述颜元的教育思想的意义及在教育史上的地位。

第七章　晚清时期的教育

【本章要点提示】

- 了解洋务时期教育改革“中体西用”的指导思想
- 掌握京师同文馆建立的始末及意义
- 理解“壬寅·癸卯学制”颁布的始末及意义

【本章内容引言】

“这些男孩子穿着打扮和我们一样，只是头上留着长长的辫子。他们玩橄榄球的时候，会把辫子藏在衬衣里，或盘在头上；如果辫子松了，那可是给了对手一个很大的诱惑。我们玩的所有的游戏对他们来说都是陌生的；但他们很快就成了棒球、橄榄球、冰球的好手，在花样滑冰场上技术更是超群。当自行车刚刚出现的时候，学校第一个买它的是曾（吴仰曾）。我现在仿佛还可以看到，他骑着这奇怪的家伙在避难山路上走……我在高中最亲密的朋友是CHO，他严肃而庄重，在那个时候已经是一个有教养、懂世务的人了，在课堂上听他解读恺撒是一种博雅的教育。几乎每个周末，CHO和我都要到西哈特福德去打猎，主要是打金翼啄木鸟和草地鹭。CHO有一把超过12磅重的猎枪，他可以终日毫无怨言地扛着他的这把宝贝枪，并且具有百步穿杨的好枪法。最后，当这些孩子令人遗憾地被召回国时，CHO把他的猎枪赠给了我，作为我们永久的友谊的见证。在中国，听说他参加了海军，可后来没有了下落。我们之间有过几年的书信往来。”（这位“CHO”是曹嘉祥，他后来是北洋海军镇远舰枪炮大副，再后来是中国近代警察制度的创始人——笔者注）这是耶鲁大学的菲尔浦斯教授在自传《中国同学》中讲述的关于中国幼童的故事。这批幼童便是清政府设立的留学计划中第一批留美学生。这是清末教育改革中意义重大的一件事。

资料来源：http：//www.ls11.com/Article/lstd/jztd/200405/2075.html。

第一节　清末的教育

一、清末教育的衰落

鸦片战争时期，中国逐步沦为半殖民地半封建社会，在西方文化冲击下，封建文化日益瓦解，封建教育在急剧的社会变革中走向衰落，近代教育开始萌芽和起步。

（一）科举制度的腐败

清末科举制度已经是穷途末路，士子参加科举是为了升官发财。科举的内容和方法是僵化的八股文，考官多出偏题、怪题以增加难度。同时，清末科举营私舞弊成风，花钱买监生或者举人的屡见不鲜。科举制的日益腐败，严重束缚了知识分子的头脑，阻碍了文化思想的发展，败坏了学风，败坏了人才，使整个社会文化毫无生机。

（二）教育制度名存实亡

清末教育制度设置较完备，官学有中央官学和地方官学，中央官学设有国子监、宗学、旗学等，地方官学设有府学、州学、县学。此外，民间设有义学和社学等私学。但除了私学真正是学子读书的地方外，官学大多徒具学校之名、形同虚设。因为官学与科举的紧密关系，所以官学基本都是科举的预备学校。学生入监并非为了读书求知，不过是为求得一个进身做官的资格。官学管理制度混乱，教育内容空疏。如国子监，已无管理制度，因取消了“坐监”制度，座位空闲，书声无闻，学生个个游手好闲、不学无术。

（三）教育思想专制

清朝政治上继承了数千年的封建君主政体，统治政权严密而专制，教育不过是统治者维护封建统一的政治工具。学校教育的目标、内容、课程、教材都是为此服务的。在这种专制主义和文化高压政策下，知识分子只允许考据经典，读圣人言，将宋明理学定为正统思想，其他都为异端。清政府制定了各种教条，甚至多次大兴文字狱以钳制知识分子的思想。在这种高压专制政策下，清末教育更加机械、教条、脱离实际、空疏无用，加剧了清末政治、经济、文化的黑暗和腐朽。

二、教会学校的开端

（一）夺取在中国办教育的特权

鸦片战争开始后，资本主义的侵略使中国政治、经济的主权不断丧失。随着侵略的加剧，列强通过不平等条约夺取在中国办教育的特权。

1842 年，中英《南京条约》中规定：“开放五口通商口岸，准许英国及其他国家的人，在其中居住、经商和建立教堂传教。”1844 年，美国逼迫清政府签订中美《望厦条约》，规定：“合众国民人在五港口贸易，或久居，或暂住，均准其租赁民房，或租地自行建楼，并设立医馆、礼拜堂及殡葬之处……”1844 年，中法《黄埔条约》中规定：“佛兰西人亦一体可以建造礼拜堂、医人院、周急院、学房……倘有中国人将……毁坏……地方官照例严拘重惩。”在这一系列不平等条约中，帝国主义列强获得了在中国开展文化教育活动的特权，并且还受到清政府的保护。

（二）开办教会学校

早在鸦片战争前，各国传教士已经在中国开始创办学校了。如 1839 年，美国传教士布朗夫妇在澳门设立了马礼逊学校。鸦片战争后，外国人在各地设立的学校逐渐多起来，先是在香港和五个通商口岸等东南沿海一带，接着深入到京、津、长江沿岸和内地。如 1844 年英国东方女子教育协进会在宁波设立女塾；1845 年，美国长老会在宁波设立义塾，为后来之江大学前身；1849 年法国天主教耶稣会在上海设立徐家汇公学；1851 年美国圣公会在上海创立女塾，后为玛利亚女校前身。后来外国传教士在中国办学日益增多。据统计，从 1842 年到 1877 年期间，基督教在中国创办学校达 350 所，天主教创办的学校更多。

教会学校一般规模较小，学生也少，主要以初等教育为主。它们在教学内容与形式等多方面都不同于中国传统学校教育，如课程设置上开设了数学、天文、地理等，有的还开设了外语。早期教会学校还保留了中国传统教育的一些内容，如《三字经》等。多数教会学校免收学费和膳宿费，有些还供给衣服、路费等。教会学校重视女子教育也是不同于中国传统教育的一大特点，一开始就创办了女学。因为教会学校是受不平等条约保护出现的结果，是基督教传播基督教教义和培养教徒、西方列强进行文化侵略的工具，所以教会学校在当时并不受中国人的欢迎。

学习资料

http://www.chinaxq.com/html/2005-10/28/content_4755.shtml

（三）出版刊物

外国传教士还在中国设立出版机构和报馆，作为侵华的舆论工具。他们刊印报纸、图书、杂志、教科书等，介绍科学常识与西洋文化。如 1843 年英国传教士在上海创办的墨海书馆、1845 年美国长老会在宁波创办的美华书馆、1878 年成立的圣教书会等，翻译、编著和出版了许多自然科学、政治、宗教和其他方面的书籍。1868 年基督教在上海创刊《教会新报》，刊登中外史地、科学常识以及中国教育等，这是外国在中国创办的对教育影响较大的刊物。此外，外国传教士还在中国开办了医院、孤儿院、育婴堂等机构。

外国传教士在中国进行文化教育事业，是带有文化侵略目的的。他们办学校主要是为了传播西方宗教，扩大西方教会的影响，培养宗教信徒。但也不可否认，教会学校将西方现代学校的办学模式带到了中国，从课程、方法乃至规章制度方面，都对中国社会及其教育界产生了深刻的影响。

三、太平天国运动中的教育

1851 年，太平天国农民革命爆发了，并在南京建立了政权，与清廷对峙长达十五年之久。在文化教育方面，1853年，太平天国定都南京后，在以拜上帝教为中心的原则下，在其所占领地区进行反对封建主义专制和反对儒家思想的文教政策改革。不同于历代封建王朝崇尚佛、道的文教政策，太平天国排斥佛、道以及一切其他宗教，把黄老、佛释都看做是魔鬼，只有拜上帝教信奉的皇上帝是唯一真神。太平天国贬低排斥儒教，删改儒学经书，丢弃孔子牌位，焚烧“四书五经”，并指斥孔子为“不通秀才”。这种对待儒学的态度在太平天国后期有所缓和。这与历代封建王朝崇儒的做法对比鲜明。太平天国重视女子教育，把女子都称为姐妹，并在科举中设有女科。

太平天国实行不分贫富贵贱、男女平等的普遍教育。按照其革命纲领《天朝田亩制度》，太平天国的教育对象包括所有的群众：男人、女人、大人、小孩。太平天国废除了私塾、书院的专门教育机构，凡是礼拜日，所有人都要到礼拜堂“听讲道理”。太平天国各级干部子弟或义子、义弟可送入育才馆学习，或者各级干部随身带一名或数名儿童进行实际教育，对士兵进行政治教育、宗教教育和军事教育。除了讲授自己编的《武略》、《兵法四则》等军事书籍外，太平天国还要求严格训练士兵用弓、矢、刀、枪、骑马等能力，并对男女官兵以《定营规条十要》、《行营规矩》等进行军事纪律教育。

太平天国基本废除了以孔孟之道为中心的教育内容，删改儒学著作，并且自己编写教材。他们自己编的官书主要有根据基督教《旧约》和《新约》改编而成的《旧遗诏圣书》、《新遗诏圣书》以及《真命诏旨书》，还有儿童识字教材《三字经》、《幼学诗》等。这些书仍然带有一定的封建纲常和宗教色彩，但也含有很多自然常识。

儿童识字教材

太平天国选拔人才的方式多样：在建都南京后，曾沿用了科举取士的办法，但做了很多重要的改革。太平天国的科举考试，废除了封建门第出身的限制，任何人都可以参加考试，录取与任用也没有种族、贵贱、男女、贫富之分，会试无论布衣、绅士、官吏，取中即为状元，乡试也不以门第出身而论，且没有定额，只要取中即为举人。考试分天试、乡试、县试等。此外，妇女有参加科举考试的同等资格，曾为妇女开设女科。考试不准出“四书五经”上的题目，要从官定教材中选择，并且要求文章朴实明晓，反对华而不实的文风，不许阿谀奉承帝王、官僚。

第二节　洋务运动时期的教育

一、洋务教育产生的背景

两次鸦片战争失败之后，帝国主义加紧了对中国的侵略和分割，再加上农民革命运动的冲击，清政府在如何维持摇摇欲坠的统治问题上逐渐形成了两大派，即顽固派和洋务派。顽固派拒绝改革，反对向西方学习，极端守旧，仍然坚持以封建伦理纲常来达到维护清政府封建专制统治的目的，他们多是清末大地主阶级的卫道者。洋务派主张通过改革、学习西方先进技术来维护清末统治。洋务派在同西方列强交往中逐渐认识到必须学习资本主义国家的先进科学技术才能使国家富强。其代表人物有奕䜣、曾国藩、左宗棠、李鸿章，后期有张之洞等。洋务派在 19 世纪 60 年代到 90 年代，举办了一系列“自强”、“求富”的事业，史称“洋务运动”。洋务教育是洋务运动的一个重要组成部分。

为了培养买办、翻译、工艺人员和陆海军军官等洋务人才，洋务派提出了“中学为体，西学为用”的办学指导方针。就是说，学校教育首先以传授经史之学为主，这是做其他学问的基础，然后再学习西方科学技术知识。

二、洋务运动时期的教育活动

（一）创办新式学堂

洋务教育是帝国主义利益与清朝统治者需求下的产物。外国列强在华所办的教育一直不被接纳，于是便开始扶植洋务派的官办新式学校，并吸引留学生。清政府成立了“总理各国事务衙门”来处理繁杂的外交事务，急需外交事务人员和翻译人员。咸丰十年（1860年），洋务派人物恭亲王奕䜣上奏表明由于语言不通给处理外交事件带来诸多不便。1862年，他又上奏开设外国语学校来培养所需人才。同年，清政府在北京设立第一所洋务学堂——京师同文馆。此后，新式学堂不断开设。

新式学堂大致可以分为三类：方言学堂，也就是外国语学堂；军事学堂；技术学堂。

方言学堂主要培养翻译人员，以学习外国语为主，主要有以下几所：1862 年在北京开设的京师同文馆；1863 年在上海设立的广方言馆；1864 年设立的广州同文馆；1893 年设立的湖北自强学堂等。京师同文馆是我国最早的官办新式学校，创立之初专修外国语，选满族亲贵子弟中十三四岁的少年入学。其最初只有英文馆，学生十人；1863 年增设法文馆和俄文馆；1866 年增设天文馆、算学馆，此后变为综合性学校；1872 年设德文馆；1896 年设东文馆；1900 年，八国联军攻占北京时停办；1902 年并入京师大学堂。京师同文馆以教授外语为主，规定学生必须学好了外语才可以学习别的技术、技能，后来逐渐开设算学、化学、万国公法、医学、生理、天文、物理等课程，并且汉文经学始终贯穿所有课程，特别重视对学生进行封建道德伦理纲常的教育，馆内有包含三千条礼仪的书供学生学习。京师同文馆向学生讲授万国公法等课程，宣传强国欺凌弱国的强盗逻辑，灌输殖民主义思想。清朝政府原本规定馆内不许宣传基督教，但在西方列强的强势压迫下，该规定逐渐形同虚设。外国传教士随时自由地向学生传输宗教，兜售他们的“基督文明”以麻痹学生的思想。京师同文馆的管理也被列强控制。京师同文馆的办学经费来自海关拨款，而海关则由英国人赫德把持，所以京师同文馆从办学经费到聘请校长教员都由赫德一手操纵。京师同文馆的教员多为洋人。1884 年，清廷任命美国传教士为总教务长，以后各届总教务长均为洋人。比如算学馆，除了算学教员是中国人，其余都是洋人。京师同文馆及其以后出现的一批洋务学堂是清政府和外国资本主义勾结的产物，是我国半殖民地半封建教育的开端。随着新式学堂增设一系列自然科

京师同文馆旧址

学课程，科学教育正式列入中国教育制度之中。

军事学校主要培养能使用洋枪、洋炮的士兵和军官。1866 年设立福州船政学堂；1881 年创办北洋水师学堂；1886 年设立天津武备学堂；1887 年设立广东水路师学堂；1890 年南京设立江南水师学堂；1893 年天津设立军医学堂；1895 年湖北设立武备学堂等。

技术学堂是培养会使用和维修洋机器的人员和一些通讯人员等。1865 年，上海江南制造局设立机械学堂；1880 年天津设立电报学堂；1883 年，上海设立电报学堂；1892 年，湖北省矿务局设立采矿工程学堂等。

（二）留学教育

洋务派除了创办新式学校以外，还倡导留学教育，派留学生到英、法、美、日等国学习先进的科学与技术，开了我国公费留学的先河。1872 年派一批幼童留美；1875 年派福建船政学堂学生 5 人前往法国学习船政；1877 年，派福建船厂学生 14 名、制造艺徒 4 名前往法国学习制造，派 12 名学生前往英国学习驾驶；1876 年派学生 7 名前往德国学兵技；1881 年，派船政学堂 10 名学生分别赴美、德学习。

在洋务派的留学活动中，最著名的是容闳率领 120 名幼童留美。容闳，广东人，1841 年入澳门马礼逊学校学习，1847 年随校长赴美留学，1854 年结业，成为第一位美国一流大学毕业的中国人。回国后，立志将美国先进文化教育输进中国。1867 年，他向曾国藩建议派留学生赴美，得到赞同，但未能实行。1871 年，曾国藩与李鸿章联名“奏选派幼童赴美肄业办理章程折”，获清廷批准，决定派遣 120 人，由陈兰彬、容闳任正、副监督，筹办出国事宜。1872 年，容闳带领 30 名幼童赴美，这是我国官派留学之始。此后，1873 年、1874 年、1875 年分别派 30 名学生赴美学习。这些学生，最大的十六岁，最小的十岁，多为十二三岁。计划每届学生留学 15 年后依次回国 20 名。我国著名工程师詹天佑就出自这批留学生。

留美学生学习西学外仍兼习中学，以防丢了中国的传统。他们在国外除了要学习军政、船政、制造以外，还要学习《孝经》、《小学》、“五经”等。每逢节日，学生要被召集起来聆听《圣谕广训》，每逢初一、十五要对着清朝皇宫所在的方向行跪拜礼，瞻拜孔子神像。

1881 年 6 月，任驻美国公使的陈兰彬上奏，转述留美事务所总办吴子登的意见：“外洋风俗，流弊多端，各学生腹少儒书，德性未坚，尚未究彼技能，先已沾其恶习，即使竭力整顿，亦觉防范难周。”[①]此外，容闳向美国提出选派程度较高的学生入海陆军学校学习也遭到拒绝。1881 年 7 月，清政府解散留美事务所，留学生分三批回国。留学教育半途而废。

洋务派办留学教育是为维护其半殖民地半封建的统治，培养洋务人才。但事实上，中国外受列强打压歧视，内有顽固守旧势力阻挠，举办留学教育学习科学技术是难以实现国家富强的。不过清政府的这些努力还是有一些成果的，一批青年学习了近代自然科学和生产技术知识，成为优秀的爱国知识分子，是中国第一代科学技术人才，如：技术人才詹天佑，海军人才林曾泰、刘步蟾，外交人才梁敦彦，哲学、政治学人才严复以及一些企业管

① 陈学恂主编：《中国近代教育大事记》，42 页，上海，上海教育出版社，1981。

理人才等。这是一批优秀的爱国知识分子。

洋务教育是中国半殖民地半封建教育的开端，学习西方办新式学校，派留学生学习科学技术，丝毫没有改变封建教育的本质。但洋务教育也有进步的一方面：办了中国第一批新式学校；科学技术知识正式成为教育内容；培养了一批优秀的新式知识分子等。

第三节　维新运动时期的教育改革

鸦片战争后，中国封建经济加速解体，民族资本主义在本国封建势力和外国帝国主义的双重压迫下缓慢地发展着。19 世纪 70 年代开始，出现了早期资产阶级改良主义者。1895 年中日甲午战争失败以后，早期资产阶级改良主义思潮开始转变为救亡爱国运动，康有为、梁启超、谭嗣同、严复等主导的维新变法运动要求改变封建专制政体、实行君主立宪、兴办新式工业、发展资本主义经济、改变取士制度、学习西方文化等。变法始于 1898 年 6 月 11 日，至 9 月 21 日慈禧发动政变结束，共 103 天，史称“百日维新”。

一、维新派和顽固派、洋务派在教育问题上的分歧

在思想意识上，资产阶级维新派反对以三纲五常为中心的封建伦理道德，要求参与政权，实现君主立宪。维新派以西方资产阶级“天赋人权”的思想反对三纲五常。他们推崇西方民主政治制度，以西方资产阶级的民主观念来反对封建专制思想，特别是君权思想。如严复在《辟韩》一文中指出：君臣本无别，君原为民所共举、为民办事而已。实际上，资产阶级维新派所谓的民权是有限度的，不过是要求在保留君主的情况下允许资产阶级参政。他们中的多数人也并不敢直接攻击封建纲常伦理，往往还附会古代经籍。而封建势力代表张之洞反驳维新派对三纲五常的批判，说“君为臣纲、父为子纲、夫为妻纲”是上天定的不变的道理，如果抛弃则势必天下大乱。

在教育内容上，维新派主张学习西学，学习西方资产阶级的社会政治学说和自然科学。他们批评“宋学义理”、“汉学考据”，认为学习这些没有实际用途，只能培养俗儒、鄙夫。顽固派坚持中学、排斥西学，认为西学是“邪说”，是“奇技淫巧”，提倡西学者便是“乱臣贼子”、“离经叛道”。洋务派主张“中学为体，西学为用”，本质上与顽固派并无差异。他们所讲的“西学”是西文与西艺，对西方的政治学说是反对的。

维新派认为欲救中国必须开民智，培养人才就必须废除八股、兴学校、建立资本主义的教育体系。顽固派坚持八股取士制度，反对兴办新式学校的主张，认为“名为培才，实则丧才”，是败人心、坏风俗、违背正道的。洋务派虽然主张办新式学校，但其目的是培养体用兼备的“通儒”，对于资产阶级维新派要培养新政人才是坚决反对的。

二、维新派创办的学校

兴办学校是维新派宣传主张、培养变法人才的重要途径。资产阶级维新派办的重要学堂有万木草堂、时务学堂、通艺学堂、浏阳算学馆、时敏学堂、务本女塾、经正女学等，影响最大的是万木草堂和时务学堂。

（一）万木草堂

万木草堂由康有为于 1891 年到 1895 年在广州设立，开始只有 20 多人，后来达 100 多人。康有为在该学堂讲学 4 年，宣传变法思想，培养变法人才。

万木草堂的课程包括中学、西学，既有中国经史、诸子之学，也有包括了自然科学与社会科学在内的西学，德、智、体、美兼而有之。这些教育内容又分为内课和外课。内课有：（1）义理之学，包括孔学、佛学、周秦诸子学、宋明学、泰西哲学等。（2）考据之学，包括中国经史学、万国史学、地理学、数学、格致学。（3）经世之学，包括政治原理学、中国政治沿革得失、万国政治沿革得失、政治经济学。（4）文字之学，包括中国辞章学、外国语言文字学。外课学科分校中、校外，校中有演说、札记，校外有体操、游历。除此之外，还有音乐和体育。在组织管理方面，康有为自己担任总教授、总监督，并选出 2～6 人学生作为学长协助教学。图书、仪器也由学生自己管理。学生除课堂教学外，每天记“札记”，每月交一次，由康有为亲自批阅。万木草堂在培养变法思想、训练变法骨干上起了重要作用。

万木草堂遗址

（二）时务学堂

时务学堂由熊希龄、陈宝箴、黄遵宪、梁启超、谭嗣同于 1897 年 10 月在湖南长沙创办，目的是通过教育使学生有变法思想，有广博的知识。梁启超担任中文总教习，谭嗣同、唐才常任分教习。

谭嗣同与时务学堂部分教员

总教习梁启超亲自制定了《湖南时务学堂学约》，规定学纲十条：立志、养志、治身、读书、穷理、学文、乐群、摄生、经世、传教。前八条是学堂教学每日的功课，后两条是知识的运用。经世就是用所学的知识来分析时政，比如从各报所记载的事件中选择一二，让学生来发表看法。传教就是把学到的主张宣扬传播出去。学堂的课程分普通学和专门学。普通学要学习诸子学、经学、公理学和中外史治及格算诸学，属于比较基础粗浅的层次。专门学分三部分：公法学、掌故学、格算学。学生要先学习六个月普通学，从第七个月开始，在继续学习普通学的同时增加专门学。

万木草堂、时务学堂等资产阶级维新派办的学校，在教育目的、教育内容和方法上都不同于封建主义的旧教育。这些学校培养出了一批变法人才，如万木草堂的高才生有梁启超、陈千秋、徐勤，蔡锷、范源濂则出自时务学堂。但这些学堂仍然残存着一些封建主义因素，在课程内容与道德训练的方法上很多出自宋明理学家的教育主张。

三、维新运动中的教育改革

“百日维新”中，资产阶级维新派通过光绪皇帝颁布了大批维新变法诏令。其中关于文化教育方面的改革措施有：

（一）废除八股，改革科举制度

首先，会试、省级的乡试及府县的童生岁科的考试，由原来所考的八股文一律改为策论。乡试、会试仍定为三场：第一场试中国历史、国朝政治论五道；第二场考时务策五道，内容为五洲各国政治、专门之艺；第三场试四书义两篇、五经义一篇。童生（秀才）考试也依照该法，先试古经一场，专取史论时务策命题，正场试以四书义、五经义各一篇。规定以后一切考试要以讲求实学、实政为主来取士。此外，还开设经济特科（法律、财政、外交、物理学），来选拔新政人才。维新运动失败后，八股取士曾一度恢复。

京师大学堂之牌匾

（二）设立京师大学堂

“百日维新”前就有有识之士不断建议开京师大学堂以解决人才的匮乏问题，得到光绪帝的赞成，但因顽固派阻挠而未落实。1898年，变法运动进入高潮，康有为再次提出在京师设立京师大学堂以及在各省、府、县建立学校的建议。在多人奏请下，光绪帝数次下诏着手开办京师大学堂事宜。1898年7月3日发布设立京师大学堂，将原设的官书局和译书局并入大学堂，利用官书局原址创办。

按光绪帝的指令，“京师大学堂为各行省之倡，必须规模宏远，始足以隆观听而育人才”。办学要“参用泰西学规”，“中西并用”，“为广育人才，讲求实务”，要求教员“认真训迪，日起有功，用副朝廷振兴实学”。光绪帝命军机大臣与总理衙门议奏大学堂章程，由梁启超参考日本和西方学制，起草了《京师大学堂章程》。

《京师大学堂章程》共八章五十二条。大学宗旨为为国家培养有用人才。课程分为普通学和专门学。普通学为必修科，有经学、理学、中外掌故学、诸子学、初级算学、初级格致学、初级政治学、初级地理学、文学、体操十种，此外要在英、法、俄、德、日五种外国语中选习一种，与普通学同时学习。专门学每人各修一门，分为高等算学、高等格致学、高等地理学、农学、矿学、工程学、商学、兵学、卫生学等十种。清廷派管学大臣管理大学堂事务。京师大学堂不仅要管理好自身，还要成为各省学堂的表率，而且还有统辖各省学堂的大权。

1898年9月政变后新政停止，虽没有封闭京师大学堂，但此后大学堂逐渐有名无实。慈禧恢复了八股取士后，大学堂的学生纷纷请假赶考。1900年，八国联军入京，京师大学堂停办。1902 年清政府被迫实施“新政”，恢复了京师大学堂，成立了师范馆，此后逐渐开始向近代大学转变。1912 年，京师大学堂改名为北京大学。

（三）筹办各级各类学校

“百日维新”中提倡举办各级各类学校，提倡西学。在光绪帝下令后，各地旧有的大小书院一律改为兼习中学和西学的学堂，省会的书院改为高等学堂，府城的书院改为中等学堂，州、县的书院改为小学堂；地方捐办的义学、社学也令中西兼学；鼓励支持官绅、富豪、商贾等一切可能的力量参与兴办学校，包括初等、中等、高等学校以及铁路、矿务、农务、医学等专门学校。

（四）派人出国游学

维新变法期间，光绪帝多次下诏，由各省督抚从学堂中挑选优秀、聪明的学生出国游学深造。

（五）建立译书局和编译学堂，编译外国教科书及其他书籍

为学习西方先进知识，1898 年 8 月 16 日成立了译书局，后又成立了编译学堂以培养编译人才；改《时务报》为官报，令康有为督办；鼓励自由设立报馆、著书、发明创造等。

维新派的这些关于教育的改革措施极大地冲击了封建主义的传统教育，是富有资本主义色彩的，体现了资产阶级维新派发展资本主义的愿望，其部分教育主张得到了一些实现，预示着近代学制的产生。但是，在他们的各项改革措施中，无论对科举制度的改革还是京师大学堂的开办，多处都保留了一定的封建性的内容，这是由资产阶级维新派的局限性所决定的。

第四节 “新政”时期的教育改革

1900 年义和团反帝爱国运动爆发，与此同时，八国联军侵华。1901 年，清王朝宣布“新政”，企图通过变法以维持朝政。“新政”改革中兴办了新式学堂，并形成了新的教育体制，改革和废除科举制度。

一、“壬寅·癸卯学制”的颁布

清末“新政”实施“新教育”的一个重要方面就是建立新的学校教育制度。1902 年，由当时的管学大臣张百熙拟定有关学校教育体系的《钦定学堂章程》，因 1902 年为壬寅年，所以又称“壬寅学制”，是我国教育史上第一个系统的学制。壬寅学制虽然正式公布了，但没有实施。1903 年又由张百熙、张之洞、荣庆重新拟订了《奏定学堂章程》，于 1904 年 1 月颁布执行。这是中国第一个比较完整的、经法令正式公布并在全国实行的学校教育体系，称“癸卯学制”。癸卯学制对学校系统、课程设置、学校管理等都做了具体规定。

癸卯学制纵向分为3段7级（详见图7—1）。第一阶段为初等教育，其中蒙养院4年、初等小学堂5年、高等小学堂4年，共3级13年。蒙养院即幼儿启蒙教育，学习内容有游戏、歌谣、说话和手技，主要以发展身体、启发心智、学习规范为主。初等小学堂由府、厅、州、县、镇及私人设立。儿童7岁入初等小学堂，“以启其人生应有之知识，立其明伦理爱国家之根基，并调护儿童身体，令其发育为宗旨”①，学习课程有修身、读经讲经、中国文学、算术、历史、地理、格致、体操8门完全科目，另有图画、手工2门随意科目。高等小学堂由州县设立，大的城镇也可设立。高等小学堂以“培养国民之善性，扩充国民之知识，强壮国民之气质为宗旨”②，学习课程有修身、读经讲经、中国文学、算术、历史、地理、格致、图画、体操9门，另外设有手工、农业、商业等随意科目。第二阶段为中等教育，设5年制中学堂1级，以“施较深之普通教育，俾毕业后不仕者从事于各项实业，进取者升入高等专门学堂均有根柢为宗旨”③。中等教育开设有修身、读经讲经、中国文学、外国语（英语、德语、法语、俄语）、历史、地理、算学、博物、物理及化学、法制及理财、图画、体操12门。各府必须设1所中学堂，有条件的州县也可设立。第三阶段为高等教育，包括高等学堂3年、大学堂3～4年、通儒院5年，共3段3级。高等学堂是为升入大学的预备教育，学习课程除了人伦道德、经学大义、中国文学、外国语、体操5门公共课程外，另外还开设3类课程：第一类为进入大学后学习经学科、法学科、文学科、商学科的学生开设；第二类为进入大学后学习格致科、工科、农科的学生开设；第三类为进入大学后学习医科的学生开设。各省城设置1所高等学堂。高等学堂或大学堂预科毕业生可升入大学堂。大学堂“以谨遵谕旨，端正趋向，造就通才为宗旨”④，设置有经学科、政治科、文学科、医科、格致科、农科、工科、商科。大学堂学生毕业后入通儒院学习，“以中国学术日有进步，能发明新理以著成书，能制造新器以利民用为成效”⑤。通儒院属研究院性质，教学制度灵活。

癸卯学制横向分普通教育、师范教育和实业教育。师范教育有初级师范学堂和优级师范学堂。初级师范学堂招收高等小学堂的毕业生，为初等、高等小学堂培养教员，每州、县必须设1所。学生入学学习不需要缴纳任何费用，学习普通学科和教育科目。普通学科课程有修身、读经讲经、外国语、历史、地理等；教育科目有教育史、教育原理、教育法令等。优级师范学堂在京师及各省城各设1所，招收初级师范学堂及普通中学堂毕业生，为初级师范学堂与中学堂培养教师及管理员，免费入学，学习三年：一年公共科、二年分类科、一年加习科。分类科即专业课程，加习科即专业课程深究提高的教育类课程。实业教育以“振兴农工商各项实业，为富国裕民之本计”为培养目标，在程度上分为初等实业学堂、中等实业学堂、高等实业学堂三级，分别相当于高等小学堂、普通中学堂、普通高等学堂的程度；在类别上分为实业师范学堂、农业学堂、工业学堂、商业学堂、商船学堂。

癸卯学制标志着我国现代学制的初步建立，具有很大的先进性。首先，它纵向上将

① 舒新城编：《中国近代教育史资料》，第2版，中册，411页，北京，人民教育出版社，1981。

② 同上书，427页。

③ 同上书，500页。

④⑤ 同上书，572页。

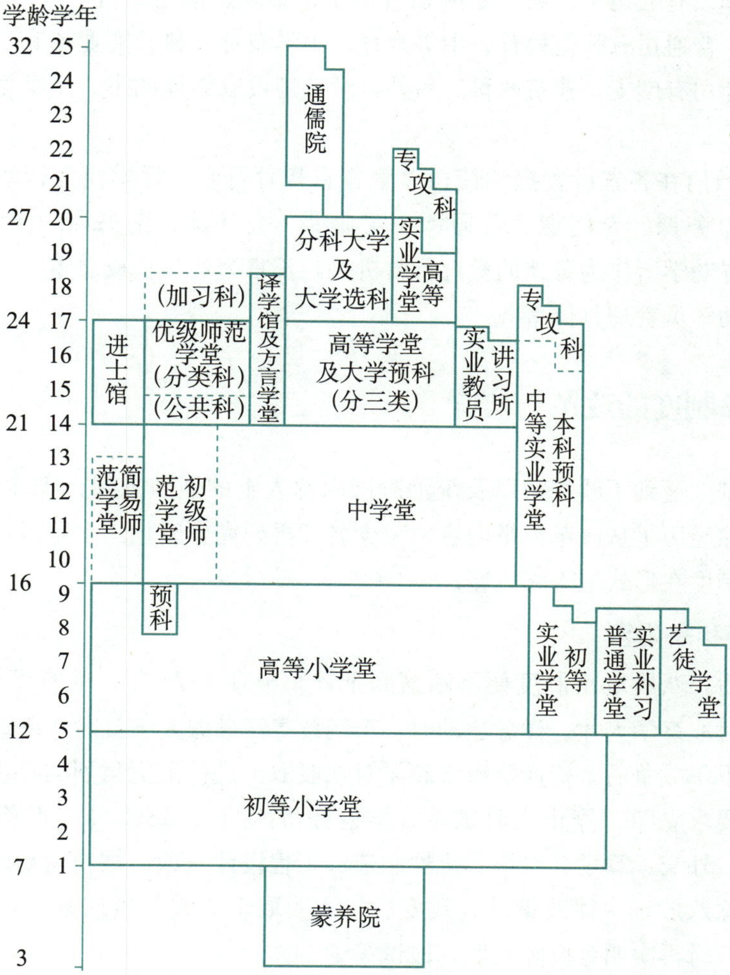

图 7—1　癸卯学制系统

初、中、高 3 级 7 段衔接起来，横向上将普、实、师三类并列，促进了我国传统教育向现代教育的转变。其次，它正式将实业教育纳入到学制中，适应并促进了当时社会经济发展的需要。再次，重视师范教育。最后，教育内容安排上增加了大量近代西学，具有很大的进步性。但是，癸卯学制具有浓厚的半封建半殖民地性质。半封建性质表现在：特别重视传统经学课程并以此作为办学根本、轻视女子教育等。半殖民地性质表现在：从形式到内容、课程、管理都深受外国主要是日本学制的影响，具有强烈的模仿性。新学制的颁行推动了清末学校教育的迅速发展。

二、清末教育行政机构的建立

清政府在对原有教育行政机构进行改造的基础上，建立了从中央到地方统一完整的近代教育行政机构。1905 年清政府设立学部，作为最高教育行政机构，统辖全国的教育工作，后来将国子监并入学部。学部最高长官为尚书，下设有左右侍郎等诸多事务官辅助其具体工作。学部设有五司十二科。总务司有机要、案牍、审定三科；专门司有专门政务、专门庶务两科；普通司有师范教育、中等教育、小学教育三科；实业司有实业教务、实业庶务两科；会计司有度支、建筑两科。另外，学部还设有编译图书、京师学务、学制调查三局。

1906年清政府在各省设置提学使司总管各省教育行政，提学使为行政长官；下设学务公所，分为总务课、专门课、普通课、实业课、会计课、图书课。同年，在府、厅、州、县分别设置劝学所作为各地的教育行政机关，长官为劝学长或总董；劝学所下设若干学区，每区设劝学员管理具体事务。

三、科举制度的改革与废除

晚清科举制度遭到了改良派以及统治阶层内部人士的强烈批判，废除科举势在必行。科举制度的废除经历了从改革科举内容到减少名额再到完全废止三个阶段，标志着中国封建时代的教育制度在形式上寿终正寝。

（一）改革科举内容

鸦片战争后，八股取士制度便不断遭到批评。早在1875年，就有奏请开算学一科，于乡试、会试时取算学人才。洋务运动时，李鸿章等洋务派人士就对八股取士进行了批判与改良。中日甲午战争后，资产阶级维新派对八股取士进行了更猛烈的抨击。康有为等人“公车上书”，要求立即“停止八股试帖，推行经济六科”。1897年，严修奏请设经济特科，包括政治、外交、算学、法律、机器制造、工程设计六项。维新运动时期，清政府命令所有考试废除八股，一律改策试。政变后，八股取士又曾一度恢复。1901年，清廷被迫实行“新政”时再次明令废除八股，改试策论。

（二）递减科举取士名额

1901年，张之洞在《筹议变通政治人才为先折》中提出了递减科举取士名额、以学堂生员补充的建议。1904年，张百熙、张之洞等在《奏请递减科举注重学堂折》中提议，“从下届丙午起，每年递减中额的三分之一”，将这些名额转为学堂取士之额。

（三）废止科举制度

1905年，直隶总督袁世凯、两湖总督张之洞、两江总督周馥等清廷重臣联合奏请停止科举，兴办新式学堂。他们认为科举旧制度是兴建新式学堂的障碍，不停科举则学堂不兴；认为“欲补救时艰，必自推广学校始。而欲推广学校，必自先停科举始”[①]。清廷迫于形势，于1905年8月下令：“自丙午科为始，所有乡、会试一律停止，各省岁科考试亦即停止。”至此，自隋朝以来实行了1 300余年的科举制度被完全废止。中国教育开始进入一个新的发展阶段。

---

① 《清帝谕立停科举以广学校》，引自舒新城编：《中国近代教育史资料》，上册，64页，北京，人民教育出版社，1961。

第五节　张之洞的教育思想

一、生平与教育活动

张之洞

张之洞，字孝达，号香涛，晚清著名的政治家、教育家、实业家，是洋务派的主要代表人物；同治二年（1863 年）中进士，任翰林院编修，此后一直是清朝重臣，并管理文化教育事务；先后任浙江乡试副考官、湖北学政、四川学政、山西巡抚、两广总督、湖广总督、两江总督、军机大臣兼管学部等要职，并在各地开办了诸多书院和学堂。张之洞忠于清王朝，但他积极改革落后的旧教育，大力支持倡导发展新式教育。他派遣留学生学习西方先进知识，派遣官员出国考察教育，和袁世凯联合奏请递减科举名额，并参与拟订“癸卯学制”。李鸿章曾评论张之洞：“香涛做官数十载，犹是书生。”

二、“中学为体，西学为用”的教育思想

张之洞的基本教育思想是“中学为体，西学为用”，集中反映在其代表作《劝学篇》中。他说：“新旧兼学：《四书》、《五经》、中国史事、政书、地图为旧学，西政、西艺、西史为新学。旧学为体，新学为用，不使偏废。”这是洋务教育的中心指导思想，也是中国半殖民地半封建教育制度的总纲领。

“中学为体，西学为用”的基本思想是：教育要以教授中国传统的经史之学为首要，这是做其他任何一切学问的基础。“必先通经以明我中国先圣先师立教之旨，考史以识我中国历代之治乱、九州之风土；涉猎子集以通我中国之学术文章，然后择西学之可以补吾阙者用之，西政之可以起吾疾者取之，斯有其益而无其害。”也就是说，首先要打好了中学的基础，然后才可以学习西学中有用的知识以补中学的不足。学习中学就是为了不忘忠孝之根本，端正思想态度，“固其根柢，端其识趣”。他把中学的内容概括为经、史、子、集。针对维新派提倡民权，反对君权，主张男女平权等思想，他突出强调“明纲”。他认为，君为臣纲、父为子纲、夫为妻纲，此三纲是“五伦之要，百行之原，相传数千年更无异义，圣人所以为圣人，中国所以为中国，实在于此”。

在巩固根本的基础上，张之洞认为：“今欲强中国、存中学，则不得不讲西学。”也就是说，学习西学是为了强大中国、抵御外侮入侵，根本上是为了维护清王朝的封建专制统治；学西学是服务于从属于“存中学”的。他认为西学包括“西政、西艺、西史”。大致说来，西艺指西方近代先进的科学知识与技术，西政包括教育、政治、经济、军事、法律、文化等多个领域，西史指西方各国的历史。

三、关于教育改革

（一）广设学堂

张之洞在《劝学篇·设学第三》中提出了自己的主张："各省各道各府各州县皆宜有学，京师省会为大学堂，道府为中学堂，州县为小学堂……府县有人文盛物力充者，府能设大学，县能设中学，尤善。"他还提倡充分利用各地书院、祠堂、庙宇等场所举办新学堂，鼓励地方官绅、商贾等捐资办学；仿照西方各国学校，举办专门学校和公共学校。张之洞先后主持开办了武昌经心书院、成都尊经书院、山西会德堂、广州广雅书院、湖北两湖书院、存古学堂、湖北方言学堂、江南铁路学堂、湖北自强学堂、矿业学堂、农务学堂、武备学堂、陆军小学堂、师范学堂、师范传习所、女学堂、江南陆军学堂、两湖总师范学堂、支那师范学堂、湖南育婴学堂、广东水陆师学堂、黄埔水雷学堂、南京三江师范学堂、江西高安蚕桑学堂等。

（二）留学教育

张之洞认为，把学生送到国外去学习西方的先进知识能收到事半功倍的效果。留学教育是其洋务教育的重要部分，是培养各种专门人才、富民强国的重要途径。1897 年，他曾奏请朝廷派遣留学生去西方各国学习科技、军事、商业等先进知识。选派留学生为当时培养了一批有用人才。但他强调留学生要不忘君、不忘亲、不忘圣，不得沾染新思想。

读一读

张之洞对于留学生一直优礼有加。张之洞热心向日本学习，经他派往日本留学的学生达数百人。当时风气虽开，而出洋仍有很大的阻力。张之洞极力倡导，将自己的数位子孙都送往日本留学。学生出洋，之洞必送行，回国必设宴接风。总督衙门有一挑水夫，听别人说今天总督接风的是留学生某某，便说："这学生就是我的儿子啊！"

资料来源：http：//www.cnhubei.com/200412/ca635676.htm。

（三）关于学制改革

对于科举制度的废除，张之洞功不可没。科举制度到清朝末年已经腐败不堪、屡遭抨击，许多有识之士纷纷建议废科举、兴学校。张之洞也认识到八股空疏无用、科举考试毁坏人才、阻碍举办新式学堂，主张考试应当以实学、实政为主。正是在张之洞等人的多次奏请下，清廷才完全废止了科举制度。

1903 年，张之洞奉旨与张百熙、荣庆一起主持制定了《奏定学堂章程》。癸卯学制是中国第一个近代学制，是对中国教育近代化的一大贡献。癸卯学制以张之洞主张的"中体西用"作为教育总纲领，将普通教育分为初等、中等、高等三级，另外还有师范教育和实业教育两系统，并制定了各级各类学校的具体章程。张之洞在办学实践中非常重视师范教育，他认为"学堂必须有师"。癸卯学制中，三级师范自成体系。1907 年，张之洞掌管学部后奏准颁发了《女子师范学堂章程》和《女子小学堂章程》，这是我国女子师范教育及女子教育正式列入学制的开端。癸卯学制中的另一个特点是重视实业教育。张之洞主持制定的《学务纲要》中，规定各项实业学堂“使全国人民具有各种谋生之才智技艺，以为富国强民之本”，“以学成后各得治生之计”为目标。

第六节　康有为、梁启超、严复的教育思想

一、康有为、梁启超的教育思想

（一）生平

康有为，字广厦，号长素，出身官宦家庭，自幼接受严格的儒家思想教育；目睹清政府腐败，痛感中国社会危机，立志改革；曾创办广州万木草堂，培养的学生中有后来著名学者梁启超等人；与梁启超等人一起进行“公车上书”，提出拒和、迁都、变法的主张。“公车上书”后不久，康有为考中进士，被授予工部主事，得以有机会和条件发起和领导了戊戌变法运动，实施其变法主张。康有为是我国近代著名思想家、教育家。

梁启超，字卓如，号任公，别号饮冰室主人；17 岁中举人，18 岁进入万木草堂学习，成为康有为的学生，开始接触西学；1895 年，参加会试时与康有为一起组织联名“公车上书”；曾担任时务学堂的总教习；辛亥革命后，任北洋政府司法总长、财政总长；1920 年后，曾执教于北京大学、南开大学、清华大学。梁启超是我国近代著名思想家和教育家，历史上通常以“康梁”并称。

康有为

梁启超

（二）关于教育的作用与目的

康有为和梁启超都把教育当做改良政治、救亡图存和振兴国家的重要途径。康有为认为：“欲任天下之事，开中国之新世界，莫亟于教育。”梁启超也说：“世界之运，由乱而进于平，胜败之原，由力而趋于智，故言自强于今日，以开民智为第一义。”康有为认为：为了实现当时中国由君主专制制度向资本主义性质的君主立宪制转变，应当实行变法，变

法的关键是教育，通过教育启迪民智、培养人才，这样才可以强国。他曾开办万木草堂培养维新变法人才。

梁启超撰文提出，教育的目标是“养成一种特色之国民”或“新民”，团结一致“以自立竞存于列国之间，不徒为一人之才与智也”；新民应当具有“公德”、“国家思想”、“权利义务”、“自由”、“自治”、“自尊”、“合群”、“尚武”等道德品质。很显然，梁启超所主张的“新民”是反对封建道德束缚的，含有人权的新观念，但其在很大程度上提倡的是资产阶级个人至上主义，应当辩证地看待。

一人独学，不如群人共学；群人共学，不如合计百亿兆人共学。学则强，群则强，累万亿兆皆智入，则强莫于京。——康有为

（三）论废八股、变科举、兴学校

康梁二人都公开抨击八股考试的科举制度，主张改革科举，废除八股，建立新式学校。康有为于1898年6月在《请废八股试帖楷法试士改用策论折》中强烈批评了科举考试的危害，八股文束缚了士子的头脑，培养不出真才实学的人才，请求光绪皇帝“废八股”、“罢试帖”、“改试策论”，并且进一步提出废科举、兴学校，主张效仿德国、日本的学制建立系统的学校体系。他提出的具体操作是乡立小学、县立中学、省府立高等学堂、京师立大学，并分设海、陆、医、律、师范等专门学科。梁启超亦公开批评以八股文为中心的科举考试制度，他说科举是愚民之举，主张创办资产阶级性质的学校。

梁启超认为要强国就必须变法，要兴办学校、培养人才就首先要废八股、变科举。他极力向光绪帝建议“停止八股”、“变通科举”。他还提出了变科举的具体策略：上策是取消科举，“合科举于学校”；中策是“多设诸科”，增加明经、明算、明医、兵法等科；下策是科举取士稍作改变，加试实学。他极力主张建立新的学校体制来取代科举制度。主张学习国外经验，将教育按照学生的年龄分作四个阶段，分别接受不同程度的学校教育。

（四）关于新式学校教育制度

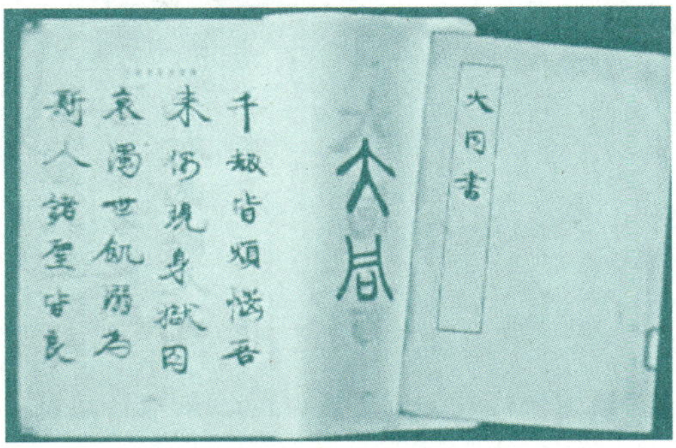
《大同书》

康有为在1884年所撰写的《大同书》中阐述了关于学校教育制度的设想：怀孕妇女进入人本院，进行胎教；婴儿出生后在人本院待6个月后进入育婴院，任务是“养儿体，乐儿魂，开儿知识”，直到5～6岁；然后进入小学院，学习期限为6～10岁，主要“以育德为先”，“以养体为主，而开智次之”；11～15岁进入中学院，除养体、开智外又以育德为重；16～20岁进入大学院接受专门教育。该设想的学校教育制度体系完整、衔接紧密，并且重视早期教育、学前教育，主张男女平等，实行德、智、体、美全方位发展的教育，反映了资产阶级改良主义者的美好愿望。

梁启超在借鉴国外经验的基础上也提出了关于新学制的设想，他主张按学生年龄把教育分成四个阶段：5岁以下受家庭教育或幼稚园教育；6～13岁接受小学教育；14～21岁

接受中学教育或程度相当的师范教育和实业教育；22～25 岁接受大学教育。从这个设想的学制系统中可以看出，梁启超重视儿童教育与女子教育。他还主张实行义务教育，认为政府应当强制儿童入学，“子弟及岁不遣就学，则罚其父母”，但又主张征收学费以实行义务教育，这显然是不切实际的。

患难困苦，是磨炼人格之最高学府。——梁启超

（五）论儿童教育和女子教育

康有为、梁启超都非常重视儿童教育和女子教育。二者在其所设想的新教育制度中都强调了儿童教育和女子教育的重要地位。梁启超还专门写了《论幼学》和《论女学》，对儿童教育和女子教育做了更为详细具体的论述。

梁启超特别重视儿童教育的作用，他说：“人生百年，立于幼学。”他主张应当学习西方的儿童教育，要办新式学校；儿童的学习要循序渐进，按照规律进行，先识字，次辨训，次造句，次成文；教育内容的设置要合乎儿童年龄特征；教学方法要活泼灵活，让学生在乐趣中学习知识；此外，还要教算学、歌谣、声乐、体操等。梁启超还主张应当专门为儿童编辑蒙学书籍，包括七种书：识字书、文法书、歌诀书、问答书、说明书、门径书、名物书，并且针对不同的书指出了丰富多样的教学方法。他是我国近代最早提倡各科教材教法的教育家。他还为儿童设计了作息时间表安排一天的活动，认为儿童一天学习应不超过 3 小时，以避免太劳累而挫伤学习的积极性。

梁启超通过《论女学》一文专门论述了女子教育的问题。“吾推极天下积弱之本，则必自妇人不学始”，认为国家贫弱的原因之一是女子没有接受教育，所以为了使国强民富，必须提倡女学。妇女接受教育，有了知识，不仅可以养活自己，还可以促进家庭和睦，教育好子女，使国家得以保种。因此，要尽快推行女子教育。梁启超还认为，在学习内容上，男女并无分别。“农商医律格致制造等事，国人无男无女，皆可各执一业以自养，而无或能或不能之别。故女学与男学必相合。”在梁启超草拟的《女学堂试办略章》中，主张招收 8～15 岁女子 40 名，兼学中文、西文，设算学、医学、法学三种学科，三科之外另设师范；学生可自选一门，学成后，发给文凭，即可充任医师、律师、教师。

读一读

梁启超 10 岁那年随父亲到朋友家做客。一进家门，他便被院子里一株蓓蕾初绽的杏树迷住了，并偷偷地折下一枝杏花遮掩在宽阔的袖筒里。谁知，他的举动恰恰被教子甚严的父亲和朋友的家人看在眼里。宴席上，父亲总为儿子这件事惴惴不安，一心想不露声色地暗示儿子一番。为活跃气氛，父亲便当众对启超说：“开宴前，我先出一副上联，如能对好，方可举杯；否则，只能为长辈斟酒沏茶，不准落座。”小启超不知父亲用意，毫无思想准备，但凭腹中才学，自信不会出丑，于是满口答应。父亲略加思索，作出上联：“袖里笼花，小子暗藏春色。”小启超听后恍然大悟，但未显失色，随口对来：“堂前悬镜，大人明察秋毫。”对联一经出口，堂前喝彩不已。

资料来源：http：//www.zgyspp.com/Article/y6/y51/200612/3745.html。

二、严复的教育思想

（一）生平与教育活动

严复

严复，字又陵，又字几道，中国近代著名思想家、教育家；1867年入福州船政学堂学习；1877年赴英国学习海军技术和西方近代自然科学，接触了大量西方近代社会政治学说，深受影响；1879年回国后，历任福州船政学堂教习以及北洋水师学堂总教习、会办、总办等职务，并大量译书著说，抨击封建专制统治，宣传民主平等思想；主张彻底效仿西方，实行资本主义。他翻译了《天演论》，第一次把进化论介绍到中国。他以“物竞天择，适者生存”向人们宣传救国救亡的思想。他办学堂，亲自讲学传播西学；戊戌变法失败后，转向保守；辛亥革命后，曾支持袁世凯复辟，但其教育思想及教育活动仍然具有重要的价值。

严复主张废除科举制度，效法西方建立新的教育制度，全面学习西学。1902年，他在《与外交报主人论教育书》中，提出了一个包括小学、中学、大学三级纵向衔接、详细规划学习年限与内容的学校教育体系：16岁之前入蒙养学堂，以旧学为主；16～22岁入中学堂学习，洋文功课要居十分之七，中文功课居十分之三，并且一切皆用洋文授课；大学堂主要学西学，不设中学，讲课用洋文，教习也要用洋人，中国教员只做助教，不设中学课程，也没有讲中学的教师。大学优秀毕业生派往外国留学深造。另设师范学堂培养师资力量。在这个制度设想中，严复还主张实行强迫义务教育。

（二）关于教育目的

严复主张的教育目的是通过发展教育来培养智、德、力等诸方面发展的“真国民”来救国于危亡之中。他认为，国家的强弱取决于该国民力的大小、民智的高下、民德的好坏。因此，要解决国人愚、贫、弱问题，应当着力提高民智、民力、民德。他说：“国与国而党为强，民与民而争为盛也，非以力欤？虽然，徒力不足以为强且盛也，则以智。徒力与智，犹未足以为强且盛也，则以德。是三者备，而后可以为真国民。”“富强之事，造端于民，以智、德、力三者为之根本。”所以要通过教育来培养真国民，才可以使救国图强；而培养真国民，就必须智育、德育、体育三者兼重，不能偏废。严复的教育观实际是教育救国论。

（三）关于教育内容

严复认为传统教育的最大弊端就是空疏无用，他主张教授学生知识应当以有用为宗旨。什么是有用的知识呢？严复认为两类知识是有用的：一是基础知识，也就是为以后的继续学习打基础的知识技能，如阅读、书写、计算等。他说：“成童入学之项……以识字、知书、能算三者为目的。”二是专业技术知识。为了生产经济发展，需要学习西方先进的自然科学和社会科学知识。

严复提倡全面学习西学，反对中学。他认为西学是救亡图强富民的急务。他说：“论救亡而以西学格致为不可易。”“救之之道当何如？曰：痛除八股而大讲西学，则庶乎其有鸠耳。东海可以回流，吾言必不可易也。”“救之之道，非造铁道用机器不为功；而造铁道用机器，又非明西学格致必不可。是则一言富国阜民，则先后始终之间，必皆有事于西学”。严复不同意洋务派“中体西用”的说法，他认为西学除“西艺”外还包括“西政”。他主张全面学习西方的自然科学和社会科学，为此他翻译了大量西方的社会科学著作。可见，严复对待西学的态度有“全盘西化”的倾向，这也是片面的。

（四）注重实证的教育方法论

严复特别提倡西学中实证的方法，他说西学“一理之明，一法之立，必验之物物事事而皆然，而后定之为不易”。严复非常重视观察、实验在学习中的作用，重视实践效果，充分肯定了实践在培养人才中的重要作用。

本章小结

本章揭示了鸦片战争后中国半殖民地半封建社会形成时期的教育变革。以科举制度为标志的封建旧教育已经走向穷途末路，国内太平天国运动对之产生了直接的冲击，国外列强倚仗不平等条约夺取了在华办教育的权利。统治阶层为求最后的挣扎，开始了以“中体西用”为指导思想的洋务运动，创办了多所新式学堂，并派留学生去美国学习先进技术。中国资产阶级为救亡图存也展开了一场资产阶级教育改革，要求废八股、办学校。清政府不得已开始推行“新政”，最终废除了实行了1 300多年的科举制度，并颁布了新的教育制度，兴办了新式学堂。至此，中国封建传统教育彻底瓦解，走向近代教育。

关键概念

中体西用　　京师同文馆　　万木草堂　　癸卯学制

复习题

1. 试述洋务学堂的设立及其意义。
2. 简述维新派的教育改革活动。
3. 述评梁启超关于培养“新民”的主张。

讨论与思考

评析“中学为体，西学为用”。

第八章　民国时期的教育

【本章要点提示】

- 理解“五育”教育方针
- 了解“壬子·癸丑学制”
- 掌握1922年的“新学制”
- 理解乡村教育运动

【本章内容引言】

民国时期，许多学者名流来到北大，人才云集，面貌焕然一新。1917年，白话文运动的倡导者胡适从美国学成回国，被聘为北大教授。梁漱溟投考北大未被录取，却因在《东方杂志》发表了一篇讲佛教哲学的文章《究元决疑论》而被破格聘请到北大任教，讲印度哲学，年仅24岁。北大不但聘请左派和激进派人士李大钊、陈独秀当教授，还聘请身穿马褂、拖着一条长辫子的复辟派人物辜鸿铭来教英国文学，喜谈怪论的国学家黄侃、赞成袁世凯称帝和筹安会发起人之一的刘师培，也登上了北大讲坛。鲁迅、钱玄同、刘半农等，都来到北大教书。不同的思想在这里碰撞，不同的风格营造了共同的魅力，一时百花齐放、百家争鸣、教学相长、学术精进。并且，根据北京大学1918年年初的统计，全校教员217人中有90位教授，平均年龄仅30余岁。对76名教员的统计显示：50岁以上6人，35岁以下43人，其中陈独秀39岁，梁漱溟24岁，徐家璜25岁，朱家骅26岁，李大钊、刘文典、胡适28岁，这在当今的大学中是无法想象的。这样年轻而富于活力的教师队伍，一扫北大过去的陈腐之气，使北大成为鲁迅所说的“常为新的改进的运动的先锋”。北大是在什么样的情况下出现了这样繁荣的发展呢？对于我们今天的大学发展有什么样的启示呢？

第一节　南京临时政府的教育改革

一、改革旧教育

中华民国成立后，南京临时政府颁布了一系列的政策、法令，对政治、经济、文化教育等各方面进行了改革。1912 年 1 月 9 日，民国临时政府正式设立教育部，任命蔡元培为教育总长。1912 年 1 月 19 日，教育部发布《普通教育暂行办法通令》和《普通教育暂行课程之标准》，对旧教育的办学宗旨、学制、课程等多方面进行了重大改革。

《普通教育暂行办法通令》共 14 条，其主要内容有：学堂的名称改作学校，监督等名称改作校长；初等小学可以男女同校；各种教科书必须符合共和国宗旨，禁止使用清学部颁行的教科书；小学读经科一律废止；注重小学手工科；初等小学算术科从第三年开始兼学珠算；中学为普通教育，不进行文、实分科；废止清末给毕业生奖励出身的制度等。

《普通教育暂行课程之标准》具体规定了初小、高小、中学和师范学校的学习科目、每周授课时间等。如：初等小学的学习课程有修身、国文、算术、游戏、体操，可以兼学图画、手工、唱歌一科或数科，女子加设裁缝；高等小学学习课程为修身、国文、算术、历史、地理、博物、理化、国画、手工、体操，可以兼学唱歌、外国语、农工商一科或数科，女子加设裁缝；中学学习课程为修身、国文、外国语、历史、地理、数学、博物、理化、图画、手工、音乐、体操，女子加设裁缝、家政；师范学校学习课程有修身、教育、国文、外国语、历史、地理、博物、理化、法制、经济、习字、图画、手工、音乐、体操，可以兼学农、工、商之一科，女子加设裁缝。学习课程中外语一科可以是英、法、德、俄中之一种。

《普通教育暂行办法通令》和《普通教育暂行课程之标准》从具体的课程设置和日常教学方面对清末旧教育进行了改造。1912 年 7 月 10 日，蔡元培主持召开了中央教育会议，对封建主义旧教育进行了全面的改造。

二、颁布新的教育方针

1912 年 2 月，蔡元培根据资产阶级民主共和国的要求，对旧教育宗旨进行了批判，提出应确立新的教育宗旨。他先后发表了《对于新教育之意见》和《对于教育方针之意见》两篇文章，系统阐述了关于教育宗旨的新主张。文章批判清末“忠君、尊孔、尚公、尚武、尚实”的教育宗旨违背民主共和精神，并首次提出了军国民教育、实利主义教育、公民道德教育、世界观教育和美感教育“五育”并举的教育宗旨。

1912 年 7 月，教育部召开“临时教育会议”，讨论教育的方针、宗旨和学制法令等。会议以蔡元培提出的教育方针为基础，讨论通过了民国的新教育宗旨：“注重道德教育，以实利教育、军国民教育辅之，更以美感教育完成其道德”；同年 9 月 2 日，教育部正式予以公布。这项宗旨以道德教育为核心，首次明确了美感教育的地位，要求德智体美四育共同发展，反映了资产阶级的自由、平等、博爱的新教育观念，有积极的进步意义。以此为宗旨，临时政府又相继颁布了一系列教育改革法令。

此次开展的教育改革是一次较全面系统的近代资产阶级民主主义性质的教育改革，体现的是近代资产阶级的教育思想、教育理论、教育制度，是辛亥革命以后中国社会经济、政治和思想文化在教育上的反映和要求。从此以后，资产阶级新教育取代传统教育而立足于中国。这次改革虽有种种不足，但标志着中国教育近代化已迈入一个新的时期，具有重要的意义。

三、制定“壬子·癸丑学制”

教育部成立后重要工作之一就是拟定新学制。1912 年 7 月 10 日，全国 23 个省及华侨代表 82 人在北京召开中央临时教育会议，就学校体系、各级学校规程与细则、教育行政等 90 多项提案展开详细讨论，最终形成了《学制系统案》。1912 年 9 月 3 日，教育部颁布了《学校系统令》，又称为“壬子学制”（因 1912 年是农历壬子年）。至 1913 年，教育部又陆续颁布了《小学校令》、《中学校令》、《师范教育令》等各种规程，对壬子学制进行充实和修改。这一系列的规程形成了一个完备的学制系统——“壬子·癸丑学制”（因 1913 年为农历癸丑年）。后在社会政治动荡不稳的情况下，进行过一些局部的调整，但在整体框架上基本没有变化。

“壬子·癸丑学制”规定：儿童 6 岁入学，23 岁或 24 岁大学毕业，教育年限为 17 年或 18 年，分 3 段 4 级。初等教育 2 级，为义务教育。初小 4 年，男女同校；高小 3 年，男女分校。中等教育 1 级，中学校 4 年。高等教育 1 级，大学校 6～7 年。小学之前有蒙养院，大学校之上有大学院，不限年限。从横向来说，学制分 3 个系统，除普通教育外，还有师范教育和实业教育两个系统，详见图 8—1。师范教育有师范学校和高等师范学校两级，分别相当于中等教育和高等教育的程度。实业教育有乙种实业学校和甲种实业学校，分别相当于高小和中等教育程度；另有专门学校相当于大学程度。各阶段详细规定如下：

（一）小学校

1912 年 9 月颁布的《小学校令》规定：“小学校教育以留意儿童身心之发育，培养国民道德之基础，并授以生活所需之知识技能为宗旨。”① 小学校有乡立、县立和私立三种，分初小、高小。初小课程主要有：修身、国文、算术、手工、唱歌、图画、体操，女子加设缝纫。高小课程主要有：修身、国文、中国历史、算术、地理、理科、手工、唱歌、图画、体操，男子加设农业，女子加设缝纫。实业教育可根据情况改农业为商业，还可增设外语。

（二）中学校

1912 年 9 月颁布的《中学校令》规定：“中学校以完足普通教育，造成健全国民为宗

① 舒新城编：《中国近代教育史资料》，第 2 版，中册，444 页，北京，人民教育出版社，1981。

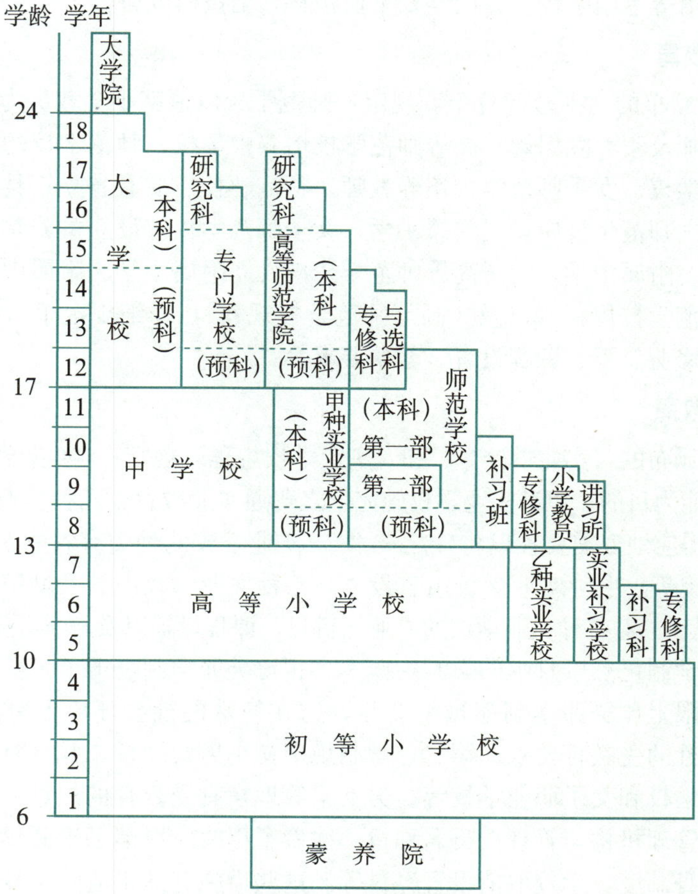

图 8—1 壬子·癸丑学制

旨。”① 中学校有省立、县立和私立 3 种。中学校的课程有：修身、国文、外国语、历史、地理、数学、博物、物理、化学、法制经济、手工、乐歌、图画、体操。女子加设家事、园艺、缝纫，园艺可缺。外语以英语为主，也可以选择法、德、俄语。

（三）大学校

1912 年 10 月颁布的《大学校令》规定：“大学校以教授高深学术、养成硕学闳才、应国家需要为宗旨。”② 大学校分文、理、法、商、医、农、工 7 科，以文理两科为主。只有文理并设、文科兼法商两科和理科兼农医工三科或两科的学校，才能称为大学校。大学校设有预科和本科，预科 3 年，本科 3～4 年。大学毕业可入大学院继续深造。1913 年 1 月又颁布了《大学规程》，对大学的分科、院系、修业年限、课程等内容作了详细规定。

（四）专门学校

学制规定：“专门学校以教授高等学术，养成专门人才为宗旨。”③ 专门学校有国立、公立和私立 3 种，按不同专业设置有法政、医学、药学、农业、工业、商业、美术、音

① 舒新城编：《中国近代教育史资料》，第 2 版，中册，520 页，北京，人民教育出版社，1981。

② 同上书，640 页。

③ 同上书，646 页。

乐、商船、外国语等专门学校。专门学校下设预科，上设研究科。

（五）师范教育

1912 年 9 月颁布的《师范教育令》规定：师范学校以造就小学教员为目的；女子师范学校培养小学教师及蒙养院保姆；高等师范学校培养中学校、师范学校的教师；女子高等师范学校为女子学校、女子师范学校培养教师。师范学校性质有省立、县立、私立；高等师范学校为国立。师范学校应设立附属小学，女子师范学校应设立蒙养院，高等师范学校应设立附属小学、附属中学，女子高等师范学校应设立附属小学、附属中学和蒙养院。后陆续颁布了《师范学校规程》以及《高等师范学校规程》，详细规定了对师范学生的要求以及设立科目、修业年限、课程设置、教学要求等。

（六）实业教育

1913 年 8 月颁布的《实业学校令》和《实业学校规程》规定："实业学校以教授农工商业必需之知识技能为目的。甲种实业学校施完全之普通实业教育，乙种实业学校施简易之普通实业教育，亦得应地方需要授以特殊之技术"。实业学校的种类有农业、工业、商业、商船、实业补习学校等。甲种实业学校由省设立，乙种实业学校由县及城镇乡或农工商会设立。《实业学校规程》对各种实业学校的专业、科目、课程设置以及教学等做了规定。

壬子·癸丑学制仍然以日本的学制为蓝本。相比癸卯学制，壬子·癸丑学制有以下特点：第一，在年限上比癸卯学制缩短了 3 年，这在特殊的社会环境下更有利于教育的普及，符合普通百姓的受教育要求。第二，学制规定初小男女同校，并且有专门设立的女子中学、女子师范学校和女子职业学校等。男女平等地享有受教育的权利。第三，改学堂名称为学校，其他管理机构与管理人员名称也一律做了更改。取消了贵族学校，废止了对学堂毕业生奖励出身制度，学校取消设置经科等。这些措施有助于清除学校系统建设中的封建性。第四，将学前教育纳入了公共教育体系，并且有专门培养蒙养院教师的教育机构。第五，重视师范教育和实业教育，相对提升了这两类学校的地位。

第二节　北洋政府时期的教育

一、北洋政府的复古主义教育

由于资产阶级的软弱性，没有彻底完成反帝反封建的任务，辛亥革命的成果被袁世凯篡夺。1912 年 4 月，孙中山正式自行解除临时大总统职务，临时政府迁到北京。袁世凯夺取了政权，建立了北洋军阀政府，在文化教育领域掀起了一股恢复封建教育的逆流，民主主义者与之展开了一场反复古主义教育的斗争。

为复辟帝制，袁世凯先在文教上造势。1912 年 9 月，袁世凯下令"尊崇伦常"，竭力鼓吹孔孟之道。1913 年炮制的《宪法草案》里规定，"国民教育以孔子之道为修身之大本"，为在学校恢复尊孔读经提供了法律依据。同年 6 月，袁世凯发布《注重德育整饬学风令》，指责学校假借自由平等之说，侮慢师长，蔑视学规，败坏学风，要求各地方教育行政机关整饬学风，对学生严加管教。当时的教育总长汤化龙在《上大总统言教育书》中提出了两项措施来整顿：一是“令中、小学校课读全经，俾圣贤之微言大义，浸渍渐深，少成若性”；二是“以孔子为国教，一切均以宗教仪式行之，俾国民居于教徒之列，守孔子之言行如守教诫”。① 这种复古的建议很得袁世凯的赏识，他马上令全国重新编纂教科书，经训皆以孔学为标准。1914 年袁世凯发布《祭孔令》：“孔子之道，亘古常新，与天无极”，宣扬孔孟的仁义道德主张；下令恢复学校祭祀孔子典礼，大搞祭祀孔子的朝圣活动，要求以忠孝节义为国民的根基。保皇党更是吹捧孔子之道，鼓吹“有孔教乃有中国”，恢复“小学读经”。

1915 年初，袁世凯政府公布了《颁定教育要旨》，正式提出以“爱国、尚武、崇实、法孔孟、重自治、戒贪争、戒躁进”作为教育宗旨；紧接着又公布了《特定教育纲领》，强调：“各学校均应崇奉古圣贤以为师法，宜尊孔以端其基，尚孟以致其用。”并且把孔孟之道作为对青年进行教育的道德准绳，规定：“中小学校均加读经一科，按照经书及学校程度分别讲读，由教育部编入课程。”② 女子教育也倒退回“女子无才便是德”的境地。至此，1912 年教育方面的一些进步改革被复辟倒退所取代。刚获得一点发展的教育又进入了倒退的状态，中国教育仍然极端落后。

袁世凯复辟倒退的行径遭到各地的纷纷反对。袁世凯下台后，他所颁布的《特定教育纲要》遭到教育界的彻底否定。当时在社会教育司任职的鲁迅，立场鲜明地要求废止这个复古尊孔的《特定教育纲要》。在一致强烈的反对声中，1916 年 9 月，国务院下令取消袁世凯所颁布的教育宗旨，恢复 1912 年确定的教育宗旨。

二、新文化运动时期的教育改革和教育思潮

（一）新文化运动推动下的教育改革

始于 1915 年的新文化运动是辛亥革命后所进行的教育改革的继续和发展，推动了我国近代末期的教育改革。初期新文化运动把革命失败的原因归结为国民思想上的不觉悟，因此，要建立名副其实的共和国，就必须从根本上对国民性加以改造。新文化运动以进化论和个性解放为主要思想武器，猛烈抨击以孔子为代表的圣贤。提倡新道德、反对旧道德，提倡新文学、反对旧文学，向封建礼教提出了全面挑战。到 1919 年，由于马克思主义的传播与实践，知识分子开始用马克思主义理论作武器，使反对封建文化的运动更加彻底。新文化运动对教育的影响是巨大的，全面地推进了新教育的发展，表现在下述方面。

1. 废除读经，提出新的教育宗旨

1916 年，袁世凯复辟帝制失败后，北洋政府撤销了 1915 年颁布的《特定教育纲要》，并将《国民学校令施行细则》和《高等小学校令施行细则》中关于读经的有关规定与内容全部删除。1917 年宪法审议会撤销了“国民教育以孔子之道为修身大本”的条文。

---

① 毛礼锐等主编：《中国教育通史》，第四卷，365 页，济南，山东教育出版社，1989。

② 舒新城编：《中国近代教育史资料》，第 2 版，上册，256 页，北京，人民教育出版社，1981。

新文化运动纪念碑

1919年教育部组织的由范源濂、蔡元培、陈宝泉、蒋梦麟等人参加的教育调查会，确定新教育宗旨为“养成健全人格，发展共和精神”，并且具体说明了“健全人格”和“共和精神”。“健全人格”为：（1）私德为立身之本，公德为服役社会国家之本；（2）人生所必需之知识、技能；（3）强健活泼之体格；（4）优美和乐之感情。“共和精神”为：（1）发挥平民主义，俾人人知民治为立国根本；（2）养成公民自治习惯，俾人人能负国家社会之责任。[①]

2. 学校教学采用国语和白话文

国语运动始于清末。1917年，全国教育会联合会决议“请教育部速定国语标准，并设法将注音字母推行各省区，以为将来小学改国语之预备”。1918年，教育部正式公布注音字母；随着新文化运动的推进，1920年1月教育部下令全国学校将一、二年级的国文改为语体文，4月下令从1922年以后小学教材一律改为语体文。从此，文言文教材逐渐被淘汰，这是教育上的一项重大改革。

3. 男女平等受教育权的确立

壬子·癸丑学制中只有初等教育中男女同校，男女在受教育权上仍然不平等。新文化运动中，争取男女平等受教育权的呼声很高。1917年，全国教育会联合会向教育部提出推广女子教育的提案。1920年，北京大学首次招收女学生；紧接着，南京高师也开始招收女学生。于是，各大学也陆续开始招收女学生，一些中学开始男女同校甚至同班。1922年，新学制取消了男女中学之间的差别，男女平等的受教育权从教育制度上得以确定。这在中国教育史上具有划时代的意义，从此改变了3 000多年学校教育中妇女不平等的受教育地位。

4. 学术团体与大学改革

五四时期教育界思想与实践十分活跃，全国建立起不少教育团体积极开展教育实验与改革，比如1914年的“中国科学社”、1915年的“全国教育会联合会”、1917年的“中华

① 《教育调查会第一次会议报告》，引自陈学恂主编：《中国近代教育史教学参考资料》，中册，481～482页，北京，人民教育出版社，1987。

职业教育社”、1921 年的“中华教育改进社”、1923 年的“中华平民教育促进会”。这些教育团体都是当时教育界的一些著名人士自发组织的，着力从事教育改革运动。

蔡元培主持下的北京大学的改革开启了中国现代大学改革风气之先。1917 年，蔡元培任北京大学校长后，借鉴西方办学理念与模式，将北京大学从封建旧式大学转变为现代意义上的大学，对全国大学教育的改革和发展都是良好的示范。

（二）新文化运动时期的教育思潮

五四时期是中国现代文化思想十分活跃的时期，新旧思想互相斗争、中外文化互相冲突。一大批接受新式教育的青年知识分子积极传播西方各种文化教育思想，形成一股股新的教育思潮。这些教育思潮都非常重视教育的社会功能，把教育视做改造社会的工具。

1. 平民教育思潮

平民教育思潮形成于新文化运动期间。提倡平民教育思潮和参与平民教育运动的人成分多样，有资产阶级知识分子、小资产阶级知识分子和早期具有共产主义思想的知识分子，尽管在关于平民教育目的、内容、手段上有诸多分歧，但他们的主张是一样的，即：社会上的每个人，不分阶级、贫富、性别，都应该享有平等的受教育权利。

1919 年，教育调查会提出以“养成健全人格，发展共和精神”作为教育宗旨，“共和精神”的主要内容是“发挥平民主义，俾人人知民治为立国根本”，这是正式提出“平民主义”的教育思想。杜威来华讲学对平民主义教育思潮的形成与扩大起了很大的促进作用。他在演讲中说：“我们须把教育事业为全体人民着想，为组织社会各个分子着想，使得它成为便利平民的教育，不成为贵族阶级或有特殊势力的人的教育。”胡适称杜威的教育学说为“平民主义的教育”。五四运动期间，北京高等师范学院师生联合组织成立平民教育社，主张通过普及教育来改造社会和救国图强，并创办了《平民教育》杂志。北京大学学生发起组织了北京大学平民教育讲演团。早期共产主义者如陈独秀、李大钊、萧楚女等对平民教育思想的发展也起了重要的作用。20 世纪 20 年代，著名教育家晏阳初、陶行知、朱其慧等人发起成立了中华平民教育促进会。

2. 国家主义教育思潮

国家主义教育思潮是国家主义的组成部分。国家主义产生于 18 世纪末 19 世纪初的欧洲，是一种资产阶级民族主义的社会思潮。国家主义思潮最初是在反抗外族侵略的背景下产生的，但最终走向反面成为了帝国主义侵略其他民族的工具。

中国在列强侵略、主权不断丧失、反帝爱国运动不断高涨的情况下，一些爱国主义者开始提倡国家主义以培养国民团结爱国的精神。国家主义思潮是作为平民主义思潮的对立面出现的。一些国家主义者认为教育中出现的一些重个性自治以及忽视群体性、纪律性是实行平民教育思想的结果，因此中国的国情决定了必须用国家主义来发展教育。国家主义者又称为醒狮派。

国家主义者主张“外争国权、内惩国贼”，反对帝国主义的文化侵略，宣传教会教育和殖民地教育的危害，提出“收回教育权”，规定任何教育活动都不允许灌输宗教思想；主张教育要培养自尊精神以确立国格，发展国华以阐扬国光，陶铸国魂以确定国基，拥护国权以维护国脉。他们提倡“国家至上”的教育政策，重视蒙藏教育、侨民教育、军事教育等。

国家主义教育思潮的主要代表人物有余家菊、李璜、陈启天、曾琦等人。他们把国家主义教育视为唯一的救国办法，有十分浓厚的爱国主义色彩，是一种典型的“教育救国”论。

3. 工读主义教育思潮

工读主义又称为工学主义、半工半读主义、勤工俭学主义。1915 年蔡元培等人在法国发起勤工俭学会，提倡“勤于工作，俭于求学，以进劳动者之智识”，随即在国内形成勤工俭学运动。在五四运动时期，工读主义思想形成，其基本内涵是尚俭乐学、勤工俭学、工学并进、消灭体脑差别等。北京高等师范学校的学生成立社团提倡工学主义，少年中国学会重要成员王光祈发起成立北京工读互助团。各地相继都有类似的组织成立，进行工读主义实验。

工读主义虽然只是昙花一现，但具有重要的历史进步意义。工读主义批判中国数千年来读书人不生产、生产者不读书的旧教育，具有鲜明的反封建民主精神；主张工学合一、手脑并用，在中国教育史上首次提出了教育与生活劳动相结合的思想，并为此后知识分子与工农相结合奠定了基础。

4. 职业教育思潮

职业教育思潮由清末民初的实利主义、早期实用主义等教育思想演变而来，在新文化运动后得到广泛传播，盛行于 20 世纪二三十年代。其产生背景是：第一次世界大战期间，列强忙于战争，中国民族资本主义工商业在空隙中得到一定发展，需要一批实用技术人才，但清末民初以来普通教育与职业教育比例失调，教育发展脱离经济社会发展的需求，大批中小学毕业生成为失业者。于是一批教育家、思想家呼吁大力发展职业教育。

职业教育思潮的内容主要有沟通教育与实际生活、学校与社会，强调学校教育应当教给学生从事某种职业的知识、技能与职业道德，这样既可以解决个人生计问题又可以发展经济、促进国家富强。职业教育思潮对中国现代教育产生了重要影响。

职业教育思潮的主要倡导者有陆费逵、庄俞、蔡元培、黄炎培等教育家、思想家，黄炎培是主要代表人物。1917 年 5 月 6 日，黄炎培在上海发起了推行职业教育的全国性机构——中华职业教育社，为中国职业教育做出了重要贡献。

三、1922 年的“新学制”

新文化运动时期中国教育界出现了一股学习西方的热潮，西方教育理论、教育方法、教育制度等被大量引进中国。在各种教育理论与教育思潮影响下，各社团纷纷研究学制改革。1921 年，全国教育联合会召开，以学制为主要议题。大会认真讨论审查了十一省提出的学制改革案，最后形成“学制系统草案”。1922 年（壬戌年）9 月，教育部在北京召开全国学制会议，对全国教育联合会提出的“学制系统草案”加以审订、修改，通过了《学制系统改革案》，北洋政府于 11 月 1 日以大总统名义颁布施行。这个学制一般称“壬戌学制”或“新学制”，由于其采用的是美国的六三三分段法，又称为“六三三学制”（见图 8—2）。

“新学制”的制定，以适应社会进化之需要、发扬平民教育精神、谋个性之发展、注意国民经济力、注意生活教育、使教育易于普及、多留各地方伸缩余地七项标准为指导思想，体现了新文化运动所提倡的“民主”和“科学”的时代精神。

该学制分为 3 段 5 级。初等教育阶段年限 6 年，分为初级小学 4 年，为义务教育；高级小学 2 年。初等教育的入学年龄由各省区根据地方情形确定，升级采用弹性制。中等教育设有普通中学校、师范学校和职业学校。普通中学校修业 6 年，分初、高两级各 3 年。普通中学教育与职业教育相结合培养，实行分科制和选科制。初级中学由各地区根据情况兼设各种职业科；高级中学设有普通科和职业科，职业科有农、工、商、师范、家事等一科或数科。师范学校学习 6 年，分为初、中两级，各 3 年。中等师范学校实行分组选科制。各地区根据情况确定职业学校修业年限及程度，并设有中等程度职业补习学校。高等教育阶段设有大学校和专门学校。大学校的修业年限为 4～6 年：师范大学 4 年，医科和法科大学至少 5 年。专门学校修业年限至少 3 年。在初小之下设幼稚园，在大学校之上设大学院。此外，学制还关注天才教育和特殊教育。

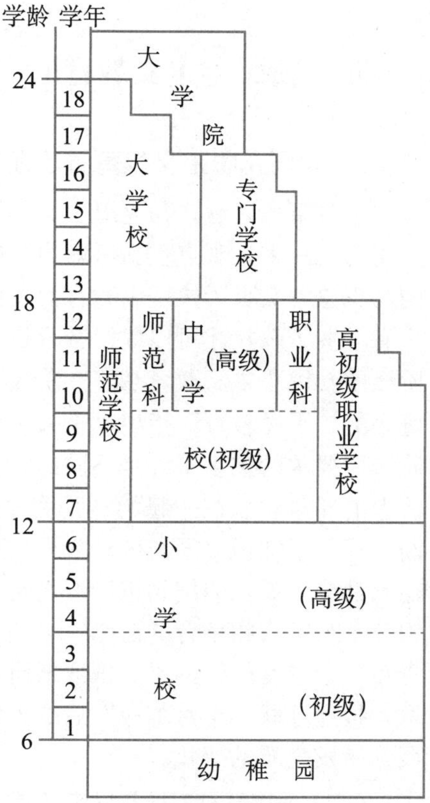

图 8—2　六三三学制

为配套学制，全国教育联合会组织起草并于 1923 年公布了《中小学课程标准纲要》。其主要内容为：（1）小学设国语、算术、卫生、公民、地理、历史、自然、园艺、公用艺术、形象艺术、音乐、体育 12 科；其中初小将卫生、公民、地理、历史合一起称做社会科，将自然、园艺合一起称做自然科，共设 8 科；初小前两年每周至少 1 080 分钟、后两年每周至少 1 260 分钟，高小每周至少 1 440 分钟。小学高年级可增设职业预备的课程。（2）初中设有社会科（含公民、历史、地理）、语文科（含国语、外国语）、算学科、自然科、艺术科（含图画、手工、音乐）、体育科（含生理卫生、体育）6 科；普通高中设有文学、社科和数理三类，职业科设有农、工、商、商船四类。所有课程分公共必修、分科专修和纯粹选修三类，每一类有若干门课程。（3）中学采用学分制。初中修满 180 学分、高中修满 150 学分才可以毕业。

“新学制”反映了新文化运动后中国资产阶级新教育的基本要求，具有时代的进步性。其具体表现在：第一，缩短了小学年限，并且初中可单设，有利于普及初等教育，也考虑到了发达地区可以向初中教育普及。第二，初中、高中的分段具有灵活性，增设高中一级有利于提高整个中等教育的水平，满足社会对中等教育程度人才的需要。第三，中小学加强了文理科课程，并废除了男校和女校的区别。第四，设置单科大学，有利于提高科技教育和师范教育的水平。此学制除中学选科制、学分制和综合中学制等方面在 1928 年后有所变更外，一直沿用至中华人民共和国成立。

但是，“新学制”移植美国六三三学制的痕迹太过明显，缺乏独创精神，而且盲目移植也为后继工作带来了许多问题。“新学制”在名义上提高了师范教育的地位，但随之出现的高师改大学、中师与综合中学合并等状况，实际上影响了师范教育的办学质量。

四、新民主主义教育的产生

（一）马克思主义教育思想在中国的传播

十月革命以后，马克思主义作为革命的指导思想传入中国。早期的马克思主义者也开始用马克思主义观点重新考虑中国的教育问题。在教育与政治、经济的关系问题上，早期的马克思主义者否决了以教育为手段的社会改良论和形形色色的教育救国论，正确地提出只有掌握了政权才可以取得教育权；对于新民主主义教育的性质与任务，明确区分了工人阶级的新民主主义教育和资产阶级鼓吹的平民教育之间的差异。李大钊针对当时资产阶级宣扬的“平民教育”指出，工人之所以没有受教育的机会是由于资本主义的剥削，不同的阶级所要求的民主平等是不同的，工人阶级在教育上要求的民主主义是和他们在政治、经济上的斗争联系在一起的，是为了提高觉悟和能力向资产阶级宣战，打破有产阶级的垄断。在关于知识分子与劳动人民的关系上，李大钊指出：“要想把现代的新文明，从根底输到社会里面，非把知识阶级与劳工阶级打成一气不可。”他还赞成“工读”思想，走知识分子与工农相结合的道路。早期马克思主义者还通过报刊介绍当时苏联的教育，如《新青年》杂志专门开辟了“俄罗斯研究”专栏，刊登了介绍当时苏联的教育状况的一系列文章，报道苏联“十月革命”后的工农教育。中国教育思想由于马克思主义思想的传播与发展开始发生质的变化。

（二）早期马克思主义者的教育活动

1. 留法勤工俭学运动

1912 年，李石曾、吴玉章等人发起组织“留法俭学会”；1916 年，为了学习西方的科学知识与技术来使中国富强，在巴黎和中国都成立了“华法教育会”，组织留法勤工俭学，并设立留法预备学校和预备班。这仍然属于旧民主主义文化教育活动。五四运动以后，一批早期共产主义者的参加使勤工俭学运动发生了很大的变化：一方面，规模扩大了。另一方面，早期共产主义者是抱着学习马克思主义与工人阶级相结合的思想赴法留学的，他们不仅半工半读，而且考察了资本主义社会的状况。陈毅说，通过对法国工人生活的直接了解“我才知欧洲资本界是罪恶的渊薮”，“觉社会革命是极合道理的事”。不少勤工俭学学生归国后积极参加革命活动，如周恩来、邓小平、陈毅等，成为中国老一辈著名的革命家。

留法勤工俭学学生合影

2. 参与平民教育运动，举办工人教育

1919 年到 1923 年，以邓中夏为首发起组织的北京大学平民教育讲演团是当时的共产主义知识分子进行工农教育活动的阵地。1920 年，北京共产主义小组在京汉铁路长辛店铁路工场办补习学校探索马克思主义和中国工人运动相结合，这是中国教育史上第一所工人阶级自己的学校。劳动补习学校分日、夜两班，日班教工人的子弟知识，夜班教工人知识。夜班的学习课程有国文、法文、科学常识、社会常识、铁路知识等；教员是以北大学生会名义派去的，自编教材，不收学费；主要向工人讲授“劳工神圣”的道理、什么是剥削、什么是帝国主义侵略、工人的团结和工人阶级自己的组织——工会等。它为早期北方铁路工人运动培养了第一批骨干。后来，共产主义小组在各省相继成立后，都开办过工人夜校或者工人补习学校。

此外，五四时期早期共产主义者为把自己改造成为工人阶级的先进战士，还组织了马克思主义研究会、新民学会、创办文化书社等学习马克思列宁主义。这些活动为中国共产党的成立准备了条件。

（三）中国共产党成立之初的教育

1921 年 7 月，中国共产党成立。1922 年 7 月，中国共产党的第二次代表大会规定了党的最高纲领和最低纲领。在提出目前奋斗的 7 条具体目标中有关教育的为：“保护童工和女工”，“废除一切束缚女子的法律，女子在政治上、经济上、社会上、教育上一律享受平等权利”，“改良教育制度，实行教育普及”。这个教育纲领为中国共产党领导的工农革命教育奠定了思想基础。

中国共产党成立后，为了学习和传播马克思主义、培养党团干部、开展工农运动，先后开办了一些培养革命干部的学校，有湖南自修大学、湘江学校、平民女学等；另外，集中力量领导工农运动，工农教育运动也得到迅速发展。工农教育运动的发展过程大致是：先举办工农教育，通过教育提高工农群众的觉悟，然后组织起来开展斗争，在斗争胜利的基础上继续发展教育。如 1922 年毛泽东和刘少奇在安源组织路矿工人补习学校，办校 4 个多月就把工人组织起来成立了“安源路矿工人俱乐部”；9 月进行一次大罢工并取得胜利，然后将补习学校从一校扩大到三校，还举办了三个国民学校免费教育工人俱乐部成员的子女。1922 年到 1923 年间，彭湃组织举办农民教育。诸如此类，在党的领导下，随着革命形势的高涨，形成了中国教育史上从未有过的工农教育运动。

第三节 南京国民政府时期的教育

一、南京国民政府的教育宗旨

1927 年，国民党叛变革命，9 月“宁汉合流”以后，成立南京国民政府。南京国民政府时期的教育宗旨经历了“党化教育”到“三民主义教育”的转变。

1924 年 1 月，在中国国民党“一大”上，孙中山要求政治上一切措施包括教育都以党纲为依据。1926 年 7 月，教育行政委员会召开中央教育行政大会，提出“党化教育”的口号，要求公、私立学校师生须集体加入国民党。1927 年 4 月，南京国民政府成立。蒋介石在南京“五四运动纪念大会”上提出正式实行党化教育，并要求各省成立“党化教育委员会"，拟定"党化教育大纲"，规定"使学生受本党之指挥而指挥民众"。同年8月，国民政府教育行政委员会颁行《学校施行党化教育办法草案》，指出："所谓党化教育就是在国民党指导之下，把教育变成革命化和民众化。"于是，党化教育开始在各地学校逐渐推行。党化教育的方针本质上是国民党的一党专政，强化国民党对学校的专制统治，是要把全体国民的教育演变为一党的教育。党化教育方针受到了一些进步人士的抨击，甚至国民党内部也有不少人认为"党化"含义空泛、概念不清。因此国民政府决定以三民主义的教育宗旨取而代之。1929年4月26日，国民政府公布《中华民国教育宗旨及其实施方针》，规定了教育宗旨："中华民国之教育，根据三民主义，以充实人民生活，扶植社会生存，发展国民生计，延续民族生命为目的；务期民族独立，民权普遍，民生发展，以促进世界大同。"[①] 令各大学区、各省市教育厅（局）、直辖大学施行。1931年9月，国民党中央执行委员会通过了《三民主义教育实施原则》，分别就初等教育、中等教育、高等教育、师范教育、社会教育、蒙藏教育、华侨教育、派遣留学生8个方面，规定了具体的"目标"和"实施纲要"（含课程、训育、设备3个细目）。初等教育的目标是"使儿童整个的身心，融育于三民主义教育中"，并"具有适合于实际生活之初步的知能"；中等教育的目标应"确定青年三民主义信仰，并切实陶冶其忠孝仁爱信义和平之国民道德"，"养成其从事职业所必具之知能"；高等教育的目标是要使学生"切实理解三民主义的真谛，并具有实用科学的知能，俾克实现三民主义之使命"。[②]

尽管国民政府提出了"三民主义"的教育宗旨，在形式上继承了孙中山的"三民主义"，但实质上背离了孙中山的新三民主义和联俄、联共、扶助农工的精神；其本质上进行的仍然是"党化教育"，贯彻的是蒋介石"以党治国"的思想。

二、南京国民政府的教育改革

（一）大学院制的试行与废止

1927年6月，南京国民政府采纳蔡元培等人的提案，决定以大学院制取代教育部制；决定撤销广州国民政府时设立的教育行政委员会，在中央成立中华民国大学院，在地方试行大学区制。接着，国民政府陆续公布了《中华民国大学院组织法》和《大学区组织条例》（1928年5月又公布了《修改大学区组织条例》）。1927年10月，大学院正式成立，蔡元培就任院长，总理全院事务，并为国民政府委员。大学院下设秘书处、教育行政处、中央研究院、国立学术机关、各种专门委员会等，并设立了大学委员会作为有权推荐大学院院长及评议学术、教育上一切问题的最高机构。全国分作若干大学区，每个大学区设立一所大学与一位校长，校长负责大学区内一切学术以及教育行政事务，下设高等教育处、普通教育处、社会教育处、秘书处、研究院等，其中研究院是大学区最高学术机构，另外有评议会是解决本学区各种教育问题的立法机关。大学院制通过试点试行后在全国推行。

大学院制原本是借鉴法国教育行政制度，但在中国的国情下很难行得通，再加上学术和行政二者难以兼顾，于是在实行中弊端百出。在质疑与反对声中，蔡元培于1928年8

① 宋恩荣、章咸选编：《中华民国教育法规选编》，35～36页，南京，江苏教育出版社，2005。
② 同上书，38～41页。

月辞去大学院院长之职。同年 10 月，国民政府改组，废止大学院制：改大学院为教育部，直属于行政院；改中央研究院为单独的学术研究机构，直属行政院领导；省、县则分别设置教育厅、局或科。同年 12 月，国民政府颁布《教育部组织法》，规定教育部下设总务司、高等教育司、普通教育司、社会教育司以及大学委员会和编审处等机构。后在不断修正中，教育组织机构逐渐充实和完备。

（二）各级各类学校的改革与发展

1927 年 4 月，南京国民政府建立后，开始整顿和规范各级各类学校管理制度。这一时期陆续颁布了各级各类学校法令和规程，使学校建设趋于法制化、规范化，我国学校教育各项制度也趋于完备。这一时期的教育发展与改革取得了比较明显的成就。

1. 学前教育

1922 年新学制将学龄前教育正式列入学制系统。1932 年教育部公布《幼稚园课程标准》，并于 1936 年又进行了修订。该课程标准规定的幼稚教育总目标为：增进幼稚儿童身心的健康；力谋幼稚儿童应有的快乐和幸福；培养人生基本的优良习惯（包括身体、行为等各方面习惯）；协助家庭教养幼稚儿童，并谋家庭教育的改造。这一总目标体现了适应儿童身心发展的规律和用现代教育思想改进家庭教育的特点。

2. 初等教育

1922 年新学制规定了初等教育分为初小和高小。1928 年第一次全国教育会议决定厉行义务教育。小学教育的总目标规定为："小学应根据三民主义，遵照中华民国教育宗旨及其实施方针，发展儿童身心，培养国民道德基础及生活所必需之基本知识和技能，以养成知礼知义爱国爱群的国民。"1932 年 10 月教育部公布《小学课程标准总纲》，同年 12 月国民政府公布《小学法》，次年 2 月教育部公布《小学公民训练标准》，3 月公布《小学规程》，该规程在 1936 年 7 月进行了修正。以后陆续公布了一系列关于国民教育和义务教育的行政法规。教育部还规定各地设立简易小学和短期小学这样的变通方法来推行义务教育。抗日战争时期，国民政府在推行新学制时，把义务教育与民众教育合并实施国民教育制度，在乡镇的学校常设"小学部"和"民教部"。

3. 中等教育

1932 年教育部废除综合中学制，采用欧式单科中学制，公布《中学法》、《师范学校法》和《职业学校法》，确定三类中等学校分别设立。此后教育部又陆续公布了《中学规程》、《师范学校规程》和《职业学校规程》。

《中学法》规定中学的目标是："中学应遵照中华民国教育宗旨及其实施方针，继续小学之基础训练，以发展青少年身心，培养健全国民，并为研究高深学术及从事各种职业之预备。"《师范学校法》规定："师范学校应遵照中华民国教育宗旨及其实施方针，以严格之身心训练，养成小学之健全师资。"1934 年公布的《师范学校学生毕业会考规程》对各类师范毕业会考的科目作了具体的规定。1944 年颁布了《全国师范学校学生公费待遇实施办法》，规定对师范生免收学杂费，学校供给膳食、制服以及实习经费，新生到校及毕业生报到的旅费也由学校补助。1939 年公布《师范学校毕生服务规程》，规定师范毕业生服务年限一律为三年。《职业学校法》规定："职业学校应遵照中华民国教育宗旨及其实施方针，以培养青年之知识与生产之技能。"

4. 高等教育

1929 年公布《大学组织法》、《专科学校组织法》和《大学规程》，1931 年公布《专科学校规程》。这些文件规定了大学应遵照中华民国教育宗旨及其实施方针，为研究高深学术养成专门人才。专科学校以教授应用科学、养成技术人才为培养目标。根据规定，高等教育机关分作大学、独立学院、专科学校，大学分文、理、法、教育、农、工、商、医 8 个学院；凡具备 3 个学院以上的（理、农、工、医必须有一）才可以称之为大学，否则称独立学院。专科学校分工、农、商、医、艺术、音乐、体育等类。这一时期，教育部还颁发了一系列文件明确规定大学教师的待遇、教师编制等问题。

国民政府于 1929 年 8 月公布了《私立学校规程》，1933 年 10 月又公布了《修正私立学校规程》，规定不管是中国人所办或外国人所办的私立学校，都必须遵照一定程序进行申请，经主管教育行政机关对办学条件进行审查核准后才可以办学。

三、20 世纪二三十年代的乡村教育运动

在整个民主革命时期，由于帝国主义和封建主义的压榨，中国农村十分落后。一些爱国主义教育家主张改良主义，通过乡村教育来进行乡村建设，改善农村状况。从 1925 年始，乡村教育实验区纷纷建立。到 1935 年，全国的乡村教育实验区有 193 处。其中最有影响的试验区有黄炎培组织的中华职业教育社的农村改进实验区、陶行知创办的晓庄学校和山海工学团、晏阳初组织的中华平民教育促进会、江苏省立教育学院的乡村民众教育实验、梁漱溟组织的山东邹平等地的乡村建设实验。

（一）中华职业教育社的农村改进实验

中华职业教育社最先关注到农村教育，是最早提出划区试验乡村教育的教育团体。1917 年 5 月 6 日，梁启超、蔡元培、范源濂、黄炎培等人发起成立中华职业教育社。五四运动后，黄炎培等人逐渐意识到农村问题的重要性。1925 年 8 月，黄炎培在山西考察时拟定了《山西划区试办乡村职业教育计划》，详细描述了实施乡村职业教育计划的具体操作措施等。随后中华职业教育社明确提出进行农村改进试验的目的是“期以教育之力，改进农村一般生活，以立全社会革新之基”。他们列举了包括农事、工艺、义务教育、平民教育、职业训练、卫生、自卫、消防、自治、改良社会风气等 21 项改进农村的试验项目。首先在江苏昆山徐工桥开展乡村实验，随后在其他地方也开办乡村改进实验区。中华职业教育社的农村改进实验的特点是把发展教育、发展农村经济、改进实验三者结合起来，采取“富政教合一”的方针，这为随后中国乡村教育和改造活动起了促进和示范作用。

（二）晓庄学校和山海工学团的乡村教育实验

陶行知在探索乡村教育的过程中认为师范教育是改造社会环境的一个重要方法，于是进行了乡村生活教育实验。晓庄学校和山海工学团是陶行知的乡村教育实验园地。1927 年，陶行知筹集经费购买田园荒山作为校址和试验农场，正式创办了晓庄中心小学，后在晓庄创办试验乡村师范学校，后改名晓庄学校。晓庄学校是以陶行知的生活教育思想为指导开办的，培养目标是乡村教师，教学内容以农村的生产和生活为主。1913 年 4 月，国民

党政府借口晓庄学校学生参加南京工人罢工斗争强行封闭该校。但晓庄学校的影响是深远的。此后陶行知继续探索乡村教育，在其教育小说《古庙敲钟录》中描绘了以学校为中心改造农村的教育理想，后提出了工学团教育思想，要使工场、学校、社会打成一片。1932 年 9 月，陶行知在上海与宝山之间筹办了山海工学团，这是陶行知探索乡村教育道路的又一个新的尝试。1939 年后，由于日本侵略战争，山海工学团的试验活动被迫停止。

（三）中华平民教育促进会的平民教育实验

1923 年 8 月 26 日，中华平民教育促进会成立，朱其慧、陶行知、张伯苓、晏阳初等人被选为执行董事，晏阳初担任总干事。晏阳初认识到中国是一个贫穷落后的农业国家，平民的绝大多数是农民，没有考虑到农民的平民教育不能算是整个平民教育。他认为中国的大患是人民有“四大病”，即贫、愚、弱、私；要通过办平民学校对农民进行教育来救治。1926 年，中华平民教育促进会在河北定县成立乡村平民教育实验中心，主要进行生计、文艺、卫生和公民“四大教育”，通过学校式、社会式、家庭式“三大方式”实现。

（四）江苏省立教育学院的乡村民众教育实验

江苏省立教育学院创立于 1930 年。该院的主要研究工作一直是乡村民众教育。江苏省立教育学院创设的实验区有农村教育实验区和城市教育实验区，前者属于乡村教育实验范畴，后者则是早期平民教育实验的延续。该院在多处都创立了农村教育实验区，通过乡村社会调查和长期的乡村教育实验提出并逐步完善了自己的乡村民众教育主张，并做了大量的实验工作。“乡村教育和城市教育合一，社会教育与学校教育合流”是该学院民众教育实验的鲜明特点，把民众教育实验从“学校社会化”推进到了“社会学校化”的阶段。该院的实验工作，对改良农村教育起了积极的推动作用。

（五）梁漱溟的乡村建设实验

梁漱溟在山东邹平创立了乡村建设实验。梁漱溟是中国现代学者、教育家、乡村建设运动的倡导者。他认为中国的命运取决于乡村建设。中国自古以来就是一个伦理本位的社会，而乡村是伦理情谊社会的基础。要整治社会，必从乡村着手，恢复伦理本位，进行乡村建设。他认为“中国近百年史即一部乡村破坏史”，是由于西洋入侵而造成的“极严重的文化失调”。他说：“教育即乡村建设。”因此，他主张应当由乡村运动者以政教统一的方式通过乡村学校对农民进行精神陶冶、自卫训练、生产知识等教育，以推动社会，组织农村。梁漱溟的乡村教育理论和实验的突出特点是其扎根于中国传统文化，是一种整体化的社会教育，但他把乡村教育当做挽救中国的唯一途径是错误的认识。

读一读

中国近代的教育一直在扫盲与启蒙上挣扎。时代发展，益发强化着扫盲与启蒙。新中国成立前的教育家如晏阳初等进行的平民识字运动，早期觉悟的知识分子严复、孙中山等用旧文化对国人的启蒙等，是中国近代以来的教育叙事。扫盲与启蒙有两个意思，一是识字，二是思想解放，其核心是思想解放。识字和思想相辅相成，互为表里。思想解放是用传统文化和新文化对人民进行全身心的改造，特别要把传统文化放在整个人类的思想上理解。知道文字所蕴含的思想，懂得文字的意思，既要懂得文字的中国意思，更要懂得文字的世界意思，才叫识字。即使今天，即使博士、教授，也未必都知道礼、义、廉、耻、忠孝、仁爱、信义、和平是什么意思，也未必都知道人、人民、人权、自由、平等、民主、伦理、科学、国家、现代化、共和国、劳动是什么意思。中国近代就是围绕着这些字眼进行扫盲和启蒙的。

资料来源：http：//news. xinhuanet. com/edu/2011-07/17/c _ 121677947. htm。

第四节 蔡元培的教育思想

一、生平

蔡元培

蔡元培，字鹤卿，又字孑民；自幼聪颖好读书，17 岁中秀才；曾在家乡做过塾师，其间博览群书，开始接触西方文化；后又中举人、进士；1892 年，参加朝考被选为翰林院庶吉士；1894 年授职翰林院编修；1898 年 9 月，戊戌变法失败，对清政府失望，辞官回故里从事教育活动，就任绍兴中西学堂监督（即校长）；后因赞同新式教育，支持新派教员，受到旧派和校董的干涉，愤而辞职；此后，曾先后担任过嵊县剡山书院、诸暨丽泽书院的院长。

1901 年，蔡元培在上海任南洋公学之特班总教习，宣传革命思想。1902 年 4 月，蔡元培与章太炎等在上海发起组织了中国教育会，被推为会长，宣传民族、民主革命。1902 年秋，南洋公学学生因校方无理压制纷纷退学，蔡元培同中国教育会募款创办了爱国学社接纳退学学生。接着，蔡元培等又创设爱国女学向学生灌输革命思想。1904 年，蔡元培与陶成章等人组织成立了革命团体光复会，被推为会长。1905 年，蔡元培加入同盟会，任同盟会上海分会会长。1907 年，蔡元培赴德留学。1911 年 10 月，辛亥革命爆发，蔡元培与留德同学联名敦促国内各省当局响应武昌起义并于 11 月回国。1912 年 1 月，中华民国成立，蔡元培任临时政府的教育总长，对旧教育进行了一系列反封建的具有资产阶级民主性的改革，并制定了新的教育方针，发表《对于教育方针之意见》。1912 年 7 月，因不满袁世凯复辟，蔡元培辞职再次赴德留学。1913 年 9 月，蔡元培前往法国学习研究。1915 年 6 月，与李石曾、吴稚晖、吴玉章等在法国创办勤工俭学会；1916 年底回国，12 月出任北京大学校长。五四运动期间，蔡元培积极支持学生，组织营救被捕学生。1923 年，蔡元培因不满当时政治的一些做法，愤然辞职，但师生挽留，校长之职保留到 1927 年 7 月大学区制试行。1927 年南京国民政府成立，蔡元培担任了国民政府委员及常务委员、教育委员会委员、国民政府大学院院长、中央研究院院长、代理司法部长、监察院院长等职务。1928 年 8 月，蔡元培辞去其他各职，专任中央研究院院长，直至逝世。1932年，蔡元培与宋庆龄、鲁迅等组织中国民权保障同盟，营救被捕的爱国人士和中共党员。1937年，上海沦陷后，蔡元培移居香港，积极拥护国共合作。1940年3月5日，蔡元培在香港病逝，毛泽东唁电“学界泰斗，人世楷模”。

二、教育思想

（一）哲学思想

蔡元培将世界分为现象世界和实体世界两方面。现象世界是指有形的、相对的、有生灭变化的现实世界，而实体世界是指一切有形世界背后的、无形的、绝对的、永恒的世界本体。在《对于新教育之意见》一文中，他指出，“故实体世界者，不可各言者也。然而既以是为观念之一种矣，则不得不强为之名，是以或谓之道，或谓之太极，或谓之神，或谓之黑暗之意识，或谓之无识之意志。”可见，他所说的世界本体或实体世界，是一种客观精神或意志，在世界观、本体论上奉行的是客观唯心主义的思想路线。

（二）“五育”并重的教育方针

蔡元培在1912年任教育总长时，提出教育应以养成共和健全之人格为目标。为了实现对国民进行完全人格的教育，实现人的全面和谐发展，他提出了军国民教育、实利主义教育、公民道德教育、世界观教育、美感教育并重的教育方针。《对于新教育之意见》一文对“五育”作了详尽的论述。

军国民教育，就是体育，包括军事训练和体育锻炼。当时的革命形势要求必须实行军国民教育。另外，完全人格的养成也需要健全的体魄。

> 殊不知有健全之身体，始有健全之精神；若身体柔弱，则思想精神何由发达？或曰，非困苦其身体，则精神不能自由。然所谓困苦者，乃锻炼之谓，非使之柔弱以自苦也。——蔡元培

实利主义教育，即智育，内容包括物理、化学、历史、地理等科学文化知识。他认为当今世界的竞争，不仅在武力，而尤在财力；而要使国家富强，必须重视实利主义教育。他重视中小学，力主教育要打好牢固的基础，还重视科学的教学方式方法。

公民道德教育，即德育，他认为就算有健全的体魄、发达的智力，若没有道德约束，则只能助其为恶。德育的内容是自由、平等、博爱，体现了他的资产阶级道德观念。

蔡元培认为军国民教育、实利主义教育和公民道德教育是为追求现世的幸福，是现象世界的教育；要达到这理想的实体世界，更应当注重的是世界观教育和美感教育，并认为这是两种超乎于政治和现世幸福之求的教育，是到达理想的实体世界的桥梁。

世界观教育，一方面可以使人们以不厌弃、不迷恋的心态对待现象世界；另一方面，可以使人们了解作为理想境界的实体世界，并将其作为渴望追慕的目标，直到最终领悟，达到思想自由，不受偏见制约，这样才能很好地处理世间之事。

美感教育，介乎现象世界与实体世界之间，是现象世界进入实体世界的桥梁。他认为美感教育可以陶冶人的情感，使之高尚纯洁。通过美感教育，可以使人超脱世俗，从而提

升人的精神境界。

1928年5月，蔡元培在全国教育会议上又提出了“使教育科学化、劳动化、艺术化”的教育方针，这样就形成了德、智、体、美、劳五育并重的资产阶级民主主义教育方针。这在教育上是一个重大的进步，符合人的全面发展的教育规律，有许多可供我们借鉴的地方。只不过各方面的要求不同，它体现的是资产阶级的教育要求。

(三)“尚自然”、“展个性”的教育原则

“尚自然”、“展个性”是蔡元培针对封建教育忽视学生的特点、违反自然规律、束缚人的个性而提出的教育主张，体现了其资产阶级自由主义的立场。他认为封建旧教育以成人自己的想法强加于儿童，忽略儿童自身的发展规律与特点，是阻碍儿童个性自由发展的教育。新教育应当以儿童为本位，按照儿童的兴趣和特点来进行组织教学，使儿童得以自由发展。在《新教育与旧教育之歧点》的演说中，他提出教育“与其守成法，毋宁尚自然；与其求划一，毋宁展个性”。

依照其“尚自然”、“展个性”的教育原则，他说教书“并不像注水入瓶一样，注满就算完事”，而应当根据学生的特点，引发学生的兴趣，因材施教。教师还应注意发挥学生的学习主动性、积极性。在教育实践中，蔡元培也始终坚持这一“尚自然”、“展个性”的教育原则。

(四)“思想自由、兼容并包”的办学思想

蔡元培一贯主张学术自由、思想自由。他担任北大校长时说：“大学者，研究高深学问者也”[①]，认为大学应当“囊括大典，网罗众家”[②]。他总结办学经验时说：做学说应当“循思想自由原则，取兼容并包主义，无论为何种学派，苟其言之有理，持之有故，尚不达自由淘汰之命运者，虽彼此相反，而悉听其自由发展”[③]。他在北大办教育的实践也证明了这一点。当时的北大汇集了不同思想、不同学派的学者，既有信仰马克思主义的李大钊、陈独秀，也有奉行实用主义的胡适；既有新派教员，也有像辜鸿铭、刘师培这样的宣扬国故、反对革新的复古主义者。蔡元培认为应当允许这些不同学术观点的学者同时在北大任教，这体现了他的“思想自由、兼容并包”之办学思想。

读一读

蔡先生声望很高，但不轻视青年人。当时有一名学生向蔡提出：北大“中国哲学系”应改为“哲学系”，以便包括世界各国的哲学。蔡先生不因人废言，接受了这个青年人的建议，后来就在北大成立了“哲学系”，讲授中国以及世界各国的哲学史和哲学流派。

蔡先生当校长期间做的最骇人听闻的事是开放女禁。那时有一个勇敢的女生王兰（王昆仑的姐姐）向蔡先生请求入学，蔡就让她到北大当了旁听生。这件小事触动了封建主义的神经末梢，当时轰动了全北大、全北京。此后北大招生时，就允许女生和男生一样地应考了。

资料来源：http：//www.zgyspp.com/Article/y6/y51/2011/0505/31193_2.html。

---

① 《就任北京大学校长之演说》，转引自高平叔：《蔡元培教育文选》，22页，北京，人民教育出版社，1980。

② 《北京大学月刊发刊词》，转引自高平叔：《蔡元培教育文选》，59页，北京，人民教育出版社，1980。

③ 《我在教育界的经验》，转引自高平叔：《蔡元培教育文选》，244页，北京，人民教育出版社，1980。

（五）教育独立的主张

1922 年，蔡元培发表《教育独立议》、《非宗教运动》，阐述他的教育独立思想。他认为教育事业应当完全交给教育家来主持，这样才可以使教育保有独立的资格，不受各派政党和各派教会的影响。蔡元培任第一届教育总长，到 1916 年，由于军阀混战，政权不稳，执政者更迭，教育总长就换了十几个。他对此十分反感。他认为，若把教育权交给政党，那么在政党斗争更迭的时候，教育方针变来变去是无法收到成效的；若把教育权交给教会，因宗教是保守的，宗教教义和规定就会限制科学的发展。因此，他主张教育应独立于党派和教会之外。

为了实现教育独立的理想，蔡元培在 1927 年任南京国民政府教育行政委员会委员后，随即提议组织中华民国大学院。1927 年 10 月 1 日，大学院正式成立，蔡元培出任院长。大学院设立大学委员会，成员由大学院正、副院长及各国立大学校长、大学院教育行政处主任及专家学者组成，是最高学术机构，且有权推荐大学院的院长以及参与决策教育上的重大问题。地方采取大学区制，即将全国分为若干大学区，每个大学区设大学一所、校长一人。大学院相对于中央政府，大学区相对于地方政府，均具有相对独立性。此外，学校不设神学科，不许传教士任教。

然而，蔡元培关于教育独立的思想是一种历史唯心主义的观点，但他主张教育脱离政治政党、脱离宗教以及反对军阀分子控制教育反映的只是希望按照教育规律办教育的愿望。

第五节　杨贤江的教育思想

一、生平与教育实践

杨贤江

杨贤江，笔名李浩吾，幼年刻苦好学，17 岁入浙江第一师范学校读书；毕业后就职于南京高等师范学校，同时进修教育学、心理学、外国语；1919 年参加“少年中国学会”，并于 1920 年同李大钊、恽代英等 7 人一起被选为评议员；1921 年起，在商务印书馆编译所担任《学生杂志》主编，发表了许多教育专论，回答青年读者提出的问题，深受学生欢迎；1922 年加入中国共产党；1925 年五卅运动中与沈雁冰等组织“教职员救国同志会”，进行革命宣传活动；五卅运动后，被选为国民党左派特别党部委员继续领导学生运动；蒋介石叛变革命后，杨贤江转入地下活动，后被迫流亡日本；在日本，他继续进行教育研究工作，搜集大量的教育资料，分析研究资本主义教育，完成了大量的著作和译著，其中最重要的教育著作是 1927 年底在日本撰写的《教育 ABC》

和 1929 年返回上海后完成的《新教育大纲》。《教育 ABC》是中国最早运用历史唯物主义观点和方法研究教育史的著作。《新教育大纲》是中国第一部运用马克思主义原理阐述教育的著作，体现了杨贤江的主要教育思想。

二、教育思想

杨贤江在《新教育大纲》中运用历史唯物主义原理阐述了教育的产生与本质以及发展规律，他提出："教育是社会上层建筑之一，是观念形态的劳动领域之一，是以社会的经济阶段为基础的。"从教育与个人的关系来说，教育的本质是帮助人们营造社会生活的一种手段；从教育与社会关系来说，教育本来的任务是"种族保存"，即教育是全社会的生产需要。但是从原始社会进入阶级社会后，教育的本质就发生了变化。首先，"教育与劳动分家"，产生了治人的"劳心者"和被治的"劳力者"。其次，教育产生了阶级性，"教育权跟着所有权走"，教育被少数有钱人所垄断。再次，教育成为"专为了支配阶级的利益"服务的工具。最后，"男女教育的不平等"。由此，杨贤江针对当时超阶级、超政治的一些教育思想进行了批判。

在教育与政治的关系上，杨贤江认为教育形态是依据经济结构形成的，随着经济发展而变迁。教育相对政治而言，是更为第二义的上层建筑，更为派生，教育一定程度上由政治发展所决定。由此，他批判了"教育万能说"、"教育救国说"和"先教育后革命说"。但他仍然认为教育是革命力量的一个重要方面。

杨贤江在《新教育大纲》中还介绍了马克思主义有关"教育与劳动的结合"、"对一切儿童施行公共免费的教育"等理论观点，在此基础上提出了无产阶级夺取政权之后关于开展教育的几个设想。杨贤江的著作对中国革命的教育产生了积极的影响。

第六节　陶行知的教育实践与思想

一、生平与教育实践

陶行知

陶行知，原名文濬，1910 年因信仰王守仁"知行之成"，改名"知行"；1934 年后主张"行是知之始，知是行之成"，改名"行知"；1914 年，赴美国留学，获政治硕士学位，后在哥伦比亚大学从事教育研究，获"都市学务总监资格文凭"；1917 年归国，先后在南京高等师范学校、东南大学任职；曾任《新教育》杂志的主编；1922 年在中华教育改进社任主任干事；后来与朱其慧、晏阳初等人在北京组织成立中华平民教育促进会，推广平民教育。

1927 年 3 月，陶行知在南京晓庄创办乡村师范学校，后改名晓庄学校，开展乡村教育运动，提出生活教育理论，希望从乡村教育入手寻找改造中国教育和社会的途径。1930年4月，国民党政府借故封闭晓庄学校，陶行知避难日本。1932年，陶行知在上海市创办山海工学团，主张“工以养生，学以明生，团以保生”，推行“即知即传”的“小先生制”，开展普及教育运动。

抗战爆发以后，他将生活教育的理念与民族、民主革命斗争相结合，组织国难教育社，从教育救国的道路走上了民族、民主革命的道路。1936年，他与沈钧儒、邹韬奋、马相伯等人发起救国会，投身于抗日救亡运动，开展讲演、募捐活动。1938年11月，生活教育社成立，陶行知被推选为理事长。1939年7月，陶行知在重庆创办育才学校收容教育难童。

抗战胜利后，陶行知投身民主运动，提出民主教育的主张，创办《民主教育》。1945年陶行知参加中国民主同盟，当选为民盟中央委员会常务委员兼教育委员会主任委员；1946年，在重庆与李公朴创办社会大学，任校长；1946年4月回上海，投入反独裁、反内战的斗争；1946年7月25日，因劳累过度，患脑溢血逝世。周恩来同志在唁电中说：“十年来，陶先生一直跟着毛泽东同志为代表的正确路线走，是一个无保留追随党的党外布尔什维克。”毛泽东为陶行知题悼词：“痛悼伟大的人民教育家”。

二、教育思想

陶行知针对传统教育的弊病提出了与旧教育相对立的生活教育理论，内容主要包括三个方面：生活即教育，社会即学校，教学做合一。

“生活即教育”就是要求教育与实际生活联系。陶行知认为：“生活教育是生活所原有，生活所自营，生活所必要的教育”，“自有人类以来，社会即是学校，生活即是教育”，“过什么生活便是受什么教育”，“生活教育与生俱来，与生同去。出世便是破蒙，进棺材才算毕业。在社会的伟大学校里，人人可以作我们的先生，人人可以作我们的同学，人人可以作我们的学生。随手抓来都是活书，都是学问，都是本领”①。“从大众的立场上看，社会是大众惟一的学校，生活是大众惟一的教育。”②

“社会即学校”来源于但又不同于杜威“学校即社会”的理论。陶行知认为杜威“学校即社会”的观念不彻底，仍是一种封闭的教育，将社会生活搬进学校并没有扩大学校的空间。陶行知主张，凡是生活的场所都是教育的场所，校门外的农村、店铺、庙宇、监牢等可以都视为学校、成为课堂，把社会和学校打成一片，就是“社会即学校”。

“教学做合一”是对杜威的“从做中学”理念的继承与发展。陶行知反对传统的“教授法”，提出了“教学法”的范畴，强调教学过程包括教与学两个不可偏废的因素；后又提出“教学做合一”，“教学做是一件事”。他强调“做”的重要地位，主张“做”是一切教育活动进行的中心。这反映了陶行知对那种以书本为中心、死读书、读死书的反对态度。

陶行知生活教育理论是特定历史条件下的产物，不免存在局限性，比如他的理论有忽视系统理论知识、忽视书本、忽视教师主导作用的倾向，并且过于强调“活动”、强调“做”，

① 《什么是生活教育》，见《陶行知教育论文选辑》，2～3页，上海，生活·读书·新知联合发行所，1949。

② 《生活教育之特质》，见《陶行知教育论文选辑》，4页，上海，生活·读书·新知联合发行所，1949。

实际上是把教学过程与认识过程等同了起来，忽略了教学过程的特殊性。但从根本上讲，生活教育理论是在反对封建的旧教育、探索中国教育发展出路的过程中形成的，在克服传统教育的弊端方面发挥了积极的作用，并且理论本身仍然不乏我们汲取的宝贵经验。

读一读

多年前的一天，一位小学校长看到一名男生在用泥块砸同学，他立刻将其制止，并让男生放学后去他的办公室。“这是奖励你的，因为你比我早到了。”回到办公室，见到等候着的男生，校长一边从兜里掏出一块糖递给他一边说。“这是奖励给你的。我不让你打同学，你立即住手了，说明很尊重我。”接着校长又掏出一块糖给他，男生半信半疑地接过糖。“我调查过了，你打同学是因为他们欺负女生，说明你有正义感。”校长递给了男生第三块糖。这时，男生哭了，说：“校长，我错了，我砸的不是坏人，是我的同学……”校长马上又掏出了第四块糖，说：“你已认错，再奖励你一块，我们的谈话也该结束了。”

故事中的校长用宽容与鼓励来教导学生，温暖了学生，也温暖了读到故事的每一个人。这位令人尊敬的小学校长，正是20世纪我国伟大的人民教育家——陶行知。

资料来源：http：//www.northnews.cn/2012/0329/732794_2.shtml。

本章小结

南京临时政府时期的教育改革主要针对旧教育的各种弊端展开，制定了资产阶级民主主义性质的教育宗旨，以日本学制为蓝本制定了壬子·癸丑学制。一系列的教育改革体现的是资产阶级自由与平等价值观。政治上的复辟带来文化的复古，在反复古斗争中，教育改革走向救国图存的道路。新文化运动中批判复古教育，涌现出各种教育救国思潮，各种学术团体积极进行各种理论与实践的探索，掀起了一股学习西方的思潮。1922年以美国六三三学制为蓝本制定了“新学制”，一直沿用至中华人民共和国成立。与此同时，新民主主义教育有了初步的发展。国民党叛变革命后在国统区确立了“三民主义”的教育宗旨。在蔡元培等人的主持下改革教育部制，以大学院制取代。国民政府颁布了各级各类学校法令和规程，使学校建设趋于法制化和规范化。总的来说，这一时期的教育发展与改革取得了比较明显的教育成就。

关键概念

“五育”的教育宗旨　　壬子·癸丑学制　　1922年“新学制”　　大学院制

复习题

1. 简述陶行知的“生活教育理论”。

2. 评述蔡元培的教育思想。
3. 简述乡村教育运动的意义。

讨论与思考

试分析南京国民政府推行的大学院制为何会失败。

第九章　中国共产党领导下的革命根据地的教育

【本章要点提示】

- 新民主主义的教育方针
- 红军学校

【本章内容引言】

1927年，国民党叛变革命后，中国共产党被迫起义，逐渐把革命重点转入建立农村革命根据地。在农村革命根据地，新民主主义教育发展进入了一个新的历史阶段。1937年7月7日，日本帝国主义对中国发动大规模的侵略战争。随着战争的发展，中国共产党领导的八路军、新四军挺进敌后，开辟了广大的抗日根据地。在根据地内，中国共产党继续领导人民进行经济建设和文化教育建设。为了使一切文化教育工作适应抗日救亡的要求，毛泽东曾多次指出必须实行国防教育政策。1938年10月，毛泽东在《论新阶段》政治报告中提出了关于“实行抗战教育政策，使教育为长期战争服务”的主张，提出“在一切为着战争的原则下，一切文化教育事业均应使之适合战争的需要”。

第一节　文教方针政策

一、瑞金时期农村革命根据地的文教方针政策

瑞金革命根据地政府确立了教育为工农民众服务、为建设和巩固新生政权服务的教育方针。1931年11月，苏区召开中华苏维埃第一次全国代表大会，通过了《中华苏维埃共和国宪法大纲》，规定：“中华苏维埃政权以保证工农劳苦民众有受教育的权利为目的”[①]。

① 江西教育学会编：《苏区教育资料选编》，1页，南昌，江西人民出版社，1981。

1933 年 4 月，中华苏维埃共和国临时中央政府教育人民委员部发布训令《目前的教育任务》，提出："苏区当前文化教育的任务，是要用教育与学习的方法，启发群众的阶级觉悟，提高群众的文化水平与政治水平，打破旧社会思想习惯的传统，以深入思想斗争，使能更有力地动员起来，加入战争，深入阶级斗争和参加苏维埃各方面的建设。"① 1934 年 1 月，毛泽东在全国苏维埃第二次代表大会上正式提出了苏维埃教育总方针："在于以共产主义的精神来教育广大的劳苦民众，在于使文化教育为革命战争与阶级斗争服务，在于使教育与劳动联系起来，在于使广大中国民众都成为享受文明幸福的人。"② 苏维埃文教建设的中心任务是："厉行全部的义务教育，发展广泛的社会教育，努力扫除文盲，创造大批领导斗争的高级干部。"

二、延安时期抗日民主根据地的文教方针政策

以延安为中心的抗日根据地建立后，各项文教方针政策的制定都以夺取抗战胜利和夺取全国政权为总目标。1940 年毛泽东在《新民主主义论》一文中指出：新民主主义的文化是"无产阶级领导的人民大众的反帝反封建的文化"，是"民族的、科学的、大众的文化"。"民族的"，是指新民主主义的文化是反对帝国主义的压迫，维护中华民族的尊严和独立的，具有中华民族特性，并且与其他民族的进步文化相互吸收与发展，共同形成世界的新文化；"科学的"，是指新民主主义的文化反对一切封建迷信，"主张实事求是，主张客观真理，主张理论与实践的统一"，特别强调必须尊重自己的历史文化，要"剔除其封建性的糟粕，吸收其民主性的精华"；"大众的"，是指新民主主义的文化"应为全民族中百分之九十以上的工农劳苦民众服务，并逐渐成为他们的文化"。

抗日根据地在上述指导思想下，制定了具体的文教政策：(1) 坚持统一战线，动员一切力量，投入抗日民族统一战线夺取全国政权。(2) 干部教育第一，国民教育第二，要首先大力培养、提高干部使之成为群众的先锋。(3) 注重生产劳动教育，使教育同根据地的生产建设相联系，自己动手、丰衣足食。(4) 国民教育实行民办公助，在政府的指导和帮助下，鼓励群众自己办教育，逐渐达到自中心小学以下均为民办，学制和教育内容都应尊重群众意见等。

第二节 各级各类教育

一、干部教育

为了培养急需的各种干部，苏区先后开办了干部学校和干部培训班。在抗日民主根据

① 江西教育学会编：《苏区教育资料选编》，6 页，南昌，江西人民出版社，1981。
② 《建国以来重要文献选编》，第 11 册，418 页，北京，中央文献出版社，1995。

地的教育中，占有重要地位的是大量的干部学校。

干部教育包括在职干部教育和新干部培养两种类型。培养途径之一是大量干部的在岗短期培训，之二是部分干部的离岗系统教育以及部分新干部的岗前系统培训。其教育机构可分四类：(1) 培训时间短、内容集中、分层次的干部短训班。(2) 军政学校，如瑞金时期的红军学校、苏维埃大学、马克思主义大学，延安时期的抗日军政大学、陕北公学、中共中央党校、延安大学等。(3) 技术应用学校，如瑞金时期的中央农业学校、红色医务学校，延安时期的自然科学院、医科大学、铁路学院等。(4) 文化艺术学校，如瑞金时期的高尔基戏剧学校，延安时期的鲁迅艺术学院、俄文学院等。

红军学校：从 1931 年创办到 1933 年共办了 6 期，校长是叶剑英，举办的目的是培养一批工农分子的军事政治干部。1933 年 11 月，与苏维埃大学军事政治部合并成中国工农红军大学，为苏区最高军事学校，由何长工任校长。刘伯承、王稼祥、邓小平等曾担任红军大学教员。1934 年 10 月，红军大学改名“干部团”，随军长征；1936 年 6 月 1 日到达陕北后改名为中国抗日红军大学；1937 年 1 月更名为中国人民抗日军政大学（简称抗大）。其校长先后为林彪、罗瑞卿（代）、徐向前。中国人民抗日军政大学的教育目标是：“坚定不移的政治方向，艰苦奋斗的工作作风，机动灵活的战略战术”，“训练抗日救国军政领导人才”；校训是：“团结、紧张、严肃、活泼”；教育内容以马列主义和军事技术为主。在八年抗战中，中国人民抗日军政大学总校共办了 8 期，并在晋东南、晋察冀、华中、苏北等根据地办了 12 所分校，先后培养了 20 多万名军政干部。

苏维埃大学：1933 年 8 月，中央人民委员会创办于瑞金的综合性大学，毛泽东、瞿秋白先后任校长。学员主要是保送的干部，是在党政机关、群众团体工作半年以上并有突出表现的人。教学分为普通班和特别班两个班进行。普通班为预科性质，以文化补习为主，学习期限不定；特别班设有土地、国民经济、财政、工农检察、教育、内务、劳动、司法、外交、粮食 10 个专业班，学制半年以上。长征开始后停办。

延安大学：1941 年 9 月由陕北公学、中国女子大学、泽东青年干部学校合并成立，后来鲁迅艺术学院、自然科学院、民族学院、新文字干部学校及行政学院等相继并入。吴玉章、周扬等先后任校长。延安大学是当时根据地规模较大、有较正规学制的一所综合性大学。

红军学校

陕北公学的学生集会

二、普通初、中等教育

瑞金苏维埃政权大力普及小学，有公办和民办两种。初小课程有国语、算术、游艺，高小增加社会常识和科学常识。学制最初为 6 年，初小 3 年、高小 3 年，或者初小 4 年、高小 2 年。后改为 5 年制，初小 3 年、高小 2 年。分全日制和半日制两种。到抗日战争时期，延安以及各抗日根据地的小学已经相当普遍。小学学制规定为 5 年，初小 3 年、高小 2 年。办学体制分公办和民办公助两种。初小数目较多且几乎全为民办公助。初小开设的课程有国语、算术、常识、美术、劳作、音乐、体育，高小增设了政治课，常识课改为自然、历史、地理；其中劳作课以生产劳动为主，体育课以军事训练为主。

各抗日根据地的普通中等教育发展不平衡。在华中、山东等文教基础比较好的地区，有一定数量的普通中学，如：苏中地区在 1944 年有 54 所中学，山东抗日根据地有 13 所中学；在文教基础较差的地区，如陕甘宁根据地，中等教育则主要是少数培养小学师资的师范学校。抗日根据地中学教育的特点是：为各根据地培养或培训提高干部，而不是为高校做准备。

此外还设有少数中等职业学校，如医药专门学校、边区职业学校、妇女职业学校等。解放战争期间，随着根据地不断巩固、扩大，初、中等教育也迅速发展。

三、社会教育

当时 90％以上的农民是文盲，因而根据地社会教育的重要任务是开展全民识字运动，教会工农民众“写”、“看”。识字运动首先从军队开始，文化水平较高的首长为总教员，利用作战间隙进行教学。其他行业效仿推广组织识字教学，其形式包括建立成人夜校、识字班组、冬学、民众学校等。社会教育还把识字教学与推广科技知识结合起来，向民众宣传科技常识，以适应战争和发展生产的需要。开办妇女冬学，既提高妇女的识字能力又宣传接生、养育的新知识；设置民教馆，开办职业补习学校，组织民众识字又传授生产知识，把学文化和学手艺结合起来。

本章小结

农村革命根据地和抗日革命根据地在教育活动的探索中最终确立了新民主主义的教育方针，即新民主主义的文化是无产阶级领导的人民大众的反帝反封建的文化，是民族的、科学的、大众的文化。在这一思想指导下，确立了培养工农知识分子的教育目的，举办了各级各类的教育。尤其是各类干部学校，为战时以及战后培养了大批高级、中级人才。

关键概念

民办公助　　抗大

复习题

1. 中国共产党关于新民主主义的教育方针、政策是什么？
2. 简述新民主主义教育方针。
3. 抗日根据地有几类学校？主要实施哪几种教育？

讨论与思考

试总结革命根据地办教育的基本经验。

第十章　中华人民共和国时期的教育

【本章要点提示】

- 了解新中国成立后的教育体制改革
- 了解新中国成立后教育法制建设进程

【本章内容引言】

前一段时间，当全国都在过年时，我家却在发愁。新学期到了，几个孩子的学杂费又成为压在父母身上的负担。我和弟弟都在念中学，妹妹刚上小学，三人的学杂费上千块，这真是一笔很大的开支啊！……

听着家人的声声叹息，看着爸爸妈妈斑白的双鬓、深深的皱纹、黯淡的神色，读着弟弟妹妹渴望、期盼的眼神，我已经做好辍学跟叔叔外出打工的准备了，尽管在夜里我会蒙上被子伤心痛哭。就在这时，老师来到了家里，告诉我们，2007 年的学杂费政府全给免了，学校还给我们提供了免费教科书！听到这个消息，一向坚强的爸爸也红了眼眶。他一辈子拼命干活，为的就是送我们上学读书，改变我们的命运。爸爸摸着我的头说："你赶上了好时候啊！"

开学了，我又背上书包高高兴兴地去上学了。党和政府免了学杂费，减轻了父母的负担，我们可以安安心心地坐在教室里，爸爸妈妈也可以暂时松一口气、不要那么累了。现在，家里还养了两头小猪，我每天都喂养它们、守护着它们，如同守护着我的希望。只是这一次，我的心里多了一份感激、少了一份担忧。

以上是一封来自西部农村的一名中学生的信，刊登在 2007 年 3 月 2 日的《光明日报》上。

上述情景，可以说是新中国成立以来教育巨大变化的典型代表了。

第一节　社会主义改造期间的教育

一、教育概况

新中国成立之初，经济处于恢复时期，党和政府十分重视并且立即着手对旧中国教育展开改造。第一次全国教育工作会议提出对旧教育要坚决改造，稳步前进，明确了新教育建设要吸收旧教育中某些有用的经验，特别是借助苏联教育建设的先进经验；对高等学校的院系进行了全面调整，对普通教育进行了全面规划。这期间，教育布局全面展开，首先表现为学生人数迅速增长，并且形成了系统完备的教育体系，成功地准备了人才，提高了人民的科学文化水平，为以后几个五年计划的实施奠定了基础。这个阶段，中国教育发展途径主要是学习苏联的模式。一方面，工业化进程中引进苏联技术装备的企业需要骨干人才，于是重点加速和发展了高等教育特别是工科教育来较好地适应这一形势；另一方面，将有一定基础的综合性大学调整为文理科，当时由于“左”的影响，政法、财经、管理及其他应用文科未能得到很好的发展。中小学教育一味地模仿苏联当时采用的十年制，未能发挥我国原有的十二年制的特点，不适当地降低了教学要求，再加上中小学的师资条件不足，不但影响了中小学的培养质量，也影响了高等教育。

二、教育举措

新中国成立初期，从“学校应由国家办理”的原则出发，对中华人民共和国成立以前的公立学校全部接管，对私立学校和外资津贴的学校进行了接收、接管。外资津贴的学校几乎都是教会学校，中央人民政府要求教会学校到人民政府登记、立案、遵守人民政府的法令法规。私立学校在新中国成立前的各级各类学校中占很大比重，大多集中在城镇，农村地区还存在大量的私塾。这些私立学校大多存在经费困难、师资不足、设备简陋、内容不适应社会等诸多问题。教育部召开全国中小学教育行政会议后决定，从 1952 年开始至 1954 年由政府将全国私立中小学全部接管。此外，全部私立高等学校也由政府接办，改为公立高等学校。至此，在中国教育史上延续了数千年的私学制度从此暂时中断，形成了国家办学的单一教育体制。

第一次全国教育工作会议指出，教育必须为工农服务。为了使广大工农接受教育，政府创办了数量巨大的工农业余学校，农村展开冬学运动，教育部还编写了《农民识字课本》作为扫盲读本。工农干部也迫切需要学习文化，各级政府为此创办了大批脱产或半脱产的工农干部文化补习学校。创办工农速成中学也是开展工农教育的重要举措，直到 1958 年该类学校完成历史使命后才自行终止。另外，国家还创办了中国人民大学这样的新型大学培养工农知识分子和各类人才。

新中国成立初期曾暂时沿用了原有的学制。政务院九十七次会议通过了《关于学制改革的决定》，并于 1951 年 10 月 1 日公布实施新学制（见图 10—1）。此外，教育部还指定和颁布了各级各类学校规程，详细规定了不同类型教育的宗旨、目标、任务、原则、内容、方法以及行政管理等，由此构建起了中华人民共和国系统完整的学校教育制度。在教育部统一领导和部署下，在全国范围内对原来学校的课程教材进行了改革，借鉴苏联的经验并结合中国教育传统，编订出各级各类学校的新课程和教科书。

《农民识字课本》

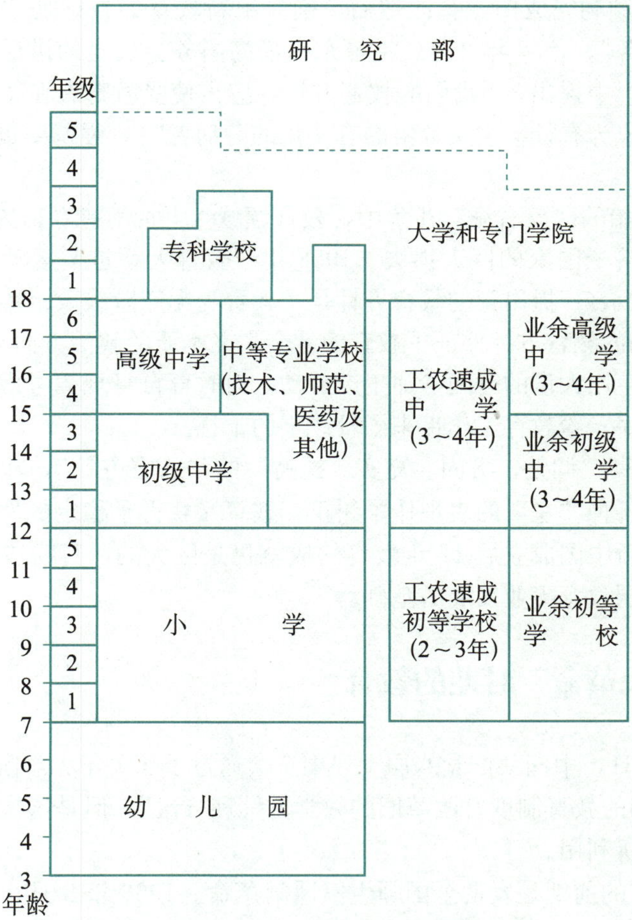

图 10—1　中华人民共和国学制（1951 年）

图片来源：《中国教育年鉴（1949—1981）》，687 页，北京，中国大百科全书出版社，1984。

新中国成立初期的教育发展与苏联的教育密切相关。1952 年起，在全国范围内掀起了学习苏联教育经验的热潮。随之开展了一系列的举措，翻译出版了大量苏联教育论著，大量介绍苏联的教育经验，聘请苏联专家来中国讲学，向苏联派遣留学人员，学校教育展开学习俄文的运动等。在当时的历史条件下，借鉴苏联的方针是正确的，取得了积极的成效。但后来在学习苏联教育经验的过程中出现了盲目照搬苏联经验的现象，给中国的教育工作造成了不少失误，其中的经验教训值得反思。

第二节　1956—1976 年的教育

一、独立探索社会主义教育发展道路

1955 年底中国顺利完成旧教育改造后，确立了新教育的方针是“为人民服务，为社会主义经济建设服务”。1957 年 2 月，毛泽东在最高国务会议上的讲话《关于正确处理人民内部矛盾的问题》中提出，“我们的教育方针，应该使受教育者在德育、智育、体育几方面都得到发展，成为有社会主义觉悟的有文化的劳动者”①，强调要贯彻“百花齐放，百家争鸣”的方针。

1957 年 6 月开始的“反右派”斗争中，教育领域一大批学有专长的、爱国的知识分子受到了迫害，这是整个国家的巨大损失。1958 年“教育大跃进”运动中，国务院发布了《关于教育工作的指示》，提出党的教育方针是“教育为无产阶级政治服务，教育与生产劳动相结合”。这时期的教育方针保证了教育的社会主义本质的政治方向。但是，“教育大跃进”运动中大批师生用大量的时间参加生产劳动，对教育自身规律考虑不足，打乱了许多学校的正常教学秩序，给教育工作带来了较严重的干扰。

1961 年开始贯彻“调整、巩固、充实、提高”的“八字方针”，在肯定了一些积极成果的同时，对当时各种“左”的表现作了纠正，教育又获得了稳定的发展。总的来看，尽管存在不少问题，新中国成立后 17 年教育的成就仍是巨大的。其间造就了大批又红又专的人才，奠定了我国教育事业发展的基础。

二、“文化大革命”时期的教育

1966 年 8 月 8 日，中国共产党八届十一中全会通过了《关于无产阶级文化大革命的决定》，提出“改革旧的教育制度，改革旧的教学方针和方法”。但是这次“文化大革命”被江青一伙篡党夺权所利用。

“文化大革命”的前期是发动全国师生停课闹革命。1966 年 8 月，以清华大学附属中学为首，以“造反有理”为口号，以“红卫兵”为组织名义贴出大字报《革命的造反精神万岁》。这一行动得到了毛泽东的支持，并接见了红卫兵。于是红卫兵组织在全国迅速蔓延开来，并开始在全国范围“大串联”。8 月 20 日起，由北京红卫兵带头开始，多个城市的红卫兵开始“破四旧”活动，如贴大字报、抄家、捣毁寺庙文物、销毁各种所谓“封、资、修”的物品。很多学者、专家、教师、干部等都遭受了折磨，全国各地的学校处于混

---

① 《毛泽东文集》，第七卷，226 页，北京，人民出版社，1999。

乱中。至1967年，红卫兵运动走向极端，各地形成了对立的派别群众组织，从“文斗”发展到“武斗”。

“文化大革命”期间，实行通过“干部教师下放劳动”和“知识青年上山下乡”来对知识分子实行“再教育”的政策，大批干部教师被迫离开学校教学、科研岗位，长期荒废专业。高等学校和中等专业学校管理下放，许多学校迁往贫困边远的农村和山区，教育教学工作未能依照教育规律来切实进行。“文革”10年间，共有1 640万名知识青年“上山下乡”，他们的年龄都在十六七岁到二十多岁。知识青年“上山下乡”造成了轻视知识、不尊重教师的风气，在整个社会引发了“读书无用论”。在大多数国家的教育正从传统的教育向适应其经济技术发展而迅速变革的时候，我国则经历着从根本上否定文化教育的浩劫。我国的教育不但没能发展，反而遭到了严重的破坏。

第三节　改革开放以来的教育

一、教育领域的拨乱反正

1976年10月，党中央一举粉碎了以江青为首的“四人帮”，宣告了对党和国家造成“十年浩劫”的“文化大革命”的终结。1978年12月，中共十一届三中全会确定了“解放思想，实事求是”的正确思想路线，做出了把全党工作重点转移到社会主义现代化建设上来的战略决策。从此，我国各项事业，包括教育事业，开始沿着正确的方向前进。“文化大革命”结束后，在教育领域进行了拨乱反正，对大批被诬陷、受迫害的干部、教师进行了平反和解放。

“文化大革命”期间的高等学校招生实行“群众推荐”。“文革”结束后，邓小平希望尽快恢复高校招生工作，以便为经济建设培养人才。1977年6月开始，教育部多次召开会议讨论高校招生工作；9月，在邓小平亲自指示修改下制定出《关于1977年高等学校招生工作的意见》；10月12日，国务院正式批转。从此明确废除了“群众推荐”，进行文化考试，恢复了高考制度。高中毕业生可以直接报考，实行德、智、体全面考察，择优录取。这一重大壮举标志着中国教育事业由为阶级斗争服务转向为建设现代化社会主义强国服务的轨道。《关于1977年高等学校招生工作的意见》中还提出了关于高校招收研究生的意见，并就招收研究生的学科、专业、研究方向做了具体规定。1977年11月3日，教育部、中国科学院发布了《关于1977年招收研究生的通知》，对研究生招生做了详细规定，并明

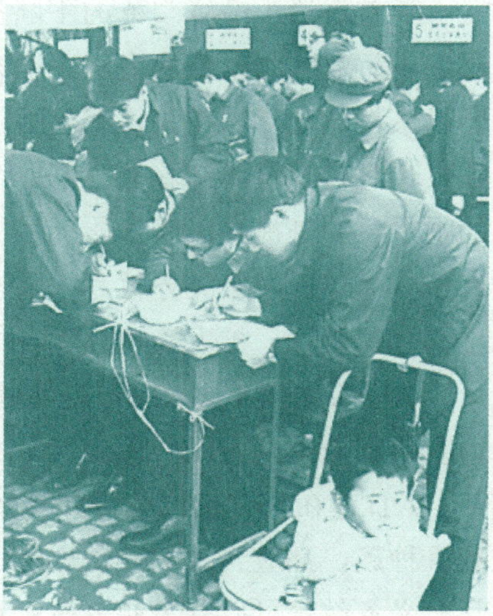

1977年的高考报名点，时常能看到大龄考生拖儿带女来报名

确了研究生教育的培养目标、学习年限、毕业考核、授予学位等。至此，中断了 12 年之久的研究生教育开始得到恢复。1978 年 5 月，高校招收研究生的考试正式开始，报考者主要包括 1964 年和 1965 年的大学毕业生以及 1975 年和 1976 年的工农兵学员等一批“文革”中被耽搁的中青年。1980 年 2 月 12 日，中华人民共和国第五届全国人民代表大会常务委员会第十三次会议通过了《中华人民共和国学位条例》，并于 1981 年 1 月 1 日正式施行。该条例规定了我国学位分学士、硕士、博士三级。国务院设立学位委员会负责全国学位授予工作。1981 年 5 月，国务院批准了《中华人民共和国学位条例暂行实施办法》。这两个文件的颁发，标志着我国学位制度的正式建立。

此外，党和政府从根本上改变了把知识分子和教师视为改造对象的“左倾”政策，充分肯定了知识分子的价值和社会地位。邓小平关于尊重知识、尊重人才、重视教育、尊敬教师的论述给予了广大教师和知识分子极大的鼓舞，社会逐渐重新恢复尊师重教的优良风气。党和政府也采取了诸多措施来提高知识分子和教师的地位，设立了各种荣誉称号表彰和奖励为科研教育事业做出贡献的人才，恢复和完善了技术职务评聘制度。1981 年，高校全部恢复教授、副教授、讲师、助教；中小学也开始实行教师职务制度；设立了各类科学研究基金和项目资助制度，为教师和科研人员的进修交流提高创造良好的条件；对优秀成果和杰出贡献者设立各种奖项。

二、探索中国特色社会主义教育

1982 年，党的十二次代表大会确立了教育优先发展的战略目标。党和政府做了很多的工作和努力来落实这一战略思想：对教育经费的投入有了较大幅度的增长；实施“211”和“985”工程、836 计划，重点建设一批一流大学；开始逐步全面实现免费义务教育。1983 年提出“教育要面向现代化、面向世界、面向未来”，这是建设中国特色社会主义教育的指导方针。

随着政治、经济改革的不断深入，教育改革也提上日程。1985 年，通过了《中共中央关于教育体制改革的决定》（以下简称《决定》），总结了新中国成立以及十一届三中全会以来教育改革的经验，系统阐述了教育体制改革的指导思想、目标、任务，明确提出必须改革现有教育体制弊端。《决定》是全面进行教育改革的纲领性文件，包括：体制改革的根本目的是提高民族素质，多出人才，出好人才；关于基础教育，由地方来承担责任，有步骤地实行九年义务教育；调整中等教育结构，大力发展职业技术教育；改革高校的招生和分配制度，扩大高校办学自主权等。

关于义务教育，《决定》明确提出要动用全党、全社会和全民族的力量，用最大的努力有步骤地予以实施。1986 年，全国人大通过了《中华人民共和国义务教育法》，决定从 7 月 1 日起在我国正式施行九年义务教育。该法规定，凡年满六岁的儿童，不分性别、民族、种族，都应当入学接受规定年限的义务教育，条件不具备的地区可以推迟到七周岁入学；义务教育可以分为初等教育和初级中等教育两个阶段，允许各地根据实际情况在一定时期内可以有高有低、有快有慢地推进义务教育，允许灵活的办学形式，允许几种学制并存，允许普及标准有所差异。

关于教学改革，各级各类学校均开展了教育教学改革，教育质量逐步得到提高。中小学教育教学改革中，考试制度的改革始终是重点和难点。从20世纪80年代中期至90年代初，中小学考试制度改革主要进行了初中招生考试制度和普通高中毕业会考制度。高校的教育教学改革主要集中在改革教学管理制度、修订高校专业目录、改革招生分配制度和高校科研工作等方面。如：学分制可以将培养目标的统一性和灵活性、学生的全面发展和教师的因材施教结合起来，所以全国多所高校都实行了各种形式的学分制。此外，自学考试制度的建立也是教育教学改革中的创举。自学考试制度从高等教育自学起步，是将个人自学、社会助学和国家考试相结合的一种新的教育形式，具有开放性、灵活性和社会投入少、收益高的特点，是对我国教育制度的辅助和补充。

教育国际交流与合作方面，在邓小平大力提倡、积极推动下重新走上正确的道路。早在1977年，邓小平在科学和教育工作座谈会中就提到“接受华裔学者回国是我们发展科学技术的一项具体措施，派人出国留学也是一项具体措施。我们还要请外国著名学者来我国讲学”①。《决定》再次强调了教育的国际交流与合作的重要性和迫切性。公派出国留学人员迅速扩大，其他方式的留学生也开始增加。从1978年到1998年，中国各类出国留学人员总数达309 000人。根据联合国教科文组织统计，这20年间，中国是世界上出国留学生人数最多的国家。与此同时，外国来华留学生教育有了新的发展，实现了名副其实的双向国际交流与合作。

三、建设中国特色社会主义教育的深化

20世纪90年代，党和政府结合中国实际与时代发展的特征，提出了“科教兴国”的战略，即“重点依靠科技和教育推动经济发展和社会进步”。1995年5月，中共中央国务院在《关于加速科学技术进步的决定》中明确提出“科教兴国”的战略。1993年3月，朱镕基在全国人大九届二次会议上宣布：实施科教兴国战略是实现经济振兴和国家现代化的根本大计。“科教兴国”战略的确立与实施，为建设中国特色社会主义教育和教育现代化指明了正确的道路。

（一）关于学校教育制度

1995年3月18日第八届全国人大三次会议通过的《中华人民共和国教育法》提出：“国家实行学前教育、初等教育、中等教育、高等教育的学校教育制度”，“国家建立科学的学制系统”，“国家实行九年制义务教育制度”，“国家实行职业教育制度和成人教育制度”，“建立和完善终身教育体系”。这样就从法律上明确规定了我国的学制及其系统构成（见图10—2）。我国现行学制的主要特点：一是体现了“教育必须为社会主义现代化建设服务”和“三个面向”的指导思想和要求；二是灵活多样，富有弹性，适应我国城市和农村以及各地区发展水平不同的特点；三是体系完备，各级各类教育在学制系统中都占据了一定位置。存在的问题是修业年限过长，不利于早出、快出人才。

---

① 《邓小平文选》，2版，第二卷，57页，北京，人民出版社，1994。

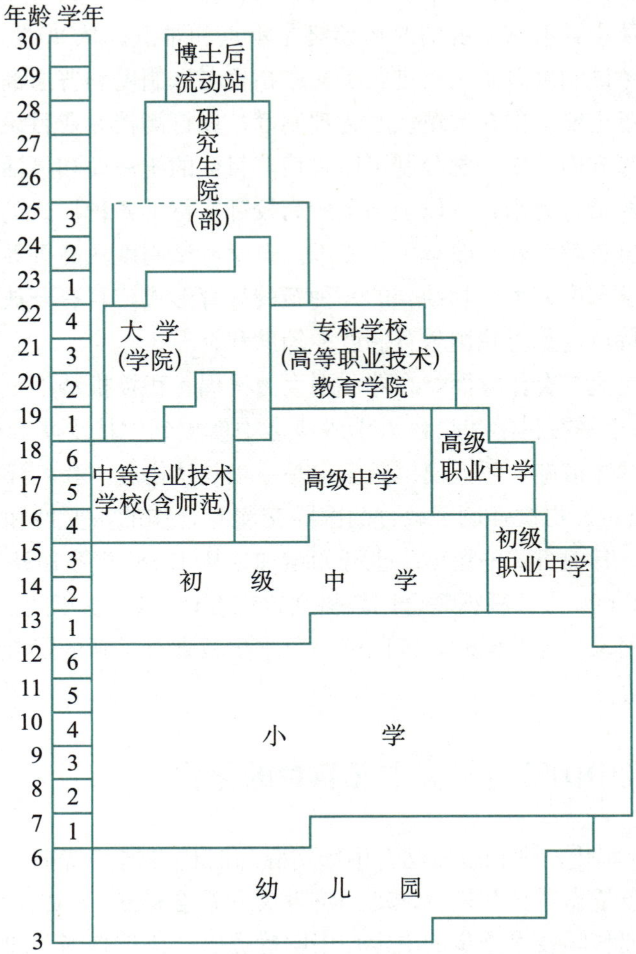

图 10—2　中华人民共和国现行学制系统

说明：1. 幼儿教育包括学前一年预备教育。

2. 小学实行六岁或七岁入学，五年和六年制并存。

3. 初级中学有四年制、三年制，职业初中有三年制和二年制。

4. 中等学校的学制有三年制、四年制、五年制三种。

5. 大学有四年、五年、六年几种学制，六年制毕业生享受硕士研究生待遇。

6. 成人教育未单列系统，包括在初中以上各级各类学校体系中。

图片来源：刘德华：《中外教育简史》，265 页，沈阳，辽宁大学出版社，2007。

(二) 关于幼儿教育

中共十一届三中全会以来，幼儿教育获得了巨大发展。第一，积极恢复和健全了各级幼教领导机构。1979 年 7 月，全国托幼工作会议确定恢复、发展、整顿、提高各级托幼组织。第二，制定了《城市幼儿园工作条例（试行草案）》（1979 年）、《幼儿园教育纲要（试行草案）》（1981 年）、《幼儿园工作规程（试行）》（1989 年）、《幼儿园管理条例》（1989 年），对幼儿园的性质、目标、办园方针、保教原则、保教内容与课程设置、组织、编制、机构及队伍建设以及管理等方面作了明确规定。第三，编写出版了幼儿园教材，包括体育、游戏、常识、音乐、语言、计算、美术等。第四，恢复并发展了各级幼教师资培养机构。第五，幼儿教育科研获得很大发展。第六，农村幼儿教育特别是学前一年教育发展迅速。

（三）关于义务教育

十一届三中全会以来，政府相继制定了《关于普及小学教育若干问题的决定》（1980年）、《关于教育体制改革的决定》（1985 年）、《中华人民共和国义务教育法》（1986 年）、《中国教育改革和发展纲要》（1993 年）、《中华人民共和国教育法》（1995 年），提出了实行基础教育地方负责、分级管理体制，实施普及九年义务教育的目标和分区规划分类指导、分步推进分阶段实施的措施，使普及义务教育走上了有法可依的轨道。2006 年，修订了《中华人民共和国义务教育法》。2009 年，中国义务教育基本实现普及。至 2010 年，全国小学普及程度继续保持高位，小学学龄儿童净入学率达 99.7%。其中，男童小学净入学率为 99.68%，女童小学净入学率为 99.73%。全国初中普及程度继续提高，全国初中阶段毛入学率达 100.1%。①

（四）关于中等教育

1980 年教育部会议通过的《关于办好中等师范教育的意见》、《中等师范学校规程（试行草案）》、《中等师范学校教学计划（试行草案）》，使中等师范学校的教育教学和管理走上了正轨，教育质量有了很大提高。1985 年《中共中央关于教育体制改革的决定》提出要发展职业技术教育，要以中等职业技术教育为重点。1986 年发布《普通中等专业学校设置暂行办法》等促进了中等专业教育的发展。1996 年发布《中华人民共和国职业教育法》，职业教育走上了依法治教的轨道。十一届三中全会后，高中阶段教育持续稳步发展，通过加强劳动技术课、开设职业选修课和职业指导课来进行改革，承担为高校输送合格学生和为社会输送合格劳动力的双重任务。至 2010 年，高中阶段教育总体规模平稳增长，结构进一步优化，中职招生比例超过普通高中，普及水平继续提高，办学条件有所改善。②

（五）关于高等教育

1977 年恢复全国统一招生考试制度以来，逐步恢复并新建了大批高等学校，改革和完善了高等教育办学和管理体制，恢复了研究生教育制度，专科教育得到迅速发展，调整了科类与专业结构，进行了招生、培养与就业制度改革，我国高等学校的数量、规模、层次、类型、专业以及教育教学和管理体制等方面都发生了显著变化。至 2010 年，全国有普通高校2 358所（含独立学院 323 所），其中本科院校1 112所、高职（专科）院校 1 246 所、成人高校 365 所；研究生招生 53.8 万人（其中博士生 6.4 万人、硕士生 47.4 万人），普通本科、高职（专科）招生 661.8 万人，本科和专科招生之比由 51∶49 调整为 53.1∶46.9，成人本、专科招生 208.4 万人。

---

①② http://www.moe.edu.cn/publicfiles/business/htmlfiles/moe/s5990/201111/126550.html.

本章小结

1949年10月1日，中华人民共和国宣告成立，之后对我国教育的性质、任务、方法以及教育发展的步骤和重点都做了明确的规定。1949年10月19日，成立了教育部，着手开始改造旧教育、创建新教育的工作。到1955年底，全国范围内基本上完成了改造旧教育的任务。1957年，毛泽东提出了社会主义教育方针。1958年起，我国开始独立探索社会主义教育发展的道路。1966年5月至1976年10月的“文化大革命”对我国教育造成了严重的破坏。1978年11月党的十一届三中全会召开后，开始了建设有中国特色的社会主义强国的伟大历程，教育也迎来了健康、持续发展的大好时机。这次会议重新明确了党的教育方针，确立了教育优先发展的战略地位，进行教育体制改革，加强教育现代化建设。

关键概念

科教兴国　　义务教育法

复习题

1. 试简述新中国成立以来教育发展的基本情况。
2. 联系实际简要谈谈你对我国义务教育的看法。

讨论与思考

试述我国普及义务教育的意义。

下篇　外国教育简史

第十一章　古希腊与古罗马的教育

【本章要点提示】

- 苏格拉底的教育思想
- 柏拉图的教育思想
- 亚里士多德的教育思想

【本章内容引言】

有一天，一名学生在课堂上问苏格拉底，怎样才能成为像他那样学识渊博的学者。苏格拉底没有直接作答，只是说："今天我们只做一件最简单也是最容易的事，每个人把胳膊尽量往前甩，然后再尽量往后甩。"苏格拉底示范了一遍，说："从今天开始，大家每天做 300 下，能做到吗？"学生们都笑了：这么简单的事，有什么做不到的？过了一个月，苏格拉底问学生："哪些同学坚持了？"教室里有 90%的学生举起了手。一年过后，苏格拉底再次问学生："请告诉我，最简单的甩手动作，有哪几位同学坚持做到了今天？"这时整个教室里只有一个学生举起了手，这个学生就是后来成为著名哲学家的柏拉图。"希腊三贤"何以造就的呢？让我们从西方文明的发源地开始追根溯源。

第一节　古希腊教育

古希腊是现代西方文明的摇篮，同时也是现代西方教育的发源地。古希腊文化和教育的发展过程通常划分为四个阶段：（1）荷马时代（公元前 1 100 年—公元前 800 年）；（2）古风时代（公元前 800 年—公元前 500 年）；（3）古典时代（公元前 500 年—公元前 330 年）；（4）希腊化时代（公元前 330 年—公元前 30 年）。

一、荷马时代的教育

公元前 1 100 年到公元前 800 年之所以被称为荷马时代，是因为关于这个时期的资料主要来自《荷马史诗》。《荷马史诗》相传为生活在公元前 9 世纪的盲诗人荷马所作，包括《伊利亚特》和《奥德赛》两个部分。史诗主要叙述了希腊人攻打小亚细亚的特洛伊城的前后经过，歌颂了阿喀琉斯、奥德修斯等希腊英雄的业绩。

荷马

根据《荷马史诗》的记载，荷马时代尚未出现学校这种专门的教育机构，儿童和青少年主要是在参与成年人的各种活动的实际生活过程中逐渐获得了社会所需要的各种知识和技能。教育的内容大致以军事和与军事直接有关的知识、技能为主，同时也注重演说能力的培养。在《荷马史诗》中，包括阿喀琉斯在内的大多数英雄，既是武艺高强的战士也是在议事会上能言善辩的演说家。道德教育也是教育的内容之一。《荷马史诗》中所歌颂的英雄都是品行高尚、人格健全的道德典范。在他们身上，集中了各种为社会所肯定的美德：勇敢、正义、忠诚、大公无私、热爱集体、智慧等。可见，道德教育在对青年人的教育中占有很重要的地位。

概括地说，荷马时代的教育是一种非制度化的教育，其目的是培养像阿喀琉斯那样勇敢、武艺高强和像奥德修斯那样足智多谋、能言善辩的武士。荷马时代的教育还处于较为低级的发展阶段，但是对希腊教育的历史发展具有非常深刻的影响。《荷马史诗》始终是希腊人教育年轻一代的重要教材，是此后希腊学校的重要教学内容。荷马时代教育中所培养的道德品质，不仅成为了希腊人的重要道德规范，也始终是希腊学校道德教育的基本内容。更为重要的是，荷马时代的教育既注重个性发展又重视群体利益，既强调实干又注重雄辩、谋略，这为后来希腊教育的发展奠定了深厚的历史基础。

读一读

阿喀琉斯与阿伽门农因争吵而结仇

高歌吧！女神！为了佩琉斯之子阿喀琉斯的暴怒！
他的致命的愤怒给阿开奥斯人带来无尽的苦难，
将战士的健壮的英魂打入冥府，
他们的躯体成为野狗和秃鹰的美食，
宙斯的意愿实现了。
请从阿特柔斯之子、人民的国王阿伽门农
和神一样的阿喀琉斯之间的争执开始吧！
是哪位天神挑起了两人的争执？
是宙斯与勒托之子阿波罗。他对国王不满，
在他的军中降下凶恶的瘟疫，吞噬了将士的生命，
只是因为阿伽门农侮辱了他的祭司克律塞斯。

二、古风时代的教育

古风时代，希腊社会形成了奴隶制国家，即城邦。所谓城邦，是指以一个城市为中心的主权国家。从公元前 8 世纪至公元前 6 世纪，希腊先后出现了几十个城邦。在众多希腊城邦中，斯巴达和雅典曾先后称雄于希腊，在希腊历史上占有中心地位。

(一) 斯巴达教育

斯巴达由于没有适宜的港湾，因而与外界的交往甚为不便。这种封闭的地理条件，对其社会、文化和教育的发展均有一定的影响。斯巴达国家的居民分为三个等级。期巴达人为第一等级，是城邦的公民，享有一切特权。斯巴达人是入侵的多里安人的一支，人数较少，仅 9 000 户、30 000 人。第二等级是皮里阿西人，他们有土地、经营农业和工商业，不具有政治权利。第三个等级是希洛人，他们是当地的土著居民，是被征服的奴隶，不具有任何权利，约有 30 万人。斯巴达实行举国皆兵的体制，整个国家就是一座军营，教育被当做一项极为重要的国家事业。传说中斯巴达国家的立法者来库古（Lycurgus）曾指出，教育是一个立法者应该加以考虑的最主要和最重大的事务。因此，斯巴达的教育完全由国家控制。

斯巴达人实行严格的体格检查制度以保证种族在体质上的“优越性”，这样也有利于培养体格强壮的战士。公民的子女出生后，由长老代表国家检查新生儿的体质情况。那些体质健康的新生儿被允许抚养，而身体孱弱或有残疾的新生儿则被弃之荒野。

公民子女 7 岁以前在家中接受母亲的教育，从 7 岁至 18 岁进入国家的教育机构开始军营生活。军营生活的主要任务是通过严格的军事体育训练和道德灌输，使儿童养成健康的体魄、顽强的意志以及勇敢、坚韧、顺从、爱国等品质。教育的主要内容是赛跑、跳跃、摔跤、掷铁饼和投标枪“五项竞技”，这也是古代奥运会的主要比赛项目；此外，儿童也参加祭神、竞技和各种仪式。

儿童在国家教育机构中的生活非常艰苦，以养成坚毅、刚强、机警等品质。他们按年龄分成若干小队，由勇敢机智的儿童担任队长，20 岁左右的青年担任教官（被称为埃伦）；在埃伦之上，由“最高尚、最优秀”的公民任派度诺米（即儿童们的监督者），负责对儿童的教育。斯巴达的老人们也经常来监督儿童的教育，并惩罚犯了错误的孩子。儿童们头蓄短发、赤足行走，并且睡在用芦苇编织的草垫上，而芦苇则是儿童用手从河中拔来的。由于经常吃不饱，儿童还被唆使去偷窃，如被发觉，将受到鞭打，以此惩罚他的迟钝。

从 18 岁起，公民子弟进入高一级的教育机构——青年军事训练团。入团前，青年们在神庙的祭坛前当众接受鞭打的考验，凡能忍受者为合格，忍受鞭打次数最多者为优胜，将受到奖励；哀号求免者会被剥夺入团资格。青年军事训练团的主要任务是进行正规的军事训练，其中的一个重要科目是所谓的“秘密服役”，即在夜间对希洛人进行突然的袭击。年满 20 岁的公民子弟开始接受实战训练，到 30 岁时正式获得公民资格。

不同于绝大多数古代国家，斯巴达人非常重视女子教育。女子通常和男子接受同样的军事、体育训练，以造就体格强壮的母亲生育健康的子女。女子教育的另一重要目的是：当男子出征时担负防守本土的职责。

（二）雅典教育

公元前683年，雅典结束了王政时代，逐渐向奴隶制社会迈进，并形成了城邦。早期雅典和斯巴达一样实行贵族统治。从公元前594年至公元前593年梭伦改革开始，经公元前509年至公元前508年的克利斯提尼改革，雅典逐步向奴隶主民主制度过渡，这对雅典文化和教育的发展具有非常深刻的影响。

雅典城邦也高度重视教育。公元前6世纪的梭伦立法中就明确规定：父亲有责任让其子女接受适当的教育，否则，子女成年后有权不赡养父亲。不同于斯巴达的是，雅典是由国家来规定要培养公民在履行公共义务时所应具有的理智、聪慧和公正等品质。而在如何安排个人的闲暇时间以及勇敢、强壮等品质的培养上，就不能完全依靠由国家控制的教育。因此，雅典私学盛行，国家只负责16～20岁青年的教育。

雅典的公民子女出生后，也要进行体格检查，但这体检是由父亲负责进行的。7岁前，儿童在家中由父母养育。7岁以后，女孩继续在家中随母亲学习纺织、缝纫等技能，男孩开始进入弦琴学校学习音乐、唱歌、朗诵等。以后又出现了文法学校，教授读、写、算等知识。这类学校是私立、收费的。弦琴学校和文法学校的教师一般是有政治权利的自由公民，也有一些是赎身的奴隶。儿童上学、放学均由有一定知识的奴隶也就是“教仆”陪同，以避免外来的不良影响。到十二三岁，公民子弟一边继续在弦琴学校和文法学校学习，一边进入体操学校接受各种体育训练：游泳、舞蹈、赛跑、跳跃、摔跤、掷铁饼、投标枪。设立体操学校的目的在于使公民子弟具有健全的体魄和顽强、坚韧的品质。到十五六岁，大多数公民子弟开始从事各种职业，少数显贵子弟则继续进入国立体育馆接受体育、智育和审美教育。18～20岁，青年进入青年军事训练团，接受军事教育。到20岁，按照一定的仪式授予公民称号。

古风时代的雅典教育已初步形成了明显不同于斯巴达教育的特征：雅典教育的制度化程度更高一些；相比斯巴达单一的军事体育与道德教育，雅典教育更注重多方面的教育和陶冶。

三、古典时代的教育

公元前5世纪至公元前4世纪，古希腊的奴隶制经济得到重大发展，奴隶主民主政治制度得以最终确立。也正是在这个时期，古希腊文化和教育的发展达到了全面繁荣的阶段。

古代雅典陶器上描绘的体育教育的情景

（一）古典时代的雅典社会

公元前499年，以米利都为首的小亚细亚诸希腊城邦展开了反抗波斯统治的起义，起义得到了雅典的支持。起义失败后，波斯于公元前492年、公元前490年两次大举进犯希腊，均遭失败。公元前480年，波斯发兵第三次进攻希腊。希腊30多个城邦自动组成了以雅典为首的反波斯同盟，取得了希波战争的决定性胜利。希波战争的胜利，在希腊历史上具有极为重大的意义。雅典确立了它的海上霸权，其经济进入了一个空前繁荣的时期。

在奴隶制经济高度发展之时，雅典的民主制度进一步成熟。在伯里克利时期，雅典的奴隶主民主政治制度进入了发展的鼎盛时期。但是，雅典公民民主是以奴隶制为基础的，而奴隶则主要来自海外。因此，其唯一的出路就是对外扩张。在与斯巴达等希腊城邦的利益冲突中，爆发了伯罗奔尼撒战争（公元前 431 年—公元前 404 年）。雅典战败，奴隶主民主政治完全衰落。

（二）文化的繁荣和价值观念的变化

希波战争后，随着雅典经济的发展和民主政治的确立，古希腊文化进入了空前繁荣的时期。传统的贵族文化开始向公民普及，并产生了阿里斯托芬（Aristophanes）、埃斯库罗斯（Aeschylus）等戏剧作家以及普罗泰戈拉（Protagoras）、苏格拉底（Socrates）和柏拉图（Plato）等著名的哲学家。

与此同时，希腊人的思想意识和价值观念也发生了显著的改变。传统的政治观念和道德观念面临着挑战，怀疑和否定的倾向盛行，对权力和财富的追求成为一种时尚，个人主义普遍流行。雅典社会进入了一个思想启蒙、个性解放的时代。由于这些原因，从公元前 5 世纪中叶开始，希腊人的兴趣逐渐从过去对自然现象的关注转向对社会、道德和人自身的探究。在早期智者和苏格拉底那里，希腊哲学完成了从自然哲学向社会人事哲学的过渡。希波战争后，人们不断思考什么是幸福和快乐、什么是善、什么是恶、人应当追求什么理想、怎样才能获得善行和美德、作为一个统治者应当具有什么品德和才能，等等。在解答这些问题的努力中，形成了公元前 5 世纪丰富的政治理论、道德学说，产生了古希腊教育思想的第一次重大发展。

伯罗奔尼撒战争期间以及战争结束以后，古希腊（尤其是雅典）社会发生重大变化，对人们的思想意识产生了深刻的影响。战争带来了民主政治的衰落、道德的普遍沦丧，雅典人原有的政治理想和道德观念面临崩溃，客观上要求人们深入探讨摆脱社会危机的途径，探索新的道德标准和价值观念，寻求新的政治体制和治国方略。因此，伯罗奔尼撒战争之后，希腊的政治、伦理学说得到了空前的发展，产生了柏拉图、亚里士多德等人的哲学。哲学的繁荣又直接促进了教育特别是教育思想的大发展。

（三）古典时代的雅典教育

古典时代是古希腊教育发展的黄金时期。以智者的出现为标志，古希腊（尤其是雅典）教育进入了一个新的发展阶段。

智者普罗泰戈拉

“智者”（sophistes，又称诡辩家），在公元前 5 世纪后期主要指以收费授徒为职业的巡回教师。他们云游各地，积极参加城邦的政治和文化生活，传播和传授知识并以此获得报酬，逐步形成了一个阶层。智者派产生于古希腊奴隶主民主政治制度的鼎盛时期，是时代的产物，同时又进一步促进了当时古希腊世界（尤其是在雅典）的思想启蒙运动。

智者派不是真正意义上的学派或学术团体，也没有统一的哲学主张和政治见解，但他们有共同的思想特征：相对主义、个人主义、感觉主义和怀疑主义。在智者看来，一切知识、真理和道德都是相对的，都有赖于具体的感知者；在一个人看来是真的，就是他所说的真；没有客观真理，只有主观意志。普罗泰戈拉以个人作为判断事物存在与否、真假、善恶的唯一标准，实际上提出了一种以人为中心的朴素的人本主义的价值取向。这在当时具有重要的思想启蒙作用。

> 事物对于你就是它向你呈现的样子，对于我就是它向我呈现的样子。
> 人是万物的尺度，是存在者存在的尺度，也是不存在者不存在的尺度。
>
> ——普罗泰戈拉

智者作为西方最早的职业教师，对希腊教育实践和教育思想的发展同样做出了重大的贡献。第一，智者们云游各地、授徒讲学，推动了文化的传播，扩大了教育对象的范围，促进了社会的流动。第二，智者适应了时代对辩论、演讲的广泛需要，以实用的目的研究与辩论、演讲直接相关的文法、修辞、哲学等科目并进行传授，既拓展了学术研究领域，又扩大了教育内容的范围。西方教育史上沿用长达千年之久的"七艺"中的前三艺（即文法、修辞学和辩证法），正是由智者首先确定下来的。第三，智者们把系统的道德知识和政治知识作为主要的教育内容，不仅丰富了教育的内容，而且提供了一种政治家或统治者预备教育的新型教育。这种教育是奴隶主民主政治发展到鼎盛时期所必然产生的客观需要。智者派的教育活动顺应了时代的要求，并使这种教育得以确立。

智者派没有形成系统的教育思想，但从一些著作残篇来看，智者派对教育问题的思考是非常广泛的。智者们已经较为明确地意识到教育活动的特殊性，他们把教育过程当做一个运用禀赋、进行练习的过程。另外，他们开始自觉地把教育现象与政治现象、道德现象等社会现象相区分，同时明确地认识到教育与政治、道德具有密切的相互联系，教育在国家生活中具有举足轻重的作用。智者（尤其是普罗泰戈拉）反对道德天赋论，强调道德是人人都可能具有的、是可以通过学习和训练而获得的。

智者的出现，表明希腊的教育工作已经开始职业化，职业教师已逐步取代原有的"大众教师"（如诗人、戏剧作家），这对提高教师的地位、提高教育工作的成效具有重要的意义。同时，教育活动的内容、方法逐步规范化，有助于教育的进步。另外，由于智者的出现，古希腊教育思想才真正成型。古希腊教育思想所探讨的基本问题，大多已由智者提出，并在不同程度上作了理论的探讨。古希腊教育思想中的一些基本范畴、命题、原理，在智者们的言论中也或多或少地涉及了。简言之，在智者的教育思想中，已经包含了全部古希腊教育思想发展的基本线索和方向。

古希腊教育也发生了一系列重要的变化。在雅典，逐渐形成了文字教师与音乐教师的分工，文法学校与弦琴学校从此分设。更为重要的变化是出现了一些由著名学者创办的高等教育机构，如：公元前 387 年，柏拉图创办学园（阿加德米）；前 335 年，亚里士多德（Aristotle）创办学园（吕克昂）。

四、希腊化时代的教育

从公元前 334 年到公元前 30 年的 300 多年，历史上称为希腊化时代。这期间马其顿国王亚历山大发动军事扩张，建立了横跨欧、亚、非三大洲的庞大的亚历山大军事帝国，东西方文化和教育相融合。亚历山大死后，帝国分裂为若干王国，后相继被罗马灭亡。随着希腊城邦的覆灭，曾经创造出灿烂辉煌的古希腊文化的社会基础不复存在，因而，在希腊化时代，文化和教育方面的变化呈现出明显不同于古典时期的特点。

在希腊化时代，教育的变化主要表现在以下诸方面：第一，古希腊特别是雅典的学校教育制度，广泛地传播到多个地区，对当地的教育发展起了积极的推动作用。第二，文化和教育中心的转移。希腊化时代，文化和教育的中心逐步从雅典转移到亚历山大利亚城。该城拥有规模宏大的图书馆、博物馆、植物园、动物园和气象台，吸引了来自各地的学者。整个希腊化时代，亚历山大利亚城事实上一直是东西方文化交流的中心。第三，古希腊的初级学校发生蜕变。希腊化时代，由于城邦的覆灭，带有军事目的的体育首先被取消，美育逐步被削弱，小学教育的内容主要局限于读、写、算等知识性科目。第四，在希腊化时代，原有的中等教育机构体育馆为文法学校所取代。中等教育日益偏重于知识教学，体育和美育被忽视，逐步偏离了古希腊教育的传统，其功能逐渐萎缩。第五，希腊化时代高等教育得到明显发展。除原有的柏拉图的“阿加德米”、亚里士多德的“吕克昂”和伊索克拉底开办的修辞学校之外，还出现了由芝诺开办的斯多葛学派的哲学学校和伊壁鸠鲁开办的伊壁鸠鲁学派的哲学学校。公元前200年前后，上述四所学校合并成为雅典大学。到公元2世纪至3世纪，雅典大学成为非常著名的学术研究中心和高等教育的中心。从公元313年基督教被定为国教后，雅典大学开始衰落，公元529年被关闭。另一方面，希腊化时代的高等教育也呈现出某种蜕变的趋势：内容逐步压缩，日益侧重于修辞学的教学；演说、雄辩已失去原有的实际功用。

第二节　古希腊教育思想

从公元前5世纪开始，以苏格拉底、柏拉图和亚里士多德等人的教育思想为标志，古希腊教育思想的发展进入了一个新的历史时期。

一、苏格拉底的教育思想

苏格拉底

苏格拉底（公元前469—公元前399年），古希腊哲学家、教育家。青少年时期，苏格拉底继承父业，以雕刻为生；后致力于讲学，公开与人辩论，探讨政治、社会和道德问题。在其培养的学生当中有后来著名的哲学家柏拉图。苏格拉底从教，没有开办过学校，也未写过任何著作。后人对其思想的了解和研究，主要依据的是其学生的著作。

（一）“智德统一”论

伦理、道德问题是苏格拉底整个思想体系的中心。苏格拉底教育思想的一个重要内容是“智德统一”论。他认为：

人与宇宙万物一样，同是神的创造物；神不仅创造了人的肉体，而且为人安排了灵魂；人的一切知识、智慧和道德都存在于人的灵魂之中，都是灵魂的属性。因此，智慧和道德具有内在的、直接的联系。

苏格拉底认为：人的行为之善恶，主要取决于人是否具有有关的知识；只有知道什么是善、什么是恶，人才能趋善避恶。也就是说，道德行为的发生，首先是因为行为者拥有道德的知识；如果行为者不具有道德的知识，便不可能做出道德的行为。苏格拉底明确指出："知识即美德，无知即罪恶。"① 知识就是智慧。所以，知识即美德也就意味着智慧即美德。

从"智德统一"的观念出发，苏格拉底进一步做出推论：知识是可以通过教授、学习获得的，因此，美德也可以通过传授或学习道德的知识而获得。所以，美德是可教的，是后天获得的。

苏格拉底的主张具有非常重要的意义，否定了当时希腊传统中道德天赋的观念，否定了贵族阶级对道德的垄断，为民主政治的建立作了理论上的辩护，同时高度强调了教育的作用。并且，由于苏格拉底强调知识在道德形成中的重要作用，把知识教育作为道德形成的基本途径，为近代教育性教学原则开了先河。

（二）"苏格拉底法"

苏格拉底创制了著名的"苏格拉底法"来有效地传授知识，以达到道德教育的目的。苏格拉底认为，真理以潜在的形式存在于人的内心，教师的主要任务就在于通过交谈和讨论，唤醒深藏于学生内心的意识，从而发现真理。

"苏格拉底法"的运用包括三个步骤：（1）苏格拉底讽刺。在这个步骤中，教师以无知的面目出现，通过巧妙的连续诘问，使学生意识到自己原有认识中所存在的错误、混乱和模糊。（2）定义。在前一个步骤的基础上，通过进一步的归纳，使学生逐步掌握明确的定义和概念。（3）助产术。在这个步骤中，教师进一步启发、引导学生，使学生自己通过思考，得出结论。

苏格拉底曾说过，他自己虽然无知，但却能用辩论的方法帮助别人获得知识，正如他的母亲一样：他的母亲是助产士，虽年老不能生育，但能帮助别人生产。由于这个原因，"苏格拉底法"又被称做"产婆术"（或"助产术"）。"产婆术"是近代启发式教学法的萌芽。苏格拉底的教育思想和教育主张直接影响了柏拉图和亚里士多德，由此对西方近现代教育产生了深远的影响。

读一读

苏格拉底教学生从不给他们现成的答案，而是用反问和反驳的方法使学生在不知不觉中接受他的思想影响，使用质问的方法启发学生的思想，使人主动地去分析、思考问题。请看一个他和学生问答的有趣例子。

学生：苏格拉底，请问什么是善行？

① 叶秀山、傅乐安编：《西方著名哲学家评传》，第一卷，496页，济南，山东人民出版社，1984。

苏格拉底：盗窃、欺骗、把人当奴隶贩卖，这几种行为是善行还是恶行？

学生：是恶行。

苏格拉底：欺骗敌人是恶行吗？把俘虏来的敌人卖作奴隶是恶行吗？

学生：这是善行。不过，我说的是朋友而不是敌人。

苏格拉底：照你说，盗窃对朋友是恶行，但是，如果朋友要自杀，你盗窃了他准备用来自杀的工具，这是恶行吗？

学生：是善行。

苏格拉底：你说对朋友行骗是恶行，可是，在战争中，军队的统帅为了鼓舞士气对士兵说援军就要到了，但实际上并无援军，这种欺骗是恶行吗？

学生：这是善行。

二、柏拉图的教育思想

柏拉图（公元前 427 年—公元前 347 年），古希腊哲学家、教育家。柏拉图在青少年时期曾学习文学、音乐和绘画，20 岁师从苏格拉底学习 8 年。苏格拉底去世后，他离开雅典，四处游历。公元前 387 年，柏拉图在雅典创办学园，授徒讲学，亚里士多德就是他的学生。《理想国》和《法律篇》是他的主要代表作。柏拉图与他的老师苏格拉底和他的学生亚里士多德并称“希腊三贤”。

柏拉图

（一）关于教育目的

柏拉图的教育思想与政治密切相关。柏拉图生活在雅典奴隶主民主政治由盛而衰的历史时期，他深入思考当时的社会，认为要从根本上消除雅典社会当时存在的各种危机，只有两条途径：“除非正直的哲学家获得政治权力，或者城邦中拥有权力的人由于某种奇迹变成了真正的哲学家。”①柏拉图认为要么由哲学家统治国家，要么使统治者成为哲学家。因为在他看来，哲学以最高的善为对象，它是整个世界遵循的最高原则和所要实现的普遍目的。因此，哲学是治理国家的最高学问，只有掌握了哲学的人才应成为统治者。因此，柏拉图把教育的最高目的归结为培养哲学家（或称做“哲学王”）。

（二）关于教育内容

为了培养广博知识和高尚情操的“哲学王”，柏拉图认为：教育应当是广泛和多方面的。哲学家首先应当具有美德。在一切品德中，勇敢、智慧、节制和正义是最为重要的。他尤其强调统治者应当具有正义的美德，因为只有这样，统治者才能按照善的要求去管理国家，引导国家达到善的最高理想。因此，在对哲学家的培养中，道德教育占有首要的地位。

此外，哲学家还应当接受政治知识的教育。柏拉图把政治知识和艺术看做编织“国家之布”的才能，认为只有具备这种才能，统治者才能够把国家的所有成员组织起来，并加以有效的控制、管理。柏拉图认为，一个要在未来统治国家的哲学家必须掌握广博的知识，形成洞察万物的理性。

在其《理想国》和《法律篇》等著作中，柏拉图为哲学家的教育开列了众多的教学科

① 苗力田主编：《古希腊哲学》，236 页，北京，中国人民大学出版社，1989。

目，其中包括：阅读、书写、体育、军事、哲学、算术、几何学、天文学、音乐理论（这后四项科目通常被称为“四艺”或“后四艺”，与智者倡导的“三艺”一起构成了“七艺”）。

柏拉图指出，这些科目不仅具有实用性，更为重要的是，它们可以训练思维、发展理性、丰富想象力和培养记忆力等。在所有科目中，柏拉图最为重视的是哲学。他认为：辩证法的教育是国家统治者特别是最高统治者必备的教育，只有接受辩证法的训练才能理解国家的普遍原则，才能成为哲学家。

（三）关于教育制度

柏拉图反对雅典原有的私人办学的传统，主张国家应把教育事务当做头等大事，管理和监督一切教育机构，并且审慎地选拔负责教育事务的官员。为此，他精心设计了一个较为完整的国立学校教育体制。

根据柏拉图的观点，公民的子女为国家所有，由国家统一负责养育和教育。公民的子女从出生到3岁，由挑选的女仆照顾，由国家最优秀的公民进行教育；3～6岁，送到附设在神庙的儿童游戏场所，由国家委派的女公民负责教育；6岁以后，男女儿童分别进入国立初级学校，学习初步的读、写、算和音乐知识，同时接受军事体育训练，这一阶段教育的主要任务是进行情感教育；17～20岁为意志教育阶段，学生进入青年军事训练团，接受进一步的军事体育训练，同时学习算术、几何学、天文学、音乐理论等；21～30岁是理智教育阶段，只有少数具有较强抽象思维能力的学生才能进入到这个阶段，这个阶段教育的主要任务是通过理论知识（主要是“四艺”和哲学）的传授发展学生的理智；之后，极少数天赋优异的学生继续学习、研究哲学，35岁出任国家的重要官职；个别在哲学上有高深造诣的学生则进一步接受考验，到50岁时成为国家的最高统治者。

柏拉图是西方教育史上第一个建立完整教育理论体系的教育家，他的《理想国》及他的教育思想对西方社会和教育的发展产生了深远的影响。

读一读

《理想国》是柏拉图的一篇重要对话录，对话录里柏拉图以苏格拉底与其他人对话的方式设计了一个真、善、美相统一的政体，即可以达到公正的理想国。柏拉图的理想国是人类历史上最早的乌托邦。在他的理想国里统治者必须是哲学家，哲学家是最高尚、最有学识的人，哲学家的本质是具有知识、智慧、正义、善的美德，只有哲学家才能达到对国家最高理念的认识，即对“善”的把握，只有哲学家才可拯救城邦和人民；这种贤人统治下的贤人政体就是最好的政体，哲学家是理想国必然的统治者；只有建立以哲学家为国王的国家才是最理想的国家。

三、亚里士多德的教育思想

亚里士多德（公元前384年—公元前322年），古希腊哲学家、思想家、科学家和教育家。公元前367年后，他师从柏拉图，在柏拉图的学园学习和从事教学工作长达20年；公元前343年，担任马其顿王子

亚里士多德

亚历山大的家庭教师；公元前335年，在雅典创办学园，招生授徒、著书立说。亚里士多德一生著述丰富，涉及哲学、政治学、伦理学、物理学、逻辑学、植物学、文学等，是一位百科全书式的思想家。他的教育思想主要反映在《政治学》和《伦理学》等著作中。

（一）论教育与城邦的关系

与柏拉图一样，亚里士多德非常强调教育与城邦（国家）之间的密切关系。他认为：公民的素质直接决定了城邦的安危兴衰，决定了城邦的命运。所有的公民都应该有好公民的品德，只有这样，城邦才能成为最优良的城邦。城邦的“立法者”（即统治者）应当把青少年的教育当做国家建设首要的工作。因此，他反对雅典私人办学的传统，主张教育应当由国家来控制、管理、监督，并建立统一的教育制度，使所有公民都接受同一的教育，以形成共同的公民意识。教育应当是国家的公共事务。

亚里士多德还提出：在共和政体下，法治是国家管理的基本手段。必须使全体公民都了解法律，从而服从法律，而服从法律的习惯是通过教育长期培养才可以实现的。另外，他还主张教育应当由国家在法律中加以规定。这是西方教育史上最早对教育与法律关系的论述。

（二）论和谐教育

亚里士多德认为，人的灵魂由植物灵魂、动物灵魂和理性灵魂三个组成部分。植物灵魂是最低级的部分，主要表现为营养、繁殖等生理方面；动物灵魂高于植物灵魂，主要表现为本能、情感、欲望等方面；理性灵魂是灵魂中最高级的部分，主要表现为认识、思维。在人的发展和教育中，这三个组成部分都应充分考虑，不可偏废。与灵魂三个组成部分相对应的教育分别是：体育、德育、智育和美育。只有通过多方面的教育，儿童的身心才能得到和谐的发展。

亚里士多德还强调教育应当遵循儿童发展的规律：0～7岁为第一个阶段。儿童成长的关键是身体的发育，教育者的主要任务是对儿童的养护，要注意儿童的营养，加强身体锻炼。8～14岁为第二个阶段。儿童发展以道德发展和初步的理性发展为中心，教育的主要任务是对儿童进行道德教育、审美教育和初步的读、写、算等知识技能的教育。15～21岁为第三个阶段。儿童理性的发展成为核心，教育的任务是通过哲学等学科的教育，发展儿童的理性。亚里士多德是西方教育史上第一个明确提出按照儿童年龄自然发展规律来进行教育的教育家。他的思想对欧美近代教育思想的发展产生了重大的影响。

（三）论自由教育

在亚里士多德的教育思想中，对后世影响最大的是他的自由教育理论。他认为：人之所以为人的基本特性在于人具有理性。人只有充分运用和发展其理性，才能真正实现自我。教育应当以充分发展人的理性为根本目的。自由教育的实施需要两个基本条件：（1）闲暇。他认为，只有当自由人无须为生计奔波、操劳而具备足够的闲暇时间时，才有可能不去从事各种“贱业”，以免损害心灵。也只有如此，自由人才能专心从事崇高的“沉思”活动，为心灵的发展而运用理性。（2）自由学科。亚里士多德认为，只有不具有任何功利目的的自由学科，才是自由人应当学习的知识。所谓自由学科，包括读、写、算、体操、哲学等。

亚里士多德自由教育理论的核心是：自由教育是唯一适合自由人的教育，它的根本目的不是为职业做准备，而是促进人的各种能力和理性的发展；自由教育以自由学科为教育内容，应避免机械的、专业化的训练。亚里士多德的自由教育思想对西方教育发展产生了深远的影响。

亚里士多德与柏拉图

读一读

亚里士多德从17岁开始跟随柏拉图学习达20年之久。亚里士多德对老师是很崇敬的，师徒二人也是很好的朋友。他曾写诗赞美柏拉图："在众人之中，他是唯一的，也是最初的……这样的人啊，如今已无处寻觅!"但是在追求真理的征程中，亚里士多德在哲学思想的内容和方法上都同柏拉图存在着严重的分歧，于是有些人就指责他背叛了老师，亚里士多德对此回敬了一句流传至今的名言："吾爱吾师，吾更爱真理!"

第三节　古罗马教育

古罗马的历史通常分为三个时期：(1) 王政时期（公元前7世纪—公元前6世纪末）；(2) 共和时期（公元前509年—公元前30年）；(3) 帝国时期（公元前30年—公元476年）。罗马教育主要是从共和时期开始其发展历程的。

一、共和时期的罗马教育

在共和前期，罗马教育处于初步发展阶段。这时的罗马教育主要是一种家庭教育，父母是主要的教育者。男童跟随父亲在实际的生产劳动和社会生活中学习农业生产的知识、技能以及各项军事技能，同时接受敬畏神明、服从父母、热爱国家、勤劳、勇敢等道德品质的教育。女童则由母亲教以家政。总的来说，共和前期的罗马教育是一种以培养农民、军人为宗旨的教育。

十二铜表法

从公元前5世纪中叶开始，除农业生产的知识和技能、军事技能、道德品质和宗教等方面的教育外，法律也成为了教育的重要内容。法律教育的基本教材是"十二铜表法"(Law of the Twelve Tables)，这是罗马最重要的民法法典，因刻于12块铜表之上而得名。这形成了重视法律教育的罗马教育的特色。

共和时期罗马教育的真正发展是在共和后期。公元前146年，罗马人完全征服希腊，希腊文化开始对罗马产生全面的影响。罗马教育取得了重大的发展，并开始形成较为系统的学校教育制度。

共和后期罗马的学校主要包括：(1) 初级学校。招收7～12岁的男女儿童，主要教学内容是拉丁语；通常为私立收费学校；教师大多由有一定文化的奴隶担任，地位非常低下；校内实行严厉的体罚。(2) 文法学校。是在希腊文化和教育的直接影响下形成的；招收12～16岁的男童，主要学习希腊语、希腊文法和希腊文学；教师由希腊人（他们通常是被俘或被扣做人质的希腊人）担任；共和末期，由于拉丁文学的发展，增加了拉丁语、拉丁文法和拉丁文学的教学。(3) 修辞学校。招收16～20岁的男性（他们通常是贵族和上层平民的子弟），主要进行演说、雄辩的训练，以培养未来的政治家；教学内容主要有修辞学、希腊语、希腊文学、哲学、历史、法律、数学和音乐。

从公元前3世纪开始，具有罗马特色的学校先后建立起来，主要有：(1) 拉丁文法学校。以拉丁语和拉丁文学为主要的教学内容。在帝国时期得到了重大的发展，取代希腊文法学校成为罗马主要的中等学校类型。(2) 拉丁修辞学校。用拉丁语进行教学，后来发展成为罗马高等教育的重要学校类型。(3) 医学校。希腊医学在罗马获得了稳固的地位后，医学专业教育也发展起来。

共和时期的罗马教育在罗马教育发展历史中起着承上启下的重要作用。在这个时期，罗马教育逐步从原有的、相对落后的状况走向开始建立正规的学校教育制度，进入了一个新的发展时期。

二、帝国时期的罗马教育

公元前30年，罗马进入帝国时期，政体和社会各方面都发生了重大转变，罗马教育也随之出现了一系列显著的变化。

(1) 在教育的管理上，共和时期私人办学的局面逐步得到控制，出现了一种“国家化”趋势。罗马几任皇帝通过各种方式，加强了对教师和学校的控制。如维斯帕西安皇帝从帝国财政中支出一部分经费为罗马的文法学家、修辞学家支付薪金；提图斯皇帝把向教师支付薪金的做法推广到各个行省，并赋予教师免兵役等权利。这种变化虽然改变了以往国家不过问教育的状况，使教育得到了有力的经济和政治等方面的支持，教师的地位得到了提高，为罗马教育的发展创造了重要条件，但国家对教育的直接控制使得教育完全成为政治的工具，教育的活力受到抑制。

(2) 受教育的机会逐步缩小。由于实行帝制，受教育的权利主要局限于贵族阶级和骑士阶级，普通公民及其子女所具有的受教育机会被限制在一个很小的范围。

(3) 在帝国时期，罗马学校中修辞学和演说术的研究与教学日益走向形式化、公式化，逐步失去其生命力。

(4) 学校教育内容的范围逐步缩小。在修辞学校，教育内容以修辞学和文法为主。希腊语和希腊文学的教学受到严重的削弱，几乎绝迹。文法学校的教学越来越多地侧重于文法和文学，也更加侧重于形式。

(5) 专业或职业教育得到一定的发展。在帝国时期，一些原有的专业教育机构（如医学校）得到进一步发展，出现了法律学校这种新型的专业教育机构。公元5世纪前期，罗马皇帝狄奥多西二世下令设立法律教授的席位，法律教育从此由私立改为国立。到查士丁尼统治时期，也在各地设立了法律学校以培养律师和法官，由富有经验的律师和演说家担任教师，学制 5 年，学员完成规定的学业后，获得由法律教授鉴定和保证的证书方有资格充当律师和法官候选人。

三、基督教教育的兴起

基督教于公元 1 世纪中叶产生于小亚细亚、叙利亚和埃及等地区。公元 4 世纪之前，由于基督教徒拒拜被奉为神的罗马皇帝偶像，被罗马统治者大规模地迫害、杀戮。但基督教反而不断发展，皈依基督教的人数大量增加，基督教会的势力日益扩大。公元 313 年，西罗马帝国皇帝君士坦丁和东罗马帝国皇帝李锡尼在米兰联合发布“宽容敕令”（又称“米兰敕令”），宣布所有宗教同享自由、不受歧视，基督教成了西罗马帝国的正统意识形态。

在罗马帝国后期，基督教教育迅速兴起。从公元 2 世纪开始，为了传播教义、吸收教徒，基督教会先后开办了初等教义学校和高等教义学校等教育机构。其中，初等教义学校是教会最早设立的具有初等教育性质的学校，其目的是对原来信仰“异教”的皈依者进行必要的入学前教育，同时也负责对教徒进行宗教教育。高等教义学校则以培养神职人员为宗旨。公元 179 年前后，斯多葛学派的哲学家潘提翁开办了第一所高等教义学校，此后，神学家奥里根又创办了同样性质的学校。高等教义学校的教学内容主要是所谓“异教”的文化学术，即古希腊和罗马的文化遗产，包括文法、音乐、修辞学、天文学、解剖学、逻辑学、伦理学和形而上学等，教授这些科目的主要目的是反击异教的文化学术以完善基督教义。

在基督教学校兴起和发展的同时，罗马帝国原有的世俗性质的文法学校和修辞学校却在不断衰落。到西罗马帝国行将灭亡之际，帝国境内的世俗教育机构大多已不复存在，均被教会学校所取代。

第四节　古罗马教育思想

一、西塞罗的教育思想

西塞罗（Cicero，公元前 106 年—公元前 43 年）是罗马共和后期的政治家，也是罗马重要的教育思想家。西塞罗出身富裕的骑士家庭，受过良好的教育，起初从事律师工作，后当选为执政官，在罗马共和末期被捕杀。西塞罗的教育思想主要反映在他的《论共和国》、《论善与恶的定义》和《论雄辩家》等著作中。

西塞罗

关于教育目的，西塞罗认为：教育的最高目的是培养政治家，而只有优秀的雄辩家才有可能成为真正的政治家。因此，教育的直接目的就在于培养雄辩家。

西塞罗认为，一个雄辩家不仅要能言善辩，而且必须具有良好的、多方面的素养。

首先，他必须具有广博的知识。西塞罗说："雄辩术集众多科学与学问，其内容远比人们所想象的要广泛得多。""依我之见，除非他拥有各种重要的知识和全部自由艺术，否则他就不可能成为一个多才多艺的雄辩家，因为不具有真才实学的人，他的语言必然是矫揉造作的，而且是冗长得令人难以忍受的，其演说也必然流于语言空洞而幼稚。"① 在雄辩家所学习的各种知识中，伦理学是最重要的。一个雄辩家之所以要具备广博的知识，原因还在于政治家必须洞察人心、理解人的感情活动、了解社会生活，这样才能通过演说打动听众，使其接受自己的政治主张。

其次，雄辩家应当具有修辞学方面的特殊训练。因为，如果仅仅具有广博的知识而无表达知识的能力，那么，知识便是无用之物。一个合格的雄辩家必须具有修辞学方面的良好素质，牢记雄辩术的一切规则，能够通俗易懂、优美生动并且准确地表达自己的思想。

再次，雄辩家应当具有优雅的举止风度。西塞罗指出："演说是由身体、手势、眼睛以及声音的调节及变化等加以控制的，它对于演说本身所产生的作用是巨大的。"②

西塞罗的教育思想对昆体良产生了直接的影响。他关于教育目的和教育内容等方面的思想，在昆体良的思想中得到了进一步的继承和发展。

二、昆体良的教育思想

昆体良（Quintilianus，公元35年—95年），古罗马帝国时期的雄辩家、著名教育家，出生于西班牙，少年时期赴罗马学习雄辩术；公元70年，受命主持罗马第一所国立拉丁语雄辩术学校，成为罗马历史上第一位公职教师；公元90年退休后，主要从事著书立说，主要著作为《雄辩术原理》。英国著名思想家穆勒（J. S. Mill）评价《雄辩术原理》一书是"整个文化教育领域中古代思想的百科全书"。

昆体良

（一）关于教育目的和教育作用

与西塞罗一样，昆体良也主张把培养善良而精于雄辩术的人作为教育所要达到的基本目的。他认为：雄辩术是一门高尚的学问，它的主要任务是宣传正义和德行，指导人们趋善避恶。一个雄辩家既要擅长雄辩，通晓各种有价值的知识，同时也应具有崇高的思想、高尚的情操。才能与德行是相互联系的，缺一不可。但是他所说的雄辩家与西塞罗所说的雄辩家是有明显不同的。西塞罗的思想中的雄辩家实际上就是政治家和国务活动家。昆体良所说的雄辩家更主要的是指受过良好教育的、有道德的和善良的人。

昆体良充分肯定了教育的巨大作用，认为大多数人都具有基本相同的天赋，都能敏捷地思考、灵敏地学习；人生而具有的天赋才能，其发展有赖于良好的教育。昆体良也认为

①② 吴式颖：《外国教育史教程》，92～94页，北京，人民教育出版社，1999。

教育的作用并不是绝对的，他指出：教育者应当尊重受教育者的个性差异和年龄差异。

（二）教学理论

昆体良教育思想中最为重要的内容，是他关于教学问题的一系列主张。

（1）教学组织形式。在世界古代教育史上，普遍采用的教学组织形式是个别教学。昆体良提出了分班教学的设想。他主张把学生分成班组，在同一时间，由教师对全班进行教学。昆体良注意到了因材施教的问题，认为教师在面向班级进行教学的时候，同样要了解学生的能力、个性特点和倾向，根据学生的具体情况扬长补短、长善救失。

（2）教学原则与方法。昆体良反对体罚，强调运用奖励的方法。在古代国家的教育中，体罚是非常普遍的方法。昆体良主张废除体罚，对儿童加以赞扬、给予荣誉能够起到激励的作用，可以促进儿童的发展。昆体良提出了教学应当适度的原则。他认为一个优秀的教师要深入观察、了解学生的个性及能力，避免要求学生做力不能及的事，也不可让学生放弃力所能及的课业。昆体良主张教学应当明白易懂。他认为，在教学过程中，教师应当简洁、明了地讲授知识。昆体良强调：在教学过程中，教师应当经常向学生提出问题，促使学生积极思考，在必要的时候应当让学生自己动脑筋、想办法、解决问题，培养学生的独立性与创造性。

（三）关于教师的论述

昆体良高度重视教师的作用，认为教师应当具有全面的素质：一名优秀的教师，第一，必须是道德高尚、行为端庄的人。第二，教师应当具有广博的知识，应当是公认有学识的人。第三，教师应当热爱学生、耐心工作，既不对学生发脾气，也不纵容学生。第四，教师既应熟悉所教学科的内容，又要能熟练地运用教学方法。第五，教师应当深入了解学生的心理特征、个性、才能和倾向，更有针对性地组织教学。

昆体良是古罗马时期最为重要的教育家。他的教育思想在西欧文艺复兴时期产生了广泛的影响，成为人文主义教育的重要思想来源。

本章小结

本章主要叙述和分析了古希腊、古罗马时期教育发展和变迁的基本过程。古希腊是现代西方文明的摇篮，同时也是现代西方教育的发源地。在其发展过程中，古希腊人建立了较为完整的学校教育制度，形成了丰富的教育理论。而古罗马则在接受古希腊文化教育的过程中，逐渐形成了具有本民族特点的文化和教育传统，并把它们传播到欧洲和亚洲、非洲的广大地区。

关键概念

学园　　产婆术　　《雄辩术原理》

复习题

1. 简述古希腊教育家苏格拉底、柏拉图和亚里士多德在教育上的主要贡献。
2. 简述古罗马教育家昆体良在教学方面的主张。

讨论与思考

比较斯巴达教育和雅典教育的异同。

第十二章　西欧中世纪的教育

【本章要点提示】

- 教会学校的特点
- 西欧中世纪世俗封建主教育的主要形式
- 中世纪大学的产生及其意义

【本章内容引言】

约公元 5 世纪，罗马帝国灭亡，西欧进入封建社会，其中 5 世纪末至 14 世纪文艺复兴运动之前的这段历史被称为中世纪。西欧中世纪是被神学家们宣布“肉体是灵魂的监狱”的时代，教育为宗教神学服务，统治者烧书、禁书，“科学是宗教的奴仆”……城市学校与中世纪大学是冲破黑暗的曙光。大学是如何产生的？巴黎大学的学生与教授自主治校何以至今仍是人们向往的一种办学自由方式？

第一节　基督教教育

早在公元 4 世纪末，基督教在中世纪就被定为了国教。中世纪早期，古希腊、古罗马时代所遗留下来文化成就被世人遗忘了，西欧的文化教育水准大幅度下降，“僧侣获得了知识教育的垄断地位，因而教育本身也渗透了神学的性质”①。随着基督教的发展，早期教会学校也随之发展起来。

当时西欧的教会学校主要包括三种类型：修道院学校、大教堂学校和堂区学校。修道院学校因其藏书丰富、管理严格等特点而成为最为重要的教会学校。

① 《马克思恩格斯文集》，第二卷，235 页，北京，人民出版社，2009。

一、修道院学校

修道院学校主要是指设在修道院内的教育机构，是基督教修行制度（或称寺院制度）的产物。公元3世纪时，罗马帝国衰落，社会道德沦丧。一些虔诚的基督教徒逃遁山野修身养性，于是在埃及等中东地区出现了最早的修道士和修道院。公元4世纪中叶后，修行制度逐渐扩展到西欧。529年（或530年），本尼狄克兴建了蒙特·卡西诺修道院，制定了《本尼狄克规程》，对修道院的组织管理、修道职责和日常生活、宗教活动等作了全面、详尽的严格规定。诵读和抄写经典等文化、体育活动是修道院日常工作的重要组成部分，修道院从原来的纯宗教机构逐渐演变为兼有宗教、文化和教育等多种职能的机构。由于有对新入修道院者必须进行预备教育和对修道士训练程序的严格规定，蒙特·卡西诺修道院因而具有了学校的雏形。正是在这个基础上，后来产生了修道院学校。修道院学校最初只负责对那些终生从事神职的人进行教育。到10世纪，修道院学校遂分为两部分：一是“内学”。儿童10岁左右入学，18岁毕业时成为神职人员。“内学”的教学内容主要包括基督教教义、宗教音乐、宗教仪式等，此外还包括读、写、算的基本知识以及文法、修辞学、天文学等古典学科。二是“外学”。教学内容与“内学”相差无几，但程度要低一些。随着时间的推移，“七艺”成为修道院学校的重要教学内容。后来随着志愿修行的女性人数的增多，也出现了培养修女的修道院学校。

修道院学校因其拥有较为丰富的教育资源和相对完整的教学制度以及一批著名的神学家，而成为中世纪前期西欧最好的教育机构。据后人统计，从蒙特·卡西诺修道院建立到1334年间，西欧各地的修道院先后共培养出24任教皇、200位红衣主教、7 000名大主教、15 000名主教，还有20位皇帝和国王及10位皇后先后在修道院学校接受过教育。

读一读

关于教会

公元9世纪以后，特别是11—13世纪，是教会的鼎盛期，在各方面都有所表现：首先，教会伪造“君士坦丁的赠礼”，确定了教皇国的神圣性，这一骗局直到文艺复兴时期才被揭穿。其次，教会也开始形成教阶制度：最高位者为教皇，主持梵蒂冈的内部事务；接下来是红衣主教，红衣主教是教会的主要领导人，教皇由红衣主教推举产生；然后就是都主教、宗主教和大主教，他们都是大教区的领导人；最下层的则是主教和神父，神父的职权范围是教堂，但不能主持圣礼。最后，教会开始编撰完整的神学和王权的理论体系，称王权和神权都是由上帝授予教会，然后再由教会赐予国王的，因此王权可由教会收回。

资料来源：http：//edu6. teacher. com. cn/ttg035a/wai/CHAP3/ch3-1-3. htm。

二、大教堂学校和堂区学校

大教堂学校又称主教学校或座堂学校，性质和水平同修道院学校相近，学校设备和条件比较好，学科内容也比较完备。大教堂学校由于自有地产或接受捐赠而不收费。由主教创办的最早的大教堂学校为英格兰的坎特伯雷学校。学生以学习拉丁文法为主，学习拉丁文法是进入教会的必经之路。公元 8 世纪以来，几乎所有的大教堂都办起了文法学校和歌咏学校，这些学校后来都转变为具有初等教育性质和神学性质的教育机构。

堂区学校一般设在牧师所在的村落，是对一般居民子弟进行初步教育的一种形式。堂区学校规模较小，设备也很简陋，只教授一般的读、写、算和基督教的初步知识，也有的教唱宗教赞美诗等。

第二节　世俗封建主的教育

公元 6 世纪以后，西欧封建制度逐渐发展起来，随之出现了为培养封建统治接班人的世俗教育。世俗教育主要包括两种形式：宫廷学校和骑士教育。

一、查理曼的教育改革和宫廷学校

西罗马帝国灭亡以后，在西欧以法兰克王国最为强大。在查理曼统治时期，法兰克人的文化水准普遍低下。出于治理国家和教化臣民的政治需要，查理曼逐步注重发展教育。他命令在全国教区设立学校，除了开展宗教活动外还要教人们读书识字。

781 年，查理曼邀请英格兰教士、著名学者阿尔琴（Alcuin）到法兰克王国，协助改进学校，发展教育。阿尔琴亲自担任宫廷学校的校长，对教学内容、教学方法等进行了一系列重要的改革，使这所学校成为欧洲最著名的宫廷学校。宫廷学校的学生包括皇后、皇子、公主以及皇室其他成员，还有担任国家和教会高级职务的青年贵族。查理曼本人也时常亲临受教。在教学内容方面，阿尔琴在宫廷学校开设文法、修辞学、辩证法、算术、天文学、神学等课程，还包括学习古典诗人的作品。在教学方法上，阿尔琴注重因人而异：对成年学生，教学以讨论为主；对于年幼学生，则采用当时修道院学校盛行的问答法。在阿尔琴的管理下，法兰克王国的宫廷学校在当时成为世俗教育的中心，吸引了来自国内各地的学者和教师，从而对中世纪早期世俗教育的发展产生了积极影响。

在改革和发展宫廷学校的同时，查理曼还致力于对教会学校的改进。当时许多教士和僧侣的文化水准很低。787 年前后，查理曼发布命令，要求教士不要忽视文学的学习，这样才能更好地探索经义的奥秘。因为《圣经》中包含着借喻和比喻，一个读者的文学教育开始得越早和学习得越好，他对神的意旨的领会也就越能深入。789 年亚琛宗教会议决定，修道院和教区教堂必须附设学校，向儿童传授拉丁文、阅读、基督教历法、赞美诗等知识，并把这项决定作为教育法规。并且，祭司职位只授予通过考试及格的僧侣，应考者必须通晓和理解担任祭司所需的一切有关经义，能按照罗马的文法歌唱赞美诗，还能草拟文稿和书札。812 年，查理曼命令全体教士对所有教民都教以《使徒信经》、《主祷文》，直到能够背诵为止。他还命令每个人都必须把自己的儿子送到学校去学习文法，拒不执行者都将受到鞭笞或禁食的处分。查理曼教育改革在中世纪早期文化衰落的情况下起到了促进教育、文化的作用。

二、骑士教育

骑士是西欧封建社会的等级制度中最低一级的贵族，是封建社会的基本武装力量。从11世纪到14世纪，骑士制度盛行一时，特别是在十字军东征中，骑士的地位大为提高，以骑士训练和培养为宗旨的骑士教育遂应运而生。

骑士在当时承担的主要是军人的职责，而军人形象极受社会尊敬，因为军事活动频繁是中世纪的特征，在人们的观念中，战争属于正常的社会生活状态。在经济领域中，骑士是封建体制的组成部分，效忠于领主，并通过宣誓等仪式来加强这种纽带关系。而在社会阶层方面，贵族可以是骑士，但骑士并不一定是贵族。骑士的主要职责是作战，没有贵族所拥有的司法权和一些世袭权，是“贵族的随从”，是处于贵族、农民之间的中间阶层。

骑士教育是一种特殊形式的家庭教育，通常分为三个阶段：(1) 宗教教育阶段。从出生到七八岁，贵族子弟在家庭中接受双亲的教育，主要内容为宗教、道德教育和身体的养护。(2) 礼仪教育阶段。七八岁以后，贵族子弟按其等级被送入高一级贵族的城堡中充当侍童，侍奉主人和主妇，学习上层社会的社交礼仪、习惯和为人处世之道，也学习阅读、吟诗、唱歌、拉丁语等知识，还要学习赛跑、角力、击剑，进行比武训练。(3) 从十四五岁到21岁，被称为侍从教育阶段，重点是学习“骑士七艺”，即骑马、游泳、投枪、击剑、打猎、下棋和吟诗。到21岁时，候选的骑士洁身斋戒和祈祷，然后着礼服去教堂参加宗教仪式：骑士将其佩剑呈送牧师，请牧师祝福，然后进行宣誓；宣誓完毕，牧师将佩剑交还，并告之以戒规。宗教仪式结束后，候选骑士再跪于主人之前，主人以剑横拍其左肩，祝其勇猛；再拍其右肩，示其果敢；又以剑指其头顶，命其忠贞不贰。至此，仪式结束，正式授予骑士封号。骑士教育还有一个重要内容是“骑士十诫”，其中包括：祈祷；摆脱罪恶；保卫教会；保护孤寡、儿童；行游四方；参战；为心上人而战；捍卫正义；热爱上帝；服从主人。骑士教育的基本目的是为封建制度培养保护者，主要内容是军事技能，但与宫廷学校一样深受宗教和教会的影响。骑士教育可以说是近代绅士教育的直接渊源。

第三节　西欧中世纪大学和城市学校

从12世纪开始，西欧教育的发展进入到一个新的历史时期，中世纪大学的建立和城市学校的兴起是主要标志。

一、中世纪大学的兴起

工商业的发展、城市的兴起、十字军东征、经院哲学的出现等，都在不同程度上推动了西欧中世纪大学的产生。中世纪大学最初产生于12世纪的意大利、法国和英国。早期中世纪大学通常是在原有文化教育机构的基础上建立起来的，一些著名学者的讲学也是促进大学建立、发展的重要原因。

中世纪的巴黎大学

例如，意大利波伦亚大学创立前，在波伦亚城就存在着从事法学研究的研究所，后来，由于求学人数的增多，原有的研究所规模已不能适应需要。1158年经神圣罗马帝国皇帝弗雷德里克一世赦令，正式创办了波伦亚大学。作为“北方型”大学代表的巴黎大学，是12世纪初由原有的诺丹主教学校发展而来。格拉田12世纪初在波伦亚城对寺院法的研究，经院哲学家阿伯拉尔于1108—1139年在巴黎大学的讲学，直接促进了这两所大学的建立和兴盛。从13世纪起，德国、西班牙、葡萄牙、奥地利等国相继兴办大学，一时间大学遍布欧洲各地。

二、中世纪大学的组织制度

根据管理体制的不同，中世纪大学通常分为两大类：一类是以波伦亚为代表的“南方型”大学，另一类是以巴黎大学为典型的“北方型”大学。

“南方型”大学的教授的选聘、学费的数额以及学期的时限和授课时数，均由学生决定，因此又称为“学生大学”。意大利、西班牙、葡萄牙、法国（巴黎大学除外）等欧洲南部地区的大学，一般都是“学生大学”。英格兰、苏格兰、瑞典和丹麦等欧洲北部地区的大学中，则由教师掌管学校的事务，因而被称为“先生大学”。中世纪大学往往是国际性质的，学生（包括部分教师）来自欧洲各地，既没有大学所在国的公民权，也得不到大学所在城市民法的保护，因此，他们组织起来建立了一个团体以保护自己的权益。“学生大学”和“先生大学”都由他们组成的团体执掌校务。在中世纪大学创建之初，大学实际上就是一个由教师团体和学生团体组成的“组合”。

中世纪学院的重要职能是授予学位。学生进入大学后，跟随某一教师学习4～6年，经其他教师许可便可获得“学士”学位，取得进行初步教学的资格；获得这种资格后，就可以成为教授的助理，近似于现代大学的助教；在此基础上，经过6～10年的学习，通过考试，便可获得“硕士”或“博士”的学位。在中世纪大学，硕士和博士并没有程度的区别，只是硕士考试不公开，合格者发给证书，取得教学资格；而博士考试则是公开进行的，有隆重的仪式。

教师按所教学科而结成组合的形式称“系”或称“教授会”。而“学院”最早出现在波伦亚大学，仅仅为学生解决住宿问题。几个或更多的已获得文学学士学位的学生住在一起，由教师对其学业进行辅导，以获得硕士学位，这便形成一个“学院”。德国大学中，学院则是由教授组织形成的。最早的真正作为教学机构的学院是巴黎大学的索邦学院，创建于1258年。此后，这种性质的学院在一些大学中先后建立。例如，牛津大学的巴利奥尔学院（1263年）、默顿学院（1264年）等。在中世纪大学中，按学科划分一般有四个学院，即文学院、法学院、医学院和神学院。文学院是一种预备性质的机构，为进入其他三个学院做准备。神学院则是地位最高的学院。文学院的主要课程是七艺、亚里士多德的逻辑学和普里西安的文法。法学院课程分为民法和寺院法。民法的主要内容是罗马法，寺院法的教材是《古氏法令》。医学院主要研究加伦、希波格拉底和阿维森纳等人的医学著作。神学院的教材主要是阿奎那的《神学大全》和《圣经》等。

中世纪大学建立以后，成为一种重要的社会力量。教会和世俗封建主为了争取大学的支持，往往授予大学一定的特权。最初，大学的特权主要是罢课权和迁徙权；以后，特权的范围逐渐扩大，包括免除兵役、免税等，其中最重要的特权是“内部自治”的权利，根据这项特权，当大学教师或学生与外人发生诉讼时，由大学教授审理案件。

三、城市学校

随着社会的发展，传统的教会学校已不能满足新兴市民的需要，世俗封建主和普通市民阶层需要非宗教性的学校教育，这样，城市学校就应运而生了。

城市学校主要有两类：一类是由手工业者行会设立的学校，称为行会学校。行会由同一行业的人组成，正式会员称为行东，行东之下有帮工和学徒。行会学校主要进行艺徒训练，传授读、写、算知识，同时也进行宗教教育。学徒期满后成为帮工，可以在本行会或其他行会进行工作。经过工作锻炼，技艺提高，有了自己的产品，得到有经验师傅的认可，就成为工匠。另一类学校是由商人们组成的行业组织——基尔特设立的，称为基尔特学校，与行会学校类似。这两类学校都属于初级学校性质。到15世纪，西欧各大城市都建立了城市学校，并成为后来初等学校的基础。

第四节 经院哲学与西欧中世纪教育

一、经院哲学

经院哲学产生于8—9世纪，盛行于12—13世纪，是教父哲学的继续和发展，是中世纪神学哲学化达到最高阶段的产物。经院哲学所要解决的基本问题是：调和哲学和神学、理性与信仰之间的矛盾。为了真正解决这个问题，经院哲学家所做的重要工作之一就是使神学哲学化。为此，他们努力发掘古代哲学（特别是亚里士多德哲学）的遗产，以形式逻辑和哲学方法论证《圣经》和神学命题。

经院哲学内部主要是唯名论与唯实论之间的斗争。唯名论者认为，个别的具体的事物是客观存在的、真实的，事物的一般概念只不过是表现事物的名称或符号。与唯名论相反，唯实论认为离开个别事物的“一般”，是先于个别事物“实在”着的，是事物产生的本源。唯实论实际上是为神学思想统治的“合理性”进行辩护，而唯名论则驳斥了一些神学信条，具有一定的反对封建主义的历史进步作用。

在唯名论与唯实论论战的基础上，经院哲学形成了完整体系，其代表人物是意大利的唯实论者托马斯·阿奎那（Thomas Aquinas）。阿奎那认为理性与信仰一致，但神的启示不属理性的范围，必须依靠信仰才能领悟。他认为，身体隶属于灵魂，物质隶属于精神，哲学隶属于神学，世俗隶属于教会，一切存在都应隶属于教会政治。阿奎那的主要著作是《神学大全》。《神学大全》把希腊哲学和自然、科学都解释为神学的教条，阻碍了自然科学的发展。经院哲学自阿奎那之后便流为繁琐、荒谬的无聊争论。

托马斯·阿奎那

读一读

作为神学家，阿奎那面临的最大难题是如何把信仰和理性结合起来。为此，他把亚里士多德的“三段论”逻辑引入基督教教义中。比如，他类比论证说：

既然自然界最终只有一个权力；（大前提）

上帝是宇宙的主宰，君主是世俗的统治者；（小前提）

那么，君权是神圣的。（结论）

二、经院哲学对西欧教育的影响

经院哲学被教会奉为正统哲学。由于经院哲学家大都长期执教于大学或其他教育机构，在中世纪后期，经院哲学对教育尤其是高等教育产生了重要的影响。

第一，经院哲学直接促进了中世纪大学的兴起和发展。在一部分中世纪大学的形成过程中，大师的讲学往往吸引着众多的学生，从而使学校的规模不断扩大。阿伯拉尔在巴黎大学的讲学、阿尔伯特和阿奎那在意大利一些大学的讲学，都直接推动了这些大学的兴起和发展。经院哲学家们大多在大学任教，使经院哲学成为大学的重要教学内容，使大学成为经院哲学的研究中心，这在客观上为正处于起步阶段的中世纪大学的发展创造了重要的条件。

第二，经院哲学促进了古典学术、文化的传播。在经院哲学兴起之前，基督教会一直排斥亚里士多德学说，奉柏拉图思想为权威。经院哲学获得了正统的地位后，亚里士多德哲学逐渐为教会所接受，并成为新的理论权威。亚里士多德哲学成为中世纪后期西欧学校特别是大学的重要教学内容，这就扩大了学术界的视野。

第三，经院哲学提出了理性训练的教育目标。亚里士多德哲学“复兴”，经院哲学家强调理性与信仰的调和，重新重视理性。经院哲学家通常都强调理性训练，主张通过知识教育发展抽象思维能力。托马斯·阿奎那就曾明确指出，理性能力的发展应被视为教学的基本目的。由于经院哲学和经院哲学家的推动，注重理性发展和思维训练成为中世纪后期西欧大学教育的普遍特征。

第四，经院哲学的思维方法（形式逻辑的三段论推理），不仅是一种学术研究的方法，同时也是一种训练思维的方法和教学方法。这种方法在阿奎那等经院哲学家的教学实践中得到了不断的运用，之后更成为中世纪大学普遍使用的教学方法。这种方法在大学教育中广泛运用，对于提高大学水平曾起过非常重要的作用。

第五，经院哲学内部不同派别的论争，促进了大学的学术自由。经院哲学家中“唯实论”、“唯名论”和“概念论”三大派别围绕着一般与个别的关系进行了长期的论争。这种论争由任教于大学的经院哲学家主要在大学的讲坛上进行，这在客观上为大学形成教学自由、研究自由的风气创造了有利的条件。

本章小结

中世纪是西欧封建制度从发生、发展到衰落的历史时期。在整个中世纪，教会学校是占主导地位的教育机构，与教会学校并存的主要是世俗教育，它包括宫廷教育和骑士教育。在中世纪后期，由于城市的发展和学术的复兴，产生了中世纪大学和城市学校，这是中世纪教育发展史最为重要的结果。

关键概念

教会学校　　中世纪大学　　行会学校

复习题

1. 简述中世纪教会对西方教育的影响。
2. 简述中世纪大学的主要特色。

讨论与思考

中世纪大学对今天的大学改革具有什么样的启示？

第十三章　文艺复兴与宗教改革时期的教育

【本章要点提示】

- 了解文艺复兴对教育产生的影响
- 了解人文主义教育的特征
- 了解宗教改革时期教育的特征

【本章内容引言】

文艺复兴运动发生于14—16世纪，这是一场新兴资产阶级反抗作为封建制度思想支柱的基督教统治的文化革命和思想革命。恩格斯高度评价了“文艺复兴”在历史上的进步作用。他在著作中写道：“这是一次人类从来没有经历过的最伟大的、进步的变革，是一个需要巨人而且产生了巨人——在思维能力、热情和性格方面，在多才多艺和学识渊博方面的巨人的时代。”① 达·芬奇、莎士比亚和但丁被称为“文艺复兴三巨人”。

在这样的背景下教育会有怎样的发展呢？

第一节　文艺复兴时期的教育

一、文艺复兴运动

13—14世纪，在西欧封建制度全面危机的形势下，爆发了文艺复兴运动。13世纪末期，在意大利商业发达的城市，新兴的资产阶级中的一些先进的知识分子借助研究古希腊、古罗马艺术文化，通过文艺创作，宣传人文精神，以后逐渐扩展到德国、法国、英国等地。文艺复兴运动是以复兴古希腊、古罗马文化的形式出现的。

① 《马克思恩格斯全集》，中文1版，第20卷，361页，北京，人民出版社，1971。

文艺复兴运动涉及文学、艺术、哲学、科学和教育等方面，其指导思想是人文主义。人文主义思想的基本特征是：歌颂世俗以蔑视天堂，标榜理性以取代神性；反对中世纪教会所宣扬的来世观念、禁欲主义、蒙昧主义，强调人是现世生活的创造者和享受者；要求文学艺术表现人的思想感情、科学为人生谋福利、教育发展人的个性，要求把人的思想、感情、智慧从神学的束缚中解放出来。人文主义者反对神性，提倡人性；反对神权，提倡人权；反对宗教束缚，提倡个性自由。作为一场思想启蒙和解放运动，文艺复兴运动对西欧历史的发展产生了极为深刻的影响，进而改变了西欧教育发展的进程。

二、意大利的人文主义教育

意大利由于地处古罗马统治的中心地区和其特殊的地理位置等诸多原因，商业贸易和工场手工业迅速发展，较早出现了资本主义生产方式的萌芽，也成为文艺复兴的发源地，也成为人文主义教育的摇篮。

14—16 世纪的意大利，人们对古典文化产生了极大的热情，热衷于对古典语言和古典作品的学习和研究。所有城市都先后建立了拉丁学校，主要讲授读、写、算、拉丁文和逻辑学等方面的知识。拉丁学校主要由统治当局或宫廷开办，不受教会的控制。其中最为著名的是孟都亚宫廷学校。维多里诺（Vittorino）在该校任教 20 多年，以人文主义的理想教育学生，形成了鲜明的办学特色。维多里诺意识到学校环境对学生发展的影响，因而注意校址的选择。孟都亚宫廷学校设在一座花园中，环境优美，学校的设备简朴自然。维多里诺复兴了体育和美育，骑马、击剑、角力、游泳、赛跑、跳舞等都是重要的教育内容。维多里诺强调多方面教育，道德教育、宗教教育、知识教育、体育和美育也被作为考虑因素，儿童的天性、个别差异、兴趣也被作为考察因素：采用游戏的教学方法，教学内容的安排考虑到儿童的接受能力，等等。因此，孟都亚宫廷学校被誉为“第一所新式学校”，也被称为“快乐之家”，在意大利产生了广泛的影响。人文主义使意大利的大学重新恢复了活力，古典语言和古典文化成为大学的重要教育内容。大学在传播古典文化中的重要作用受到了市政当局的普遍重视。

除了教育实践，意大利的教育理论在文艺复兴时期也得到了一定的发展。这个时期，意大利先后出现了佛杰里奥、格里诺和委基乌斯等著名教育家。这些教育家在吸收古典教育理论的基础上，集中阐述了人文主义的教育主张。佛杰里奥（Vergerio）继承了古希腊、古罗马的教育理想，把中高等教育的核心归结为全面教育和自由教育。他指出，所谓全面教育是以发展人的理智和情趣为目的，是发掘人之所以为人的本质特性。自由教育是“一种符合于自由人的价值的教育，是一种能唤起、训练与发展那些使人趋于高贵的身心的最高才能的教育”①。全面教育或自由教育应当包括德育、智育、体育、军事教育等方面。真正的教育是对人的身体和心灵进行有效的训练：心智训练，是为了发展人的理智，使人能控制自己；身体训练，则是为了发展人的体质，使人能更好地服从理性的命令。佛杰里奥的教育思想较为集中地反映了文艺复兴时期意大利人文主义教育家对教育活动认识所达到的水平，较为充分地反映了人文主义教育的基本思想。

---

① 滕大春主编：《外国教育通史》，第二卷，176 页，济南，山东教育出版社，1989。

三、北欧的人文主义教育

从 15 世纪开始，文艺复兴运动逐渐扩展到阿尔卑斯山以北的国家和地区，并推动了这些国家和地区的教育的发展。

在尼德兰（包括现在的荷兰、比利时、卢森堡和法国北部的一部分），“共同生活兄弟会”（尼德兰的一个宗教团体）所创办的学校促进了人文主义的传播。在法国和英国，人文主义的传播直接促进了新型教育机构的建立。1530 年和 1534 年，法国先后建立了法兰西学院和奎恩学院。在英国，1376 年后，陆续建立了温彻斯特公学、伊顿公学等新型的中等教育机构。这些新建的教育机构与原有学校不同：第一，它们大多由世俗政府或民间创办；第二，它们主要适应了人们学习古典文化的需要；第三，它们以培养绅士为主要目的。

人文主义在北欧的传播还促进了大学的改造。英国牛津大学和剑桥大学先后引进了古典人文学科。德国人文主义的传播也促进了一批大学的建立，并使原有的大学得到了改造。例如爱尔福特大学、威登堡大学，都是较早引入人文主义的德国大学，在 16 世纪都成为了德国文化和学术的中心。

北欧人文主义教育发展的一个重要标志是出现了一批具有重要影响的教育家，其中主要包括伊拉斯谟（Erasmus）、蒙田（Montaigne）、拉伯雷（Rabelais）等。

（一）伊拉斯谟的教育思想

伊拉斯谟

伊拉斯谟是 16 世纪初欧洲人文主义运动的主要代表人物，是尼德兰著名的人文主义者和教育理论家。伊拉斯谟的主要教育著作有：《愚人颂》、《一个基督教王子的教育》、《论正确的教学》等。伊拉斯谟的教育思想集中反映了北欧人文主义教育的基本特征，在北欧人文主义教育的发展进程中产生了重要的影响。在《愚人颂》中，伊拉斯谟抨击在经院主义的统治下，学校成了禁锢学生心灵的监狱。

伊拉斯谟充分肯定了教育的巨大作用，他说：“一个国家的主要希望，在于它对青年的适当的教育。”[①] 对于政府来说，教育的重要性丝毫不亚于国防，建设一支合格的教师队伍的意义也“绝不次于整顿一支军队”。因此，需要建立一种合理的教育制度使人民自愿地遵循正义的道路。伊拉斯谟也强调了教育在个人成长和发展中的巨大作用，他引用柏拉图的话说：“一个受过正当训练的人，发展成为一种神圣的动物，而另一方面，一个受过错误训练的人，堕落成为一种畸形的野兽。”[②]因此父母有责任和义务来教育子女。

伊拉斯谟认为：教育的目的是培养有虔诚的信仰、高尚的德行和非凡的智慧的人，因此必须进行以古典学科为核心的广泛教育；学生应当学习历史、地理、古典语言、伦理学、《圣经》、政治知识，等等；通过知识教育可以使学生克服各种恶习和弊病，成为正直的人。伊拉斯谟高度重视正确的教育教学方法，他认为正确的教育教学方法可以使天赋平

①② 滕大春主编：《外国教育通史》，第二卷，186 页，济南，山东教育出版社，1989。

常的学生取得非常优异的成就，反之则会埋没学生的才能。为此，他强调教师应深入了解学生，尊重儿童的个性，因材施教。他反对体罚、反对强制和灌输，主张运用直观的教学方法以激发学生的学习兴趣。

（二）蒙田的教育思想

蒙田

蒙田是法国著名的人文主义者、文学家和教育思想家。他的教育思想主要反映在他的《论学究气》、《论儿童的教育》中。

蒙田以对经院主义旧教育的抨击为出发点表述自己的教育思想。他认为旧教育所培养的只能是目光短浅、行动迟钝、纸上空谈的学究，这种人“从书本中拾取知识，永远停留在嘴唇上，只是为了吐出来，传播四方”；他们“辛勤劳动、勤奋工作，只是去充塞自己的记忆，而理解力和良心却任其空虚”①。蒙田认为，正确的教育应当以培养“新人”为目的。这种新人身体和心灵方面都得到了充分、和谐的发展，具有健康的体魄和健全的心智，具有高尚的德行、优雅的礼仪、充分的理解力和判断力，并且善于把所学的知识加以实际的应用。

同其他人文主义教育家一样，蒙田主张把古典学科作为知识教育的核心，强调儿童应学习广博的知识。但蒙田提出了一些具有显著特点的教育主张。他强调反对盲目轻信书本知识，认为理解力和判断力更为重要。他指出：学习知识的目的并不是为了“博学”，而是为了明智；只有深入理解所学的知识并做出判断，才能将知识变为己有；“离开理解力的知识没有什么价值”②，并且学习知识的最终目的在于运用。因此，他主张教师从“一开始就设法引导儿童懂得有效用的知识，不用道听途说和死记硬背的东西，而用行动的试验来教导他们。不仅用言词和教训，更要用榜样和工作来生动地陶铸他们，这样做一定会使知识不是仅仅藏在他们的记忆中，而且形成为他们的脾性和习惯”③。蒙田主张培养学生独立思考的能力，反对学生对教师权威的盲从，教师“应该按照他所教育的孩子的能力施教，使他的能力表现出来，让他对许多东西都学一点，然后独立地做出选择和区别，有些时候给他开条路，有些时候要让他自己去开路”④。蒙田的教育思想对 17 世纪英国哲学家、教育家洛克等人的思想产生了非常重要的影响。

四、人文主义教育的基本特征

文艺复兴时期的人文主义教育形成了与中世纪教育截然不同的特征：

第一，人道主义。在中世纪，教育是为了培养信徒，是一种为了神的教育。人文主义的教育宣扬人性，重新恢复了人的尊严，确立了人的价值，始终把人、人的天性的自由发展当做教育的最高目的，主张教育应当以人为中心、以人为目的。以此为出发点，人文主义教育家确立了以德育、智育、体育和审美教育为主的教育内容。

①② 滕大春主编：《外国教育通史》，第二卷，224 页，济南，山东教育出版社，1989。

③ 华东师范大学教育系、杭州大学教育系合编：《西方古代教育论著选》，366 页，北京，人民教育出版社，1985。

④ 滕大春主编：《外国教育通史》，第二卷，225 页，济南，山东教育出版社，1989。

第二，古典主义。在人文主义教育中，古希腊、古罗马的文化和教育成果发挥着巨大的作用。在文艺复兴时期，产生了学习古典作品的广泛需要，对古典人文学科的了解成为取得社会地位的重要条件之一。对人的价值的充分肯定、强调人的多方面能力的和谐发展、注重自由教育等等，这些人文主义教育的基本原则，都是对古典文化精神继承和发展的产物。

第三，自然主义。人文主义教育家极力反对对人的天性和个性的压抑，主张人应按照自己的自然本性生活，根据人的天性进行教育，并使天性得到自由发展。人文主义教育家强调受教育者的兴趣、要求、欲望和自由，重视对新的教育方法的探讨，以便更好地促进受教育者天性的发展。

第四，世俗化。中世纪教育以神和来世为目的，人文主义教育则以人和现世为目的；中世纪教育以神学和教义为主要教育内容，人文主义教育则以古典人文学科为基本教育内容；中世纪教育由教会垄断，人文主义教育则开办了大量世俗学校。人文主义教育极大地推动了西欧教育的世俗化进程。

第五，贵族化。文艺复兴运动本身是一场带有明显贵族化特点的思想启蒙运动，发挥主导作用的始终是一小部分人文主义者连同支持他们的教会和世俗贵族。人文主义者重视的主要是中上层社会的教育，民众及其教育是在人文主义教育家们的视野之外的。

第六，变革性。人文主义教育是西方教育历史上的一次重大变革，复兴了古典文化，创办了一系列新型的学校，提出了一系列崭新的教育思想，完成了教育中的重大革新，实现了从中世纪教育向近代教育的转折，并为西方近代教育的发展奠定了坚实的基础。正因如此，文艺复兴时期通常被当做西方教育现代化历史进程的重要开端。

第二节　宗教改革时期的教育

一、宗教改革运动

宗教改革运动发生于1517年的德国。神学家马丁·路德（Matin Luther）于1517年10月31日发表《九十五条论纲》，拉开了宗教改革的序幕。1520年，他先后发表了《关于教会特权制的改革——致德意志基督教贵族公开信》、《论教会的巴比伦之囚》、《论基督徒的自由》，猛烈抨击罗马教皇和教廷的统治，全面阐发了他的宗教、政治学说。12月10日，路德当众烧毁了教皇的上谕和大量教会法典，一场反对罗马教皇和教廷的民族运动在德国迅速兴起，并最终导致了市民运动和农民起义。德国宗教改革运动爆发不久，在瑞士等地也先后开展了宗教改革。1536年，约翰·加尔文（John Calvin）发表《基督教原理》，阐发改革教义、教仪和教会的主张。在他的领导下，日内瓦逐渐成为以加尔文教义为指导思想的政教合一的共和国。宗教改革事实上是一场社会变革运动，它进一步引发了西欧政治、社会、文化和教育的全面变革。宗教改革的直接结果是：从天主教内部分裂出了新教。

读一读

15—16 世纪的德国在欧洲国家中尚属较为富庶的国家，因而成了罗马天主教廷勒索的主要对象。罗马教廷收入中的 1/3 来自德国，德国因而被称为“教皇的奶牛”。教廷的横征暴敛激起了德国各阶层人民的不满。1517 年 10 月，教皇利奥十世以修建罗马圣彼得大教堂为名，派特使到德国兜售赎罪券称：“只要购买赎罪券的钱一敲响钱柜，罪人的灵魂就可以从炼狱进入天堂。”这是以宗教名义进行的敲诈伎俩。同年 10 月 31 日，神学家马丁·路德在维登堡万圣教堂的大门上贴出《九十五条论纲》，否认教皇拥有赦免任何罪恶的权力，指出：“任何基督徒，只要他能真诚地忏悔，将获得完全解除罪孽，无须乎赦罪券。”1519 年 6—7 月间，路德与当时著名的神学家艾克在莱比锡举行辩论。路德公开指出，教皇不是上帝的代表，宗教会议的决议也可能是错误的，从而否定了教皇和宗教会议的无上权威。

二、宗教改革时期的教育思想

宗教改革在阐述新教义的同时，也提出了较为丰富的教育思想。其中，马丁·路德和加尔文所提出的关于强迫义务教育的学说，对近代西方教育的发展产生了非常重要的影响。

（一）马丁·路德的教育思想

马丁·路德是宗教改革中伟大的宗教领袖。他认为，每个人的信仰来自自己对《圣经》独到的理解，信仰完全是个人的主观体验。这样的阐释在理论上就产生了一种新的教育观念和要求，即使每个人都具有阅读《圣经》和参与教会事务的能力。另外，路德主张，人只要有信仰，在上帝面前就都具有平等的权利和义务。这在事实上就提出了一种平等的思想。这种宗教上的平等便成为受教育权利的平等的根据。

马丁·路德

因此，路德明确提出普及教育的思想，他认为应当使每一个儿童不分性别和等级都受到教育。另外，他还提出了强迫入学的观点。他认为，使自己的子女受到良好的教育是父母的一种神圣义务和责任。他说：“在上帝眼中，使人世承受沉重负担和应受严厉惩罚的公开罪行，莫过于忽视子女的教育了。”[①] 儿童是国家的信使、帝王的信徒以及现实世界和平的基础和支柱。使儿童受教育，不仅是神所欣慰的事，也是父母对国家和社会的义务。政府有责任让父母把自己的子女送到学校接受教育，对拒不承担这种义务的父母应予以惩罚。政府应当像强迫臣民服兵役一样强迫父母送子女入学。

路德认为教育是国家的公共事务，应当由国家来管理，教育关系到国家的安危兴

① 华东师范大学教育系、杭州大学教育系合编：《西方古代教育论著选》，183 页，北京，人民教育出版社，1986。

衰。他说："如果我们为了保护自己免受土耳其人的袭击，情愿出一个金币，那么，为了使一个男孩接受真正的基督教教育，免受无知之苦，我们就应该情愿出一百个金币，因为这样的人所能成就的好事，是无法计算的。""如果我们为了使我们的城市获得暂时和平与安逸，情愿每年花费大量金钱购置枪炮，修筑公路、桥梁、堤坝，那么我们为什么不能花同样多的钱来拯救我们可怜而被忽视的青年，使我们可以有几个熟练精干的教师呢？"①

路德还具体提出了实施强迫义务教育的措施。他认为，各地方政府财政上若有困难，可以用被解散的修道院所得的财产来维持学校。因为，世俗政权是根据神的旨意建立的，它对于臣民的精神事务同样负有责任。

（二）约翰·加尔文的教育思想

加尔文

加尔文重视教育的作用，从多方面阐述了接受教育的重要性。他认为人性是邪恶的，生来具有为恶、犯罪的本能。如果放任人性发展，人就会迅速走向腐败、堕落。因此，人必须接受教育和训练，以抑制为恶的本能冲动，逐步养成为善的倾向，并从事善的活动。另一方面，他认为人对上帝的信仰是后天养成的，因此，为了得到上帝的喜爱、实现上帝的愿望，为了人的现世生活，人也必须接受教育，这样才可以获得直接阅读《圣经》所必不可少的知识和技能，才可以获得信仰。再一方面，在人的生活中，知识具有重要的作用，应当不断地追求知识、探索真理。但人的认识能力有局限性，因此必须接受教育才能培养获取知识所必需的基本技能。另外，真正的基督教徒所应具有的优良品质、人们从事职业为上帝服务的能力与责任都需要经过良好的教育和精心的训练。因此，教育是非常必要和重要的。

基于这些思想，加尔文认为教会、国家、家庭都应当高度重视教育，把它当做一项非常重要的事业。他指出：不仅学校是教育的机构，按照上帝的意志，教会、国家和家庭也都应当成为教育年轻一代的机构。在家庭中，每一位长辈都有责任向家中所有孩子讲授教义问答和基督教教义。教区的行政管理机构或宗教法庭有责任对家庭教育进行监督，以确保家庭教育能够真正合乎基督教的要求。教堂有责任在各种宗教仪式中对儿童乃至全体教徒进行宗教教育。

加尔文明确提出由国家负责对全体公民实施强迫教育。他认为，实施普及教育与免费教育不仅是为了促进宗教信仰，也是为了世俗国家的利益。教育与国家、宗教的利益密切相关。政府应当努力使全体公民都受到良好的教育，学习基督教教义和日常生活所必需的知识、技能。这样一方面可以促进宗教信仰，照顾和保护教会；另一方面有利于国家的意志、法律和政令的执行，有利于社会秩序的稳定，有利于道德的进步。因此，公民的教育有助于国家的发展。所有儿童，不分性别与贵贱贫富，都应当接受教育。为保障公民的这种权利，政府应当开办公立学校，使所有儿童都能进入学

① 华东师范大学教育系、杭州大学教育系合编：《西方古代教育论著选》，180页，北京，人民教育出版社，1986。

校接受教育。

三、耶稣会学校

耶稣会是16世纪西欧宗教改革运动中产生的天主教组织，于1534年由西班牙贵族罗耀拉创建，主要宗旨是在天主教国家中抑制宗教改革运动和在新教国家反击新教。根据罗耀拉起草的《耶稣会章程》，耶稣会同时负有传教与教育的使命。会员不但应是教士，而且应当把从事教育工作当做自己的职责。为此，耶稣会兴建了大量的教育机构，于1599年颁布了《教育计划》作为所有耶稣会学校共同的办学规章。

根据《教育计划》，耶稣会学校的基本目的是培养虔诚的基督教信徒和教士，使学生绝对服从天主教会、为教皇效忠。因此，耶稣会学校采用军队的管理制度，形成了等级森严的组织结构，重视培养服从、顺从、守纪律等品质，严格要求学生绝对服从教师和学校当局。耶稣会的将军是耶稣会学校的最高首领，以下依次为省长、校长、教务监督、教授、舍监、班长、学生。耶稣会学校采用寄宿制，实行免费教育；学生按所学科目分成不同班级，由教师以班级为单位进行集体授课。为加强对学生的管理，耶稣会学校都设立学籍，详细记录学生的学习成绩、在校表现等各种情况。此外，还盛行"侦察制度"，鼓励学生相互监视，规定每个学生都有义务把其他同学的各种过失、隐私向校方检举，校方对告密的学生予以奖励。耶稣会学校实行严格的教学计划和教学大纲。在初级部，学生先后学习初级文法、中级文法、高级文法、人文学科、修辞学。在高级部，第一年学习哲学和逻辑学，第二年学习物理学和宇宙学，第三年学习形而上学、天文学，主要教材是亚里士多德的著作。神学部的教学内容以神学为主，主要教材是《圣经》、托马斯·阿奎那的著作。耶稣会学校的教学主要采用讲解的方法。耶稣会学校对教师培训极为重视，并制定了一整套严格的教师选拔制度。只有在高级部学习3年哲学课程者，才能取得到初级部教授低年级课程的资格；只有在神学部学习6年神学课程者，才有资格到高级部任教。年轻教师任职初期，通常由富有经验的教师指导，并定期进行管理和教育方法的训练。

本章小结

公元14—16世纪，西欧先后兴起了文艺复兴和宗教改革运动，使西欧社会逐渐摆脱了中世纪的阴影，开始向近代过渡。本章主要介绍了文艺复兴和宗教改革时期的教育。在文艺复兴运动中，意大利的人文主义教育、北欧的人文主义教育得到了较快的发展，并出现了许多著名的人文主义教育家。文艺复兴时期的人文主义教育形成了与中世纪教育截然不同的基本特征。在宗教改革运动中，一些新教领导人大力倡导教育，提出了强迫义务教育的学说，反对新教的耶稣会也创办了自己的学校。

关键概念

人文主义教育　　强迫教育

复习题

1. 简述文艺复兴中人文主义教育的基本特征。
2. 分析宗教改革运动对西方教育发展的影响。

讨论与思考

比较分析人文主义教育与中世纪教育的异同。

第十四章　17—19 世纪欧美主要国家的教育

【本章要点提示】

- 了解 19 世纪英国教育的特点及影响
- 理解法国中央集权教育领导体制建立的影响
- 掌握德国强迫义务教育制度的形成
- 了解洪堡教育改革
- 了解美国公立学校运动

【本章内容引言】

1640 年开始的英国资产阶级革命，标志着人类社会从此由古代封建社会进入近代资本主义社会。此后，北美、欧洲以及亚洲的一些国家先后开始了资产阶级革命。到 19 世纪后期，这些国家基本上确立了资本主义的政治制度和经济制度。同时，这些国家为适应政治和经济发展的需要，建立了近代资本主义的教育制度。这些国家，政治、经济和文化发展的特点不同，它们的教育会有怎样的发展呢？又会有怎样的共同点和不同之处呢？

第一节　17—19 世纪的英国教育

一、慈善教育

资产阶级革命以后，英国社会贫富差距扩大，贫苦者剧增。英国统治者为了社会秩序的安定曾于 1601 年颁布了《济贫法》，并设置初等学校。1699 年，国会成立了基督教知识促进会，1701 年又成立了英国国教会、海外福音传播会，劝告各地富人捐款设校。统治者改变了“教育是家庭职责”的老观念，慈善学校一时风起云涌，出现了“免费学校”、“贫儿学校”、“乞儿学校”等。这些学校不收学费，免费供给书籍和衣服；教师必须信奉国教；课程主要是讲授基督教教义，使儿童笃信上帝、勤劳守法，也传授一些简单的读、写知识。

这一时期的英国有两种有重要意义的慈善学校："导生制学校"是一种非常节省师资的慈善学校。"幼儿学校"是由工业资本家中的慈善人士开办的，不受教会的控制。英国伟大的空想社会主义者欧文开办的第一所幼儿学校获得了良好的效果。但总的来说，慈善学校教师水平低、方法机械、不易理解，并且校舍破旧、设备简单，因此，慈善学校很受社会鄙视。宗教团体也设置慈善学校宣传教义。所有慈善学校均属社会救济性质，无定制，毕业生不能升入文法学校和公学。

二、文法学校和公学

文法学校和公学产生于文艺复兴时期，目标是升入牛津、剑桥大学，属中等教育性质，实施天才教育和绅士教育，享有很高的声望。

文法学校主要由天主教教会及传教士建立，1387 年正式确定"文法学校"这一名称。文法学校历史悠久，在 15 世纪前后资本主义萌芽时期得到了很大的发展。文法学校主要是为满足上层社会职业以及一般乡绅秘书对拉丁语和文科知识的需要。公学实际上是文法学校的一种，最初由公众集资兴办，目的在于提高公共教育水平和培养一般公职人员。

文法学校和公学都是学费昂贵的寄宿制私立学校，学生 13～14 岁入学，修业通常为 5 年，毕业后升入大学深造。公学的教学设备、条件及教学质量等都好于文法学校。当时有著名的九大公学，如温彻斯特公学、圣保罗公学、舒兹伯里公学和伊顿公学等。文法学校和公学都注重古典语言的学习和上层社会礼仪的培养，同时也进行体育和军事训练。但在 17—18 世纪，文法学校和公学尚未对近代课程予以重视，因而遭到了一些批评。19 世纪以后，改革文法学校和公学成为英国中等教育改革的一项重要内容。

读一读

哈罗公学（Harrow School）位于伦敦西北角，是英国历史悠久的著名公学之一。它由哈罗当地的一个农民约翰·里昂于 1572 年创建，最初是为当地的男童提供受教育的机会，但经过几百年的发展与演变，今天的哈罗公学是英国最负盛名的私立学校之一，入读的多为本地区以外的富家子弟。

哈罗公学

三、学园

由于公学和文法学校实施的是高收费的绅士教育，贫穷的青年与之无缘；同时，由于国教会的压制与排外，非国教派者无法涉足正规学校。17 世纪，英国出现了由非国教派创办的学校形式，称为"学园"。学园没有政府补助，靠学生缴费维持，收费低廉，受到了人们的欢迎，逐渐发展起来。学园最初以神学课为主。英国诗人弥尔顿早在1644年就指出，学园除传授古典知识以外，还应传授农业、政治、法律、医学、建筑以及军事等科目。18世纪初，受工商业及海外贸易发展的影响，学园才发展成为一种具有实科性质的中学。学园在18世纪以后逐渐衰落，但它的产生和发展不仅对英国的中等教育也对美国的中等教育产生了重要的影响。

四、星期日学校和导生制学校

工业革命以后，英国工厂中的童工教育问题受到了重视。1780年，报馆经理雷克斯仿照学校方式首创了一种在星期日传授宗教知识和粗浅读写知识的班级，主要招收贫困儿童尤其是童工进行教育，后来将其称为星期日学校（Sunday School，也译为主日学校）。1803年英国成立了“星期日学校协会”，要求每个教区至少设立一所星期日学校。19世纪后期，随着正规初等学校的大量开办，星期日学校才日益减少并只限于实施宗教教育。

1798年，英国非国教派教士兰卡斯特（Joseph Lancaster）在伦敦创办学校教育贫苦儿童。由于经费少，师资不足，因而学校实行“导生制”教学。“导生制”的基本方法是：将学生编成小组，每10人一组，指定一个年龄较大且成绩突出者为“导生”，教师先教“导生”，“导生”再履行教师的职责教其他的学生。利用这种方法，一个教师甚至能负责上千名儿童的读 、写、算教学，很适合当时对贫困儿童及童工广泛施行初等教育的要求。导生教学制很快便在英国广泛传开，并发展成为一种运动，教育史上也称这种制度为“兰卡斯特-贝尔制”。但这种教学制度并不能给儿童以系统、充分的知识，教学内容过于简单，教学方法过于机械，19世纪中期以后逐渐被正规学校所取代。

五、国家干预教育的开端

19世纪以前，英国教育为教会所把持，教育的领导与管理主要由罗马教廷属下的英国天主教教会所控制，政府很少干预。1534年英国脱离罗马教廷自组教派，即英国国教，从此教育又受制于国教教会。在教会办学外还有非国教信徒所办的学校，形成了国教派与非国教派在学校教育的开办与管理方面的斗争，而英国政府仍然不问教育。19世纪初期，英国经济的发展对合格的劳动力的需求要求国家必须干涉教育，对广大劳动群众的子女必须进行一定的教育。社会变革的力量促使英国开始实行国家直接管理教育的措施，并日益加强。1816年，英国国会成立了特别委员会调查伦敦贫困儿童教育情况。1833年，国会通过教育补助金法案，决定每年从国库中拨款两万英镑作为初等学校的建设补助金。这是英国教育从宗教教派活动或民间活动向国家化发展的转折点，也是英国建立国民教育制度、直接把握教育权的开端。1839年，英国政府首次设置了“枢密教育委员会”，直接掌管、监督补助金的分配；1856年该机构改名为“教育局”，成为政府领导全国初等教育的机构；1899年，废教育局，建立由议会直属的“教育署”，把对中等教育的领导权集中起来，从此初步完成了英国教育领导体制的国家化。

六、"新大学运动"

19世纪，产业革命下文化科学的新发展要求大学研究和支援新的课程，但当时的牛津大学和剑桥大学仍恪守古典教育的传统，在一些具有自由主义思想的非国教派人士、重视科学发展的世俗学者以及一些工业资本家等人物的推动下，英国开始了"新大学运动"。

19世纪初，著名诗人汤玛斯·凯普贝尔（Thomas Campbell）提出了要为富裕的中层阶级子弟建立一所非寄宿制的、有专业分科的、费用低廉的"大伦敦大学"的设想。1828年，他在伦敦建立了"伦敦大学学院"。学院校务会确定了基本的教育目的、课程等，规定学院为世俗的高等教育机关，以教授自然科学学科为主，不进行宗教教学，产生了很大的反响。伦敦大学学院遭到了贵族与国教会的妒忌。1829年，国教派在伦敦成立了国王学院进行"一般教育"，除古典语文、宗教与道德以外，也开设自然科学、经验哲学、伦理学、商业原理、近代外语等学科。

1836年，伦敦大学学院与国王学院这两个并存对峙的新式高等教育机关合并为伦敦大学。19世纪下半期，伦敦大学带动"新大学运动"进一步发展，英国其他城市纷纷成立大学，如曼彻斯特的欧文学院、里兹学院、伯明翰学院、利物浦学院等。这些新大学的共同特点有：由民众办理；注重工业和科学领域；教育面向中产阶级，招收学生没有教派及性别限制，采用住宿与走读两种制度；注重科学、数学与商业科目等。"新大学运动"的开展，使英国大学在加强与社会联系、扩大受教育对象、推进课程改革等方面都发生了很多重要的变化。

七、1870年《初等教育法》

19世纪下半期，英国工业革命基本完成，资本主义经济的发展要求工人具有一定的机器大生产的素质，对工人的知识和技能提出了一定的要求，于是产生了普及初等教育的需要。1870年国会正式颁布了《初等教育法》（又称《福斯特法案》）。1870年《初等教育法》的颁布，是英国国民教育制度正式形成的标志。

1870年《初等教育法》主要规定了如下一些内容：（1）国家继续拨款补助教育，并在缺少学校的地区设置公立学校。（2）全国划分学区，由选举产生的"学务委员会"负责本学区的教育工作。（3）各学区有权实施5～13岁儿童的强迫教育。（4）承认以前各派教会所兴办或管理的学校为国家教育机关。（5）学校教学与宗教分离，接受公款补助的学校不得强迫学生上特定的宗教课，学生有权利自己选择上或者不上。

1870年《初等教育法》在当时只适用于英国的劳动人民子女，上层社会子弟仍然在家或在预备学校中接受进入中等学校的预备教育。但《初等教育法》的颁布，标志着英国国民教育制度的正式形成，从此，英国出现了公立、私立学校并存的局面。

近代英国出于经济和社会发展的需要对教育做出了一定的改变。虽然学校的阶级性仍然很明显，但也在一定程度上关照到了劳动人民子女的教育，教育内容向世俗化发展。1870年《初等教育法》的颁布使得英国初等教育向前迈进了一步。

第二节　17—19 世纪的法国教育

一、胡格诺派和冉森派的教育活动

17—18 世纪，虽然法国专制政府也颁布了一系列有关教育的法令，但由于政府不直接办学且新教力量较小，所以法国教育始终为不同教派所掌握。其中，胡格诺派和冉森派推动了法国早期初等教育的发展。

胡格诺派对这一时期法国初等教育的普及和中等教育的改革影响较大。胡格诺派的惯例是：每建立一个教堂，就要举办一所初级学校。在胡格诺派控制的地区，实行强迫初等教育，对不送子女入学的父母要罚款。学生在校主要学习读、写、算的初步知识和唱歌，也记诵本教派的教义。后由于当局迫害新教徒的政策，使得胡格诺派的教育活动遭到了破坏。胡格诺派所办的中级学校被称为学院或基础学校，低年级着重讲各种文字的基本文法与语言的基本训练，高年级学生阅读希腊和罗马一些作家的原著，学习修辞学。18 世纪时，胡格诺派的学院就不复存在了。

冉森派是 17—18 世纪在欧洲流行的基督教教派，他们的主要教育活动也是在小学和中学层次。按照冉森派的观点，每名教师只应教 5～6 名学生，这样才能保证师生的亲密交往。他们反对对儿童滥施惩罚，强调通过教师的榜样和亲切的谈话来教育他们。在教学上，冉森派强调本族语的地位；在方法上，他们反对强记，重视判断力和读写技能的训练，主张采用实物教学。对年幼的儿童，他们还建议将学习和游戏结合起来。17 世纪 60 年代学校被迫停止后，冉森派学者们继续从事学术活动，留下了很多教学著作，如《坡特·诺亚尔语法》、《论王子的教育》和《儿童教育法规》等。

二、“基督教学校兄弟会”的教育活动与耶稣会学院

1684 年，天主教神父拉·萨尔（La Salle）建立了“基督教学校兄弟会”，成为此后法国从事初等教育的重要力量。拉·萨尔拟订了一个《学校指南》，作为该学校组织教学的指导。“基督教学校兄弟会”注重师资培养的问题，它于 1685 年在兰斯创办了西欧最早的一所师范学校教师讲习所。这一时期的初等学校以宗教教育为主，辅以读、写、算的教学；以法语讲课，面向社会下层的子弟。

1618—1746 年，耶稣会创办的学院是法国中等教育的重要力量。耶稣会学院重视古典人文学科的学习，主要教学内容有古典语言、哲学和神学。耶稣会学院按照 1599 年公布的《教育法规》来管理和教育学生，在管理和教学上都形成了自己的特点。

三、法国大革命期间的教育计划

1789 年法国的资产阶级大革命对法国和欧洲的教育发展产生了重要的影响。在法国大革命中先后上台的君主立宪派、吉伦特派和雅各宾派，在反对封建专制的同时在教育改革方面分别提出了代表性的方案，如塔列兰的教育法案、康多塞的《国民教育组织计划纲要》等。

读一读

法国大革命，是 1789 年在法国爆发的资产阶级革命。统治法国多个世纪的君主制封建制度在三年内土崩瓦解。法国在这段时期经历着一个史诗式的转变：过往的封建、贵族和宗教特权不断受到自由主义政治组织及上街抗议的民众的冲击，旧的观念逐渐被全新的天赋人权、三权分立等民主思想所取代。

君主立宪派的塔列兰提出的教育方案指出：必须改造教育以创造“新的习惯、新的情感和新的风尚”来巩固新的政治制度，必须教育公民认识与保卫宪法；主张建立国家教育制度，认为国民教育制度应成为维持“以私有财产为其真正基础”的社会制度的手段。塔列兰教育方案规定了小学、中学、专门学校和大学院四级学制，在教育内容上把公民道德及宪法列为各级学校的主要学科，又使宗教在学校课程中占重要地位，培养教士的专门学校也居于重要地位，并且保留了教士在国立中学中担任教师的权利，体现出了它的明显的折衷性质。但是由于制宪会议很快让位给了立法议会，所以，该方案在法国并未真正实施。

吉伦特党人取得主导地位以后的教育改革报告《国民教育组织计划纲要》提出，国家应担负教育其男女公民的责任，建立起包括初级小学、高级小学、中等学校以及专门学校（大学）的学校体系。四年制的初级小学实施普及的公共教育；中、高等教育的目标是培养担任政府公职和从事研究工作的人才。报告还主张废除传统的宗教教育，要求从初等教育开始就要培养学生了解公民的权利和义务。报告反对教学上的古典主义倾向，重视科学知识的价值。

法国大革命期间，类似的教育改革方案还有 20 多个。尽管这些方案的内容各异，但都反映了法国资产阶级对教育改革的基本主张，即：建立国家教育制度；国家应实施普及教育，保护个人有受教育的权利和机会；主张实现教育世俗化和科学化。方案还在男女平等教育、成人教育等方面提出了要求。由于政权更替频繁，这些教育方案在教育实践中都没有作为，但对后来法国教育的改革和发展产生了重要影响。

四、拿破仑时期的教育改革

1799 年，拿破仑建立了法兰西第一帝国，在教育方面确立了中央集权式的教育管理体制，确立了完整的学制，各级各类教育事业都获得了发展。

拿破仑教育改革的指导思想之一就是教育要为国家服务。他主张通过教育为国家提供受过训练的忠实的行政官员，从而使教育与帝国的社会秩序和专制性质相一致。因此，拿破仑在承认天主教在法国的合法地位的同时要求天主教遵守中央政府的各项制度。此外，拿破仑颁布了很多重要的教育法令，比如 1802 年的《关于公共教育的基本法》和 1806 年的《关于创办帝国大学的法令》等。这样，中央集权制的教育领导体制逐渐建立起来。

帝国大学和大学区制是拿破仑时期教育的突出特点。帝国大学是掌握全国教育行政最高权力的领导部门，其首脑叫做总监，由拿破仑亲自选择、任命。帝国大学附设评议会与若干名总督学。在帝国大学下，全国设 27 个大学区，每区分管几个省的教育行政领导工作。大学区设总长和评议会以及大学区督学。帝国大学和大学区的成员以及大学和中学的教师，都属于国家官员，有严格的任命制度。另外，开办任何学校或教育机构都必须得到国家的批准。这样，全国的学校工作都处于国家中央集权的层层严密监督之下。这种做法在法国延续了将近两个世纪之久，只不过在不同时期其机构名称和组成有所变化而已，它对法国教育产生了巨大而深远的影响。

五、《基佐教育法案》与《费里教育法案》

19 世纪 30 年代开始，法国工业革命速度的加快、资本主义的发展都要求劳动者接受必要的训练以掌握机器生产所需的知识与技能，统治阶级开始重视初等教育。

法国于 1833 年 6 月通过了大力发展初等教育和师范教育的《基佐教育法案》。《基佐教育法案》规定：每个乡必须设立一所初等小学，每个城市要设立一所高等小学。地方有权征收特别税款作为教育经费，同时学校也实行收费；如果经费仍然不足，则由国库补给。各省设立师范学校培养初等学校所需的师资。所有小学教师都必须接受师范教育的训练，通过国家证书考试后才能任教。教师资格的标准由中央政府直接掌握，废止 1830 年以前宗教团体和教会推荐教师及颁发教师资格证书的权力。

1881—1882 年，法国颁布了《费里教育法案》，它是后来在法国历史上实施最久的教育法。《费里教育法案》强调在资产阶级共和主义思想基础上，建立法国的“精神统一”，从而巩固法兰西共和国。《费里教育法案》规定：儿童 6 岁入学。初等教育为义务教育，实施初等教育的小学和实施学龄前儿童教育的母亲学校都是免费的；废除 1850 年《法卢法案》中关于教会对学校的特权，取消公立学校的宗教课，改设道德和公民教育课等。

六、中等教育的发展

19 世纪初法国的中等教育受到拿破仑第一帝国的高度重视，得到了很大的发展，表现为大批国立和市立中学成立。

国立中学学制 6 年，主要目标是为升入大学做准备，课程包括法语和文学、古典语文(拉丁语和希腊语)、修辞学、道德、数学、理化、天文和史地等，既重视科学知识，又给予古典文科科目以重要的地位。市立中学由地方政府设立，课程主要是古典语言基础、历史及其他科目的基本原理。此外，当时还有许多私立中学。

在拿破仑第一帝国之后，法国的中等教育也处于变化之中，现代与古典、实科与文科的课程应在学校中所占的地位问题一直是争论的话题。国立中学与私立中学也在不断变化之中。第二帝国时期，法国教育部长福尔图尔等人提出了中等教育分为两个阶段实施的教育改革计划：突出文、理科教育，反对宗教束缚，要求中等教育为现代工业发展培养技术人才。普法战争后，法国中等教育加强了现代语言、历史、地理和体育的教育，并且国立女子中学和市立女子中学先后创立。整个 19 世纪下半叶至 20 世纪，法国中等教育课程设置一方面维护古典主义的传统，为中央集权国家庞大的官僚机构培养文职官员服务；另一方面为适应国际资本竞争和科学技术发展的需要，不断增设相应的教学科目，并提高其地位和所占比重。

第三节　17—19 世纪的德国教育

一、强迫义务教育

17—19 世纪中期，德国境内小邦林立，长期的封建割据使德国资本主义发展相当缓慢，落后于英、法。随着工人阶级力量的日益壮大，德国资产阶级更是不敢进行反对封建贵族的革命斗争。这是德国国内形势的显著特点。欧洲政局的发展和变化，也直接或间接地影响着德国教育的发展。

德国最初的学校教育和宗教改革运动密切相关。各教派基于其势力扩展的需要，都十分重视教育工作。受路德思想的影响，德意志境内各邦从 16 世纪中期开始先后颁布普及义务教育的法令，使德国成为近代西方国家中最早进行义务教育普及的国家。

1559 年，威丁堡颁布了强迫教育法令，规定国家在每个村庄设立初等学校，强制家长送子女上学。后各公国陆续颁布强迫教育法令，其中普鲁士的教育法令最为突出。普鲁士于 1794 年颁布的《民法》中关于学校教育有明确规定：教育青年是国家的职责，各级学校均系国家机构，其设立必须经国家允许，受政府的监督，要教给青年有用的知识。《民法》还规定：教会办理管辖的学校，或政府和教会共同管辖的学校，也必须按照国家立法行事，且以服从政府为先。《民法》虽然不是专门的教育法规，但被视为普鲁士世俗教育的“大宪章”。后普鲁士先后多次颁布教育法令，详细规定了国家办学、强迫义务教育、学校课程、办学经费、教师、家长责任等方面的具体要求和措施，表明了德国近代教育的世俗化特点。

二、文科中学和实科中学

在 17—18 世纪，德国中学的主要形式是文科中学。文科中学是一种贵族学校，主要任务是为升学做准备，使贵族子弟以后成为社会上层职业者，如医生、律师、牧师和官吏等。文科中学与初等学校无直接关系，到初等学校受教育的是劳动者子弟。文科中学和大学有着直接的联系，只有文科中学的学生才有权升入大学。

18 世纪初德国就已经出现了与文科中学相对的实科中学。中等教育的贵族性不利于资本主义的发展，也不能适应和满足工商业对教育发展的要求，实科中学应运而生。实科中学是一种新型的学校，既具有普通教育的性质，又具有职业教育的性质，因而获得了快速的发展。1747 年，赫克在柏林开办了“经济学、数学实科学校”，是德国第一所正式的实科中学。学生先在预备班里学习，然后各按志愿选择一项专科，如几何、建筑、物理、商品制造、贸易或经济等。

实科中学加强了科学与教育的联系，体现了新的自然学科与旧的古典学科的斗争，是资本主义生产方式与封建的生产方式斗争的反映。但在整个 18 世纪，实科中学的社会地位比文科中学要低得多。

三、泛爱主义教育

18 世纪 70 年代，德国出现了以泛爱主义为宗旨的教育运动。其发起人巴西多（Basedow）根据法国教育家卢梭的思想提出：教育应培养学生博爱、节制、勤劳等美德，教育应该注重儿童的兴趣，反对压抑儿童发展的经院主义和古典主义教育，教育的主要任务在于增进人现世的幸福，教育要以掌握实际有用的知识为主。泛爱主义者认为儿童的天性是善良的，要让儿童自由发展。他们还认为健康的身体是儿童心智发展的必要基础。因此，在泛爱主义者创办的学校中，体育占有重要地位。巴西多还提出了寓教育于游戏中的进步教育主张。泛爱主义者重视发展理性，重视现代语和自然科学知识。1774 年，巴西多创办了一所“泛爱学校”，实践他的教育主张。在他的影响下，当时德国还开办了另外一些泛爱学校，这些学校主要教授实科知识、本国语、外语、体育、音乐、舞蹈等科目，在教学过程中采用“适应自然”的方法，以直观性原则为依据，通过对话、游戏和参观等方式，培养儿童的智力，让儿童主动地学习。

四、洪堡教育改革

1806 年，普鲁士战败，德国进行了多方面的改革。在新人文主义的推动下，德国改组了教育领导机构，对各级学校进行了整顿和改革。新人文主义的代表人物之一威廉·冯·洪堡（Wihelm von Humboldt）时任德国教育部的部长，他制定的一系列改革方案对德国教育改革发挥了重要作用。

洪堡认为初等教育的目的是发展学生的理性，陶冶学生的道德情操，培养学生的宗教情感，为进一步的学习做准备。在学科内容上，他减少了宗教神学课，增设了实用知识的学科，如史地、自然常识等。在教学方法上，他废除了体罚和死记硬背，采用实物直观教学。

洪堡重视师范教育，主张积极学习裴斯泰洛齐的师范教育思想。到 19 世纪 20 年代至 30 年代期间，德国的师范教育因受裴斯泰洛齐的影响有了较大的发展，开办了多所师范学校，对学生进行多方面的培养。师范生的学习科目范围较广，包括德语及文学、数学、地理、历史、自然、物理、教育学科，也包括神学课。师范教育的发展为小学教育提供了较多的师资。

关于中等教育，1810 年制定的中学教育计划削减了古典学科的内容，把语文、数学作为基础课程，还增加了地理、历史和自然科学的科目。此外，洪堡在改革中规定，凡是要担任中学教师的人必须通过国家考试，合格的给以中学教师称号。这打破了文科中学一般都是由大学神学科毕业生和准备从事牧师职务的神学者担任教师的局面。

在高等教育方面，洪堡提出了学术自由的原则、教学与研究相结合的原则。1810 年，洪堡等人创建了柏林大学，新的办学思路着眼于研究高深的专门知识和科学学术水平的提高，提倡师生的独立研究和对学术方面的建树及贡献。此后，很多新大学都仿照柏林大学的模式先后建立了起来，如波恩大学、慕尼黑大学等。原来的大学也仿照新大学进行了改变。

第四节　17—19 世纪的俄国教育

一、彼得一世的教育改革

18 世纪初，沙皇统治者彼得一世为了改变俄国的落后状况，对俄国进行了多方面的改革，对教育领域的改革主要包括实科性质学校的创建、调整初等义务教育结构以及建立科学院等。

1701 年，为培养军事和工业部门的各种专门人才，彼得一世创办了著名的实科学校，设有数学、天文学、地理常识、测量学、航海学等课程；1707 年在莫斯科设立了外科医学校培养军医；1712 年在彼得堡和莫斯科等地先后开设了炮兵学校和工程学校培养工程人员；此外，还开办了外语学校、航海学校和矿业学校等。

关于初等义务教育，彼得一世进行了举办普通国立学校的尝试。1714 年，他命各教区开办计算学校，教学内容以世俗知识为主，尤其重视数学学科的教学。彼得一世时期还开办了一些初级俄语学校，要求贵族对其子女进行教育。

彼得一世还提出了建立科学院培养高级人才的设想，并草拟了章程。章程规定，科学院要附设大学和中学，研究与教学并重。彼得一世逝世后不久，彼得堡成立了科学院。但是，有些学校（如工程学校、炮兵学校等）很快也就衰落了；有些学校仍然存在了一段时间，但这些学校的等级性加强了。彼得一世的教育改革对俄国教育的近代化有一定的推动作用，但由于改革是自上而下进行的，因而在彼得一世去世后缺乏直接的推动力就陷入了停滞，直到 1755 年才建立了具有俄国特色的莫斯科大学。

二、《国民学校章程》

1786 年，叶卡捷琳娜二世颁布了国民学校委员会制定的《国民学校章程》。章程规定：各地设立国民学校，在当地政府领导下聘请校长来管理；当地政府、贵族、商人共同承担办学经费；省城设立五年制的中心国民学校，县城设立两年制的初级国民学校；初级国民学校和中心国民学校一律免费；此外还对国民学校的学制形式、课程内容、师生品德、教学乃至日常生活和宗教信仰做了严格规定。到19世纪初期，许多中心国民学校改为中学，许多初级国民学校改为县立学校。《国民学校章程》是俄国历史上颁布的最早的有关国民教育的正式法令，对俄国国民教育制度的建立发挥了重要的作用。

三、《大学附属学校章程》

19世纪初，法国革命的浪潮一再激起俄国反抗专制统治的活动。在国内外各种进步力量的压力下，沙皇专制政府再一次允诺改进朝政、改革教育。亚历山大一世即位后在内政和教育方面采取了比较自由的政策。他于1803年和1804年分别颁布了《国民教育暂行章程》和《大学附属学校章程》。

1804年的《大学附属学校章程》规定：将全国划分为6个大学区，每区设立一所大学；大学区有教学和科研的权力，还有管理本学区各级普通学校的权力。大学下设有堂区学校、县立中学和文科学校。堂区学校是一种初级学校，修业一年，学生毕业后可以升入县立学校。县立学校是在堂区学校之上的一种初级学校，修业二年，学生毕业后可升入文科学校。文科学校是中学的一种，修业四年，学生毕业后可以直接升入大学。各级学校都不收学费，学生也不受信仰、身份和社会地位的限制。各级学校的课程内容除神学、古典学科（大学和中学）外，还有自然科学和社会科学。《大学附属学校章程》建立了相互衔接的学校系统，但并未得到很好的落实。

拿破仑帝国崩溃后，俄国公开宣布“国民教育必须以敬神为基础”。1817年，俄国成立了“宗教事务与国民教育部”，更增强了宗教、僧侣在教育方面的地位和东正教会对学校的控制。1819年，堂区学校和县立学校开展收费，限制非贵族子弟入学。大学被视为自由思想的策源地，许多具有进步思想的大学生和教授被开除。1826年，沙皇政府更加露骨地实施反动教育政策。此后尼古拉一世时期的30年间，俄国的教育政策更是趋于倒退和反动。

四、19世纪60年代的教育改革

在公共教育运动的压力下，沙皇政府于19世纪60年代颁布了一系列学制改革的法令。1860年，俄国颁布了《国民教育部女子学校章程》，规定了六年制的女子初等学校和三年制的女子高等学校（相当于中学）。这是俄国历史上第一次规定建立女子学校。1863年颁布的《俄罗斯帝国大学章程》规定大学有若干自治权，给予大学较大的自由。1864年颁布的《初等国民学校章程》规定人民有权接受各级教育，并授权地方自治机关、社会团体和私人开办国民学校，招收社会各阶层的儿童，在教师的任命方面给教士一些特别的优待。1864年颁布的《文科中学和预备学校章程》宣布文科中学招收各阶层的子弟入学，使俄国的中等教育机构从封建的等级学校向资产阶级的学校前进了一步。该章程还决定设立古典文科中学和实科中学。

19世纪60年代俄国颁布一系列教育改革法令以后，俄国的各级教育都得到了一定的发展，但60年代以后又出现了倒退。俄国近代教育在改革与倒退的交替中的突出特点是带有鲜明的军事封建等级性质和宗教神学的性质，具有很大的反动性。

第五节 17—19 世纪的美国教育

一、美国殖民地时期的教育

美国殖民地时期，北部、中部和南部地区的教育有着不同的特色。移居到北部殖民地的多是英国清教徒，他们提出了创办公共的由政府控制的教育，重视初等教育。北部教育的主要目的是教会儿童阅读和培养合格的牧师。1636 年，北部创立了美洲第一所大学——哈佛学院培养牧师，但当时水平还远不及欧洲的古典大学。中部的移民民族众多、宗派林立，各个宗派分别按自己宗主国的模式开办学校，教会负责教育，主要教育机构是堂区学校。南部殖民者多是来自英国国教会的成员，教育模式完全照抄英国，他们不热心举办公立教育事业，子女在家庭进行初等教育或中等教育后送往英国或欧洲的中学和大学深造。奴隶和贫困自由民很少有受文化教育的机会。

总的来说，殖民地教育主要是宗教性质的，施行权威教育。直到 18 世纪，情况才开始发生改变，要求对待儿童要爱而不是令其畏惧，要靠兴趣学习而不是死记字句。殖民地时期形成了教派学校、慈善学校、拉丁文法学校和文实学校及一些学院等。慈善学校是为孤儿和贫儿办的，在教学与管理上都效仿英国。拉丁文法学校主要集中修习拉丁文，纪律严明，极重体罚。文实学校是一种既有古典学科又重视实用学科的中等学校，其课程有重英语文法、作文、文学、修辞、数学和社会学、现代语言、科学、艺术、音乐、测量以及航海、机械制图等。后来文实学校受古典学校的影响转而为升学做准备。

二、教育分权制的确立

美国实行地方分权制，宪法规定教育是属于州的权力。早在殖民地时期，美国的教育行政领导权就以各殖民地地方（即独立后的州）为最高单位，但对教育是由联邦控制还是由州控制、是由宗教团体控制还是由社区控制有过激烈的斗争。1837 年，美国马萨诸塞州首先通过法律，规定成立“州教育委员会”作为地方教育行政机关，下设学区。学区的划分在不同的时期经历了乡制学区、镇制学区、县制学区和市制学区。但在各州的实际教育工作中，几种学区制几乎都同时存在。美国还在各州设立“州学校督察长”，征收“办学税”等，由此确立了美国教育由州一级管理的教育分权制度。南北战争后，美国人开始感到有设立中央教育行政机构的必要。1868 年，美国设立了教育总署，附属于内政部。但美国中央教育行政机构并不干涉各州的实际教育举措，只负责收集和分发统计材料和情报、管理联邦教育经费、为各州学校系统提供咨询帮助、召开各种教育问题讨论会以及举办各种教育展览等。美国教育领导的分权形式，在全世界是最典型的。

三、公立学校运动

19 世纪 20 年代以后，美国这个后起的资本主义国家以惊人的速度发展了起来。资产阶级的民主主义运动与工人阶级争取教育权的斗争都在客观上要求重视教育，以培养新型劳动力并使之能够参与社会政治生活。19 世纪 30 年代，美国掀起了一次重要的普及义务教育运动，即公立学校运动。

公立学校运动主要指依靠公共税收维持、由公共教育机关管理、面向所有公众的免费的义务教育运动。公立学校运动最初发生在初等教育领域，其主要特点有：(1) 建立地方税收制度，兴办公立小学；(2) 颁布义务教育法，实行强迫入学；(3) 实行免费的义务教育。19 世纪后期至 20 世纪初期，美国公立学校运动的进行主要是在中学，公立学校实行免费的原则为更多的人提供了接受中等教育的机会。美国公立学校的大量建立，奠定了美国资本主义教育制度的基础。

公立学校的大量开办刺激了美国师范教育的发展。1839 年，马萨诸塞州开办了美国第一所州立师范学校，专门培养公立小学教师，注重传授教学法，代表了美国东部师范教育的特点；1853 年，伊利诺伊州创办了美国第一所私立学校，不仅注重教学法，还要求教给学生比较全面的实用知识，入学资格较宽松，是美国中、西部师范教育的代表。

四、学术型大学的创建

美国高等教育的办学形式、学校类型、课程设置以及教育规模等在 19 世纪发生了重大的变化，除了私立大学外，还出现了州立大学，其大学办学深受欧洲（特别是德国）世俗大学重视学术水平的影响。如：哈佛学院，1870 年改称大学，1865 年摆脱了教会与政府的控制，实现了自治，加强了学术研究和科学实验。18 世纪建立的王家学院，1810 年重建为哥伦比亚学院，1912 年正式定名为哥伦比亚大学，成为学术水平很高的文、理、工、医多科性的私立综合大学。1855 年，美国西部加利福尼亚州设立了私立的斯坦福大学，后来发展成为美国著名的科研中心之一。1876 年建立美国霍普金斯大学，首次建立了集中精力钻研学术的研究生院。此后，美国许多著名的大学也都以德国大学为榜样，开始向学术型发展。

五、《毛雷尔拨地法》

19 世纪 60 年代，一些州财力不足，无法致力于实用领域的学校建设，不能满足社会经济发展对教育提出的要求。为解决这一问题，毛雷尔向国会提出一个法案，于 1862 年获得了国会的通过，这就是《毛雷尔拨地法》。法案规定：联邦政府按各州在国会的议员人数，以每位议员拨三万英亩土地的标准向各州拨赠土地，各州应将赠地的收入用于开办或资助农业和机械工艺学院。后来，美国大多数州创办了农业学院或在原有的大学内附设了农业学院，改变了美国高等教育重理论轻实际的传统。

纵观美国教育制度的发展过程，注重向欧洲的进步教育措施和理论学习，并能将其与本国的实际有机结合，这对各国都是一个很有借鉴意义的经验。美国一向高唱民主和教育机会均等，但实际教育中却有着严重的阶级差别和种族歧视，这是源于资本主义制度的不可克服的矛盾。

第六节　17—19世纪的日本教育

日本是亚洲第一个走上资本主义道路的国家。日本近代社会经历了明治维新时期、资本主义确立时期和向帝国主义过渡时期三个发展阶段。日本教育在不同的阶段有着不同的特点。

一、明治维新的教育改革

1868年，日本人民推翻了德川幕府，成立了大地主和大资产阶级联合执政的天皇制明治政府，并开始在政治、经济、军事和文化教育方面实行一系列改革，史称“明治维新”。“富国强兵”、“殖产兴业”和“文明开化”是明治政府各项政策和措施的总方向。1871年，日本设立了文部省，全国的文化教育事业都归文部省主管，这是日本建立中央集权教育管理体制的开始。

1872年，日本颁布了《学制令》，建立了全国的学校教育体制。按照《学制令》的规定，全国实行中央集权式的大学区制。也就是在文部省的统一管辖之下，将日本划分为8个大学区（一年以后又改为7个），每个大学区设立1所大学；每个大学区又分为32个中学区，各设1所中学；每个中学区又分为210个小学区，各设1所小学。在纵向学制上，小学分为上等小学和下等小学两段，各4年；中学分为初中、高中，各3年；大学分理学、化学、法学、医学、数理学等8个学科。日本的学区制和学校体系主要是模仿法国的教育制度，而在课程设置和教学内容的选择方面则主要借鉴了美国的教育。日本的教育行政管理也曾参照过美国把教育行政的领导权力交给地方的经验，1879年颁布的《教育令》一度废除了大学区制，改为美国式的地方分权制。但不久，随着自由民权运动被镇压，1880年底，日本对《教育令》进行修改，又恢复了中央集权的大学区制，重新强化了日本传统的中央集权的教育领导体制。这种学区制和学校体系在创建日本近代学校制度和促进教育事业的发展等方面都起到了很大的推动作用。

二、《学校令》

1886年，在文部大臣森有礼的主持下，日本颁布了《学校令》，其中包括《帝国大学令》、《师范学校令》、《中学校令》和《小学校令》。

1886年3月2日颁布的《帝国大学令》，将东京大学改名为帝国大学，其主要任务是适应国家发展的需要，教授学术、技术理论，研究学术和技术，由大学院和分科大学组成。

1886年4月9日颁布的《师范学校令》，规定了师范学校的目标应该是培养教师应有的顺良、信爱、威重的品德和学识，将师范学校分为普通师范学校和高等师范学校。普通师范学校由地方设立，主要培养公立小学的教师和校长；高等师范学校由国家设立，且只在东京设立1所，由国库支出学校经费，以培养普通师范学校的教师、校长以及中学的教师为目标。

1886年4月颁布的《中学校令》，规定中学是为实业教育和高等教育培养人才的基础教育，分为普通中学和高等中学。普通中学修业5年，由各府、县设置，归各府、县管辖；高等中学修业2年，由文部大臣管理。高等中学是大学预科性质，设有法科、医科、工科、文科、理科、农科和商科等科目。

《小学校令》与《中学校令》同日颁布，规定小学分为寻常小学和高等小学两等，修业年限均为4年。1890年10月，日本修改《小学校令》后重新公布，确立了小学4年义务教育制度，进一步明确规定了小学教育要注重儿童身体的发育，要实施道德教育和国民基础教育，传授生活中必须具备的普通知识与技能，并且特别强调了国民教育，这加重了教育的国家主义色彩。

可见，《学校令》对学术研究与教育、英才教育与国民教育进行了严格区分，把帝国大学视为学术研究中心和培养英才的教育机关，而把小学视为培养顺民的教育机构，高等中学则是通向英才教育的必由之路。它的不足之处在于没有对职业教育给予足够的重视。

三、《教育敕语》

1890年10月30日，日本明治天皇签署颁布了《教育敕语》，重申了日本教育的目标是培养忠诚于天皇的臣民和遵从父辈的孝子；在忠君孝亲的前提下，重视学习富国强兵所需的知识和技能；道德教育方面强调爱国教育以维护皇朝的长治久安，要求“一旦危急，则义勇奉公，以扶翼天壤无穷之皇运”。《教育敕语》维护日本天皇制的国家主义，向日本人民灌输了“尊君爱国”的国家主义思想，把日本教育纳入了日本军国主义的轨道。

《教育敕语》是日本近代教育发展的总纲领，在日本近代教育史上占有极其重要的地位。从颁布之日起直到第二次世界大战结束，《教育敕语》起到了规定日本教育方向的教育基本法的作用。《教育敕语》的产生是日本确立君主立宪制的必然产物，反映了日本当时的政治思想战线上的矛盾斗争，同时也是儒学派和国学派战胜洋学派的结果。

日本近代教育的发展过程，既不同于西方资本主义国家，也不同于东方后进国家。它在学习欧美资本主义国家教育经验的同时，仍然保留了封建主义思想和“武士道”精神。因此，日本近代资本主义教育具有两重性，一方面崇尚知识和科学技术、广泛学习外国资本主义教育，另一方面又保留了封建儒学教育和军国主义教育，形成了日本近代资本主义教育的显著特征。

本章小结

近代以后，各国通过资产阶级革命确立了资本主义制度。资产阶级经济实力的增强以及扩张欲望的增长，必然要求教育有新的发展。各资本主义国家几乎都在这一历史时期确立了本国的资本主义教育制度。当然，由于各国社会条件以及各自的教育历史传统不同，其资本主义教育制度的发展水平、速度、特色也各不相同，彼此在相互借鉴与融合中获得了新的发展。

关键概念

强迫义务教育　　文科中学　　实科中学

复习题

1. 简述 19 世纪英国“新大学运动”的特点及影响。
2. 简述帝国大学和大学区制对法国中央集权教育领导体制建立的影响。
3. 简述德国强迫义务教育制度的形成。
4. 简述洪堡教育改革的主要内容及意义。
5. 总结近代俄国教育的特点。
6. 评述美国公立学校运动。
7. 评述日本明治维新时期的教育改革。

讨论与思考

1. 总结各资本主义国家教育制度的异同。
2. 19 世纪初德国面临的主要问题有哪些？你的看法如何？

第十五章 17—19世纪西方教育思想

【本章要点提示】

- 掌握夸美纽斯的教育思想
- 了解卢梭的自然教育
- 理解裴斯泰洛齐在教育科学发展中的地位
- 掌握赫尔巴特的教育思想

【本章内容引言】

教育学是以教育现象、教育问题为研究对象，归纳总结人类教育活动的科学理论与实践，探索解决教育活动产生、发展过程中遇到的实际教育问题，从而揭示出一般教育规律的一门社会科学。今天，我们一般这样来对教育学进行定义，但是其成为一门专门学科的发展却经历了好几代人的共同努力。1632年，夸美纽斯撰写的《大教学论》是近代最早的教育学著作，标志着教育学成为独立学科。赫尔巴特的《普通教育学》是现代第一部教育学著作，标志着教育学已开始成为一门规范的独立学科。

第一节 夸美纽斯的教育思想

一、生平与思想基础

夸美纽斯（John Amos Comenius）是捷克著名的教育改革家和教育理论家。夸美纽斯生活在捷克民族遭受政治和宗教压迫的时代，从小在“捷克兄弟会”成员家庭中长大并接受教育。1614年，他担任一所中学的校长，开始研究教育改革的问题。1628年，夸美纽斯随“捷克兄弟会”被迫迁往波兰后，开始了教育理论的创作，撰写了《大教学论》、《泛智的先声》等重要著作。他继承了欧洲文艺复兴和宗教改革时期人文主义教育思想的成果，总结了自己长期从事教育实践的经验，对教育理论与实际问题做了系统的阐述，其代表作《大教学论》是西方第一部系统论述教育、教学问题的著作，标志着独立形态教育学的开端。该书的主要目的之一是要“探索并找到一种教学方法，这种教学方法是一种可以使教师教得少而学生学得多的方法”[①]。

夸美纽斯

太阳底下再没有比教师这个职务更高尚的了。——夸美纽斯

以后，夸美纽斯主要从事泛智教育的研究。他先后去过多个国家，宣传泛智教育思想，创办泛智学校，实施教育改革。“泛智教育”认为：人的本性是善的，只要发展人的智力，给人以广泛的知识，就可以使个人和社会得到良好的发展。因此，应使每个人都能尽自己的能力学习和积累所有的知识，国家应为每个人设立适合他们发展需要的学校。

夸美纽斯用近代自然科学方法论的研究成果来认识和解释人和教育的系统具有积极的进步意义，但他在研究中又往往把人和教育看成一部机器，带有机械唯物论的特征。

二、论教育的作用和目的

受人文主义教育思想的影响，夸美纽斯十分重视教育对于社会改良的作用，认为“教会与国家的改良在于青年得到合适的教导”[②]。他的泛智教育思想，就是要通过创办学校来普及知识，扫除愚昧和无知，使国家得到良好的发展。同时，夸美纽斯也十分重视人的地位和发展。他在《大教学论》中指出，人是最崇高、最完善、最美好的，具有生长和发展的潜在机能。因此，教育只需把他原有的、潜在的东西显露出来，并注意个别的因素就够了。夸美纽斯关于教育与人的发展的思想是一种内发论。它强调人内在的发展动力，反对外部的、强制的教育，这与人文主义教育思想是一致的。

从教育与人的发展和社会的发展之间的关系论述出发，夸美纽斯指出教育的作用就在于发展人的内在本性。他认为：假如要去塑造一个人，那便由教育去塑造。上帝在人的心中播下了知识、德行、虔信三颗种子，只有通过教育才能发展它们，使不同的人受到不同的教育，最后达到相同的结果，使聪明的人更聪明，使愚蠢的人去掉愚蠢。因此，他要求教师对儿童的发展要抱有信心。他还认为：教育的直接目的是为现世的人生服务，培养具备完全知识、完美德行和坚定信仰的人。他要求人们注重生命的自然需要，反对把生命浪费在没有价值的事情上，要过好现世的生活。但是，夸美纽斯把现世的人生看成向永生过渡的准备，这是他的思想的消极方面。

有人说，人是一个“可教的动物”，这是一个不坏的定义。实际上，只有受过一种合适的教育之后，人才能成为一个人。——夸美纽斯

① ［捷］夸美纽斯著，傅任敢译，《大教学论》，2页，北京，人民教育出版社，1957。
② 同上书，250页。

三、论“教育适应自然”的原则

“教育适应自然”的原则是夸美纽斯教育思想中根本性的指导原则。他认为：自然界中存在着一种普遍法则，即“秩序”或“事物的灵魂”；人也是自然的一部分，因而教育活动也应服从人发展的自然法则。他批评旧学校的教育工作不符合事物的自然秩序的种种弊端，提出“学校改良的基础应是一切事物里恰切的秩序”，“教导的恰切秩序应当从自然中借来”①。

“教育适应自然”包括两方面的含义：(1) 教育要适应大自然的发展法则。在《大教学论》的第16～18章中，他提出了29条自然法则来论证教与学的一般要求、教与学的便利性原则和教与学的彻底性原则等。例如，他提出了“自然遵守合适的时机”的法则，然后指出，教育应当从人类的春天——儿童时期开始，一天之中，早晨最适宜学习。(2) 教育要适应儿童个体的自然发展，即适应儿童的天性、年龄特征。他说，“自始至终，要按学生的年龄及已有的知识，循序渐进地教导”，教师的任务在于认识和保护儿童的天性，反对强制性的教育观念和做法。再如，教学科目的排列应适应学生的年龄，教学内容的讲授应与学生的心理相适应，学校的设置要满足不同儿童的学习需要，等等。

夸美纽斯利用自然论证教育，提出了很多科学的教学原则，但是当运用自然原因不能说明问题时，他又认为在一切事物里面发生作用的都是上帝，赋予自然以神启的色彩，这是他神学世界观的必然局限。不过，与前人不同的是，他的宗教观保护他的自然观，他的自然观又保护他的教育观，使其教育观带有神圣不可侵犯的色彩，从而为他公开引证自然、全面阐述教育创造了条件。

四、“泛智教育”论和学校教育体系的主张

夸美纽斯在教育活动中十分重视对“泛智”的研究，他认为，教育应当把一切事物教给一切人，学校教育的基本功能应当是给人以广泛的知识教育。因此他写了《泛智的先声》一书，并创办了“泛智学校”。从“教育适应自然”和“泛智教育”的思想出发，夸美纽斯论述了学校教育的体系和普及教育的思想。

夸美纽斯认为：人受教育的最好时期是从出生到成年（0～24岁）这一阶段。从出生到6岁是婴儿期，儿童在母育学校接受家庭教育，培养外部感觉。7岁到12岁为儿童期，在每一村落设立国语学校，培养儿童的内部感觉（包括想象力和记忆力等），为初等教育。13岁到18岁为少年期，在每一城市设立一所拉丁语学校，培养儿童的理解力和判断力，为中等教育。19岁到24岁为青年期，在每一王国或省设立一所大学，培养学生的协调性和意志力，为高等教育。夸美纽斯首次提出了这种前后衔接、统一的学校教育体系，这对近代学校教育制度的形成具有重要的影响。

夸美纽斯十分重视通过设置学校开展普及教育工作。针对当时封建社会等级教育只注

① ［捷］夸美纽斯著，傅任敢译：《大教学论》，70页，北京，人民教育出版社，1957。

重富人子弟而穷人子弟很少上学的现状，他提出："所有城镇乡村的男孩和女孩，不论贫富和贵贱，都应该进学校。"他还强调，应当将初等教育普及到手工业者、农民、脚夫和妇女，使广大劳动人民有一定的受教育权。夸美纽斯关于普及教育和扩大教育对象的主张，尽管在当时不可能实现，但反映了他对民主和平等理想的追求。

五、教学论

教学论是夸美纽斯教育思想的核心。他认为教学论就是阐明"把一切知识教给一切人的艺术"，教学论应该研究使教师可以少教而学生可以多学等问题。于是，夸美纽斯提出了有关教学原则、教学组织形式、教学过程和教育用书等一系列主张，形成了夸美纽斯教学理论的丰富内容。

（一）教学原则

夸美纽斯批判经院主义的教学原则只强调教学的强制性和繁琐性，让年幼的儿童学习许多无用、艰深的内容，这是一种脱离实际、残害儿童的教学。他主张教学要遵循自然的法则。

（1）直观性原则。夸美纽斯认为，一切知识都是从感官的感知开始的。因此，教学要为儿童提供感知事物的条件，充分发挥其多种感官的作用。教学要从观察实物开始，如不能进行直接观察，可利用图像或模型代替。教室内要布满图画，教科书中要有插图。

（2）循序渐进原则。夸美纽斯认为如同事物的有序发展一样，教学活动也应按一定顺序进行。教学中要根据儿童的特征合理地安排教学科目的顺序，使每一学科的内容都细分成段，由近及远、由易到难、由浅入深、由已知到未知、由具体到抽象。

（3）彻底巩固性原则。夸美纽斯认为，知识在学习后没有巩固下来是不能发展儿童的智慧的。因此，教师要讲清事物的原因和理由，在理解的基础上让学生掌握知识。同时，要让学生将所学的知识加以练习和运用。

（二）学年制和班级教学组织形式

夸美纽斯批判了旧教育学校工作的随意性和无序性，改革了个别教学的组织形式，提出了建立新的学校管理和班级授课的教学组织形式。

（1）学年制。夸美纽斯提出：学校工作应实行学年制，各校应在一年的同一时间开学，同时放假。每年招生一次，秋季开学。同时，学校工作应按年、按月、按日、按时计划好，使学校的全部工作有序。

（2）班级教学组织形式。针对个别教学低效的弊端，夸美纽斯主张实行班级集体教学，具体做法是把学生编成班级，由一位教师面向全体学生集体授课。他认为这样一个教师同时可以教几百个学生，可以大大提高教学效率。

（三）教学过程和教学用书

夸美纽斯认为：教学过程主要是传授知识。教学开始时，要先讲一些有趣和实用的东西，以引起学生的注意。讲课时要说明新旧知识之间的联系，讲完课后要及时提问学生以前或刚刚学过的内容，这样可以巩固教学成果。关于教学用书，夸美纽斯提出教科书应带有插图，要形象直观，要有生动的实例，这样才有利于学生的学习。夸美纽斯编写的《世界图解》，图文并茂，成为当时深受欢迎的教科书。

1658 年出版的夸美纽斯《世界图解》中有关正义的插图

夸美纽斯一生丰富的教育活动和教育理论为人类教育的发展做出了积极的贡献。夸美纽斯是一位伟大的教育改革家，是教育史上的“哥白尼”。

第二节 洛克的教育思想

一、生平与思想基础

约翰·洛克（John Locke），英国资产阶级唯物主义哲学家、政治思想家和教育家，是 17 世纪英国新兴资产阶级思想的代表人物，被马克思称为“一切形式的新兴资产阶级的代表”，又被恩格斯称为“1688 年的阶级妥协的产儿”。

洛克

洛克反对封建专制统治和“君权神授”论，提出了“天赋人权”和“社会契约”的主张。洛克认为：人类天生是自由、平等和独立的，每个人都是“他自身和财产的绝对主人”；人们应通过契约建立政府，并转让出一部分权利给政府以保护人民的权利。为了监督和制约政府的权力，洛克提出了“君主立宪”和“分权制约”的思想。

洛克继承并发展了培根的唯物主义经验论，提出了著名的“白板说”。他认为人的心中没有天赋的原则，人之初生，心灵如一块白板，没有任何记号，没有任何观念，所有的理性和知识都是从经验中而来。在《人类理解论》中，洛克明确指出："我们的全部知识是建立在经验的基础上面的，知识归根结底都是导源于经验的。"① 但洛克的唯物主义并不彻底。他认为人通过感官获得外部经验，而关于知觉、思想、怀疑、信仰、推理等观念的内部经验是通过内心的反省而得到的。这实际上是把人的感性认识和人的理性认识的统一的认识过程割裂开了。洛克的"白板说"对近代教育思想的发展具有重要影响。它确立了新的儿童发展观：儿童的观念和经验是在不断成长过程中通过自己的感知获取的。另外，它还表明了后天学习的重要性。

二、绅士教育论

洛克的教育代表作《教育漫话》探讨了当时资产阶级最关心的绅士培养和教育问题，对英国乃至西方近代教育思想的发展产生了重要的影响。

《教育漫话》

（一）论教育的作用和目的

洛克十分重视教育对于人的培养作用，他关于教育作用的论述是以"白板说"为基础的，不同于封建社会把人的形成看做遗传或天赋的产物，具有一定的合理性。他在《教育漫话》中指出："我们日常所见的人中，他们或好或坏，或有用或无用，十分之九是他们的教育所决定的。人类之所以千差万别，便是由于教育之故。"②

洛克认为教育的目的就是培养绅士，通过教育使绅士具有四种品质，即"德行、智慧、礼仪和学问"。他认为，一个社会只有进行绅士教育、以绅士为榜样才能进步。因为，从绅士阶级中能培养出人民的领袖和政治、道德的管理者，他们可以影响社会其他阶级并使之富有条理。洛克关于教育目的的论述反映了英国资产阶级培养统治人才的要求。

如何进行绅士教育？洛克反对学校教育，推崇家庭教育。洛克站在上层社会的立场上，认为社会上"到处流行着粗野与邪恶"，学校里道德败坏，儿童到学校去会被"传染"而失去"纯洁"和美德，绅士所具有的道德品质在学校教育中是不能获得的。因此，绅士教育应当在家庭中进行，只有这样的教育才能使其子弟举止文雅、思维敏捷。

做导师的人自己便当具有良好的教养，随人、随时、随地，都有适当的举止与礼貌。——洛克

① 张焕庭主编：《西方资产阶级教育论著选》，56页，北京，人民教育出版社，1979。
② ［英］洛克著，傅任敢译：《教育漫话》，4页，北京，人民教育出版社，1979。

（二）论绅士教育的内容和方法

洛克所倡导的绅士教育是一种资产阶级贵族化的教育，它既不同于中世纪培养僧侣的教育，也不同于人文主义者提倡的重视古典学术的教育。在《教育漫话》中，洛克把绅士教育的内容概括为体育、德育和智育，并提出了相应的教育方法，对西方近代教育思想的发展具有重要的影响。

（1）体育。洛克在《教育漫话》中指出，“有健康的身体才有健康的精神”①。他认为父母必须严格规定儿童的衣、食、住及生活常规。如：无论冬夏，儿童的衣着不可过暖，饮食要清淡、简单、定时。儿童要早睡早起，要睡较硬的床。在体育上，他主张儿童要学会游泳，多过露天生活，多进行户外活动，加强身体锻炼，增强身体素质。洛克关于体育的见解反映了英国新兴资产阶级对其子弟在身体素质上的要求，其中有许多是合理的和科学的。

我们要能工作，要有幸福，必须先有健康。——洛克

（2）德育。德育是洛克教育思想的核心内容。洛克认为教育最重要的目的就是培养道德优秀的人。他说：“在一个人或者一个绅士的各种品行中，德行是第一位的，是最不可缺少的。他要被人看重，被人喜爱，要使自己也感到喜悦，或者也还过得去，德行是绝对不可少的。如果没有德行，我觉得他在今生来世都得不到幸福。”② 洛克认为要使儿童形成良好的品德，就要培养勇敢、坦白、公正、大度、谦虚、克制、聪敏等各方面的德行。此外，养成青年优雅的礼仪可以使德行大放光彩。关于道德教育的方法，洛克主张首先要以理性为指导，进行说理教育；其次要重视榜样示范作用。洛克还主张运用奖励、表扬等办法而反对体罚。洛克关于德育的见解，反映了英国资产阶级利益的需要。

（3）智育。洛克在《教育漫话》中把智育放在仅次于德育的地位。他认为，对一个绅士来说，“学问是应该有的，但是它应该居于第二位，只能做辅助更重要的品质之用”③。在掌握知识与发展智力的关系上，洛克更重视绅士的智力培养。他提出智育的根本任务是“增进心的活动与能力，而不是扩大心的所有物”。他注重学科的实用性和多样性。他认为，为了培养绅士未来的社会交往，应开设语言、文法、外语、地理、历史、自然哲学、伦理学、天文学、法律以及速记等课。为了培养绅士经营事业和置备财产，还要让绅士学会读、写、算，学习木工、园艺、农业等技艺劳动。在智育的原则和方法上，洛克强调多样性的学习以避免智力的狭窄和僵化；要养成儿童热爱求知的习惯；要理论联系实际；要发挥学生的主动性。

总之，洛克的绅士教育思想中有许多进步性和合理性，在西方近代教育思想发展中占有重要的地位。

---

① ［英］洛克著，傅任敢译：《教育漫话》，52页，北京，人民教育出版社，1979。

② 同上书，119～120页。

③ 同上书，133页。

第三节　卢梭的教育思想

一、生平与思想基础

卢梭

卢梭（Jean-Jacques Rousseau）是18世纪法国启蒙思想运动中著名的思想家和教育家。他的教育思想体现在他的代表作《爱弥尔》中，他提出应以人的自由发展和自然教育为基础培养新人。

卢梭出生于日内瓦的一个钟表匠家庭。他出生不久，母亲便去世了。10岁时，他父亲也离他而去。卢梭12岁时不得不停学开始独立谋生。他先后当过学徒、仆役、家庭教师、私人秘书等，从未停止过学习与撰写文章。他的著作涉及政治、法律、经济、文学和教育等领域，其共同点是抨击法国封建社会的不平等现象，并寻求克服不平等的方法和途径。1754年，他发表了《论人类不平等的起源和基础》，阐述了"天赋人权"的政治主张。1762年，他发表了《社会契约论》，提出了"主权在民"的思想；同年，发表教育小说《爱弥尔》。由于书中谴责基督教神学，为新旧教会和政府当局所仇视，被列为禁书，判为当众销毁；卢梭本人也受到通缉，到处逃亡，直到晚年才回到法国过起隐居的生活。1770—1771年，他痛苦地写下了自传《忏悔录》，表达了对封建专制统治迫害的控诉。1778年，卢梭在巴黎附近的村庄去世。

读一读

卢梭小时候为求生计，在一个伯爵家当小佣人。伯爵家的一个侍女有条小丝带，很漂亮。一天，卢梭趁没人的时候，从侍女的床头拿走了小丝带。卢梭在院里玩丝带的时候被路过的仆人发现了，于是仆人报告了伯爵。伯爵很恼火，就把卢梭叫到身旁，厉声追问起来。

卢梭紧张极了，心想，如果承认丝带是自己拿的，那一定会被辞退，于是就撒了个谎，说丝带是小厨娘玛丽亚偷给他的。伯爵半信半疑，就让玛丽亚过来对质。善良、老实的小玛丽亚一边流泪一边说："不是我，绝不是我！"可卢梭却一口咬定就是玛丽亚，并把事情的所谓"经过"编造得有鼻子有眼。

伯爵索性将卢梭和玛丽亚同时辞退了。当两人离开伯爵家时，一位长者意味深长地说："你们之中必有一个是无辜的，说谎的人一定会受到良心的惩罚！"

果然，这件事给卢梭带来了终身的痛苦。多年后，他在自传《忏悔录》中坦白说："这个沉重的负担一直压在我的良心上……促使我决心撰写这部忏悔录。”“这种残酷的回忆，常常使我苦恼，在我苦恼得睡不着的时候，便看到这个可怜的姑娘前来谴责我的罪行……”

资料来源：根据 http：//www.17coolz.com/story/people/41324.html 改编。

二、自然教育论

卢梭十分重视教育对人与社会的作用，他明确指出教育是人类一切事业中最重要的事业。卢梭的自然教育论思想是建立在其人性本善的基础上的。他认为人最初是性善的，只是后来受到腐朽“文明”的影响而变坏了，社会改造的根本任务就是对人及人的本性进行改造，使人重新成为自由的人。《爱弥尔》就是卢梭提出的培养自然人的教育计划，他认为必须通过自然教育来完成。卢梭试图通过这一理想的教育计划，寻找解决社会危机的出路。

自然教育的核心是教育必须遵循自然的要求，顺应人的自然本性，促进儿童的自由发展。在卢梭看来，一个人所受的教育主要来自于自然、人为和事物的教育三个方面。他说：“我们的才能和器官内在的发展，是自然的教育；别人教我们如何利用这种发展，是人的教育；我们对影响我们的事物获得良好的经验，是事物的教育。”“自然的教育是完全不能由我们决定的，事物的教育只是在有些方面才能由我们决定，只有人的教育才是我们能够真正加以控制的。”①

对于如何对儿童进行自然教育，卢梭提出了“消极教育”的方法。“消极教育”是指在儿童发展早期阶段，要避开不良环境和因素的影响，使儿童在无外来干扰的情况下按其本性健康地成长。卢梭主张自然教育应当在乡村中进行，他认为城市的环境是腐朽和堕落的。儿童只有在乡村自然、纯朴的环境中接受教育，才能培养和发展纯真的自然本性。《爱弥尔》一书中爱弥尔就是被送到乡村接受自然教育的。

卢梭的自然教育思想比文艺复兴以来“教育适应自然”的认识更进了一步，他看到了教育中人的自然发展具有不以人的意志为转移的客观规律，提出教育要依据人的发展开展，为更深入地揭示教育的本质和建立新的教育奠定了思想基础。另外，卢梭的自然教育是对几千年来以“原罪说”为基础的封建教育的有力挑战。

三、论儿童身心发展各阶段的教育

卢梭教育思想的一个重要原则是强调教育过程应与儿童的身心发展的各个阶段相一致。他认为，儿童成长的不同阶段各有其生理和心理特征。根据对儿童发展进程的理解，卢梭把儿童的身心发展划分为 4 个阶段，并提出了每一阶段的教育内容和方法。

从出生到 2 岁是婴儿期，主要任务是使其身体得到健康的发育。这一时期的教育应把婴儿的充分而自由的活动放在第一位。因此，婴儿的穿衣要宽松，不要紧紧地束缚他，以便其四肢自由活动。婴儿正是在不停的自由活动中接触四周的事物、学习最初的知识的。

3～12 岁是儿童期，这是儿童的“理智睡眠”期。儿童的理智处于睡眠状态，认识上只

① ［法］卢梭著，李平沤译：《爱弥儿》，7 页，北京，商务印书馆，1996。

能接受形象而不能形成概念。因此，不应向儿童灌输知识和道德，而应进行身体的各种感官的教育。他反对让儿童在12岁以前读书和学习，认为儿童“周围的事物就是一本书”①，应让儿童在大自然中活动，积累对周围事物的感觉经验，为发展判断、形成理智打下基础。卢梭关于儿童感官教育和活动教育的思想，包含着唯物主义感觉论的因素，有许多合理的见解。

13～15岁是少年期，应当接受智育和劳动教育。在智育上，卢梭主张儿童学习的知识要实际、有用，要有益于儿童的幸福，应学习自然、天文、地理和物理知识。在学习方法上，卢梭强调要让儿童主动地进行学习。他说：“问题不在于告诉他一个真理，而在于教他怎样去发现真理。”② 卢梭也十分重视劳动教育。他认为，一个人要生活在社会中，必然要在许多方面依赖于他人的劳动，因而，每个人，无论是富人还是穷人，都必须为社会劳动，否则与流氓和强盗一样。在各种劳动中，卢梭最看重的是手工劳动，因为手工业者凭自己的双手和技术谋生，不依赖土地，也不必依附于权贵，是最自由的。卢梭关于智育和劳动教育的论述许多是具有合理性的，但也有不足之处，如轻视书本知识等。

对于16岁至成年阶段的教育，卢梭认为，由于儿童已经在乡村接受了自然教育，能够抵制城市的不良影响并且也需要了解社会，因此在青春期阶段应当回到城里进行道德教育。道德教育主要是培养儿童善良的情感和良好的道德行为。卢梭认为，人类的美德都是从原始善良的情感发展起来的，因此应当培养儿童善良的情感，通过适当的指导使它得到自然成长。但道德行为的形成则更强调儿童的身体力行和艰苦的努力。缺少道德体验和道德实践而轻易形成的善良行为，只能称为慈善行为，不能称为道德行为。道德行为需要通过儿童的努力和良好的习惯养成。卢梭认为，可以通过学习历史、伟人传记以及阅读寓言等来对儿童进行道德教育，也可以通过儿童观察、了解社会并同情人民的苦难等来进行。但他也强调通过宗教教育进行道德教育，这是时代的局限。

卢梭的教育思想是法国启蒙思想运动的产物，不仅影响了同一时代的许多教育家，也成为后世进行教育改革的重要思想源泉。

第四节　裴斯泰洛齐的教育思想

一、生平及教育活动

裴斯泰洛齐

裴斯泰洛齐（J. H. Pestalozzi）是瑞士著名的教育实践家和教育思想家。他深受法国教育家卢梭的关于适应人的自然本性进行教育的思想的影响，致力于慈善教育和普通教育，力图通过教育改善人民的生活，被誉为“贫苦者之友”。

裴斯泰洛齐出生在一个医生的家庭，当时瑞士社会正处于发生深刻

① ［法］卢梭著，李平沤译：《爱弥儿》，128页，北京，商务印书馆，1996。

② 同上书，280页。

变革的时代，旧的农业经济在逐步解体，资本主义工场手工业在迅速发展。裴斯泰洛齐5岁时父亲病故，他和兄弟、姐姐从小在母亲和一个女仆的照顾下生活，农民生活的贫困、富人子弟的享乐使他产生了对穷人的深切同情。

裴斯泰洛齐的教育工作最初开始于对自己儿子的抚养。他发现按照卢梭的方法教育孩子有一些缺点，于是，他按照自己对儿童及教育方式的理解，做了观察记录，并记下了“教育3岁孩子的日记”。1774年，裴斯泰洛齐办了一所孤儿院，收留了50名5～10岁的孤儿和流浪儿。他为他们提供衣食，教给他们读、写、算等基本知识，并让他们通过参与纺纱、织布等手工劳动获得生活的技能。在回忆这段经历时，裴斯泰洛齐说，他自己生活得像个乞丐，为的是教乞丐生活得像个人。后来，孤儿院人数剧增，经费不足以致停办。其后他开始写作，于1781年写下教育小说《林哈德与葛笃德》，提出人类进步的根源在于通过教育发展人的内在力量，通过立法改善人们的生活条件。

1798年，受瑞士政府的委托，裴斯泰洛齐建立了一所孤儿院，收留了80名5～10岁的儿童。在教育中，裴斯泰洛齐注意对儿童进行家庭化的爱的教育，并根据儿童的特点进行智力、道德和体力的教育。他还进行了初等简化教育方法的研究和实验，以改进学校教育教学工作。后由于战争原因，裴斯泰洛齐的工作又中断了。1799年，裴斯泰洛齐在布格多夫的幼儿学校任职，继续进行教学方法的研究。期间，他写下了《葛笃德怎样教育子女》一书，试图研究出一种简便的方法，使每一个家庭的主妇都能掌握，而且能改进初等学校的教学工作。1805年，布格多夫学院迁到伊佛东，改为伊佛东学院。此后，这所学校存在了20年，在欧洲享有盛名。1827年，裴斯泰洛齐留下最后一部著作《天鹅之歌》之后去世。

裴斯泰洛齐在伊佛东办学

二、论教育的目的与作用

裴斯泰洛齐十分重视教育对人的作用。他认为人的培养只通过政治途径是不够的，还应通过教育，激发人身上存在的力量的萌芽，使其得到和谐的发展，使人在社会上发挥自己的作用。他说："为人在世，可贵者在于发展，在于发展各人天赋的内在力量，使其经过锻炼，使人能尽其才，能在社会上达到他应有的地位。这就是教育的最终目的。"① 因此，裴斯泰洛齐主张所有人都应受教育。但当时瑞士的社会只有少数富人子弟能够获得受教育的权利，而绝大多数贫困人民是没有受教育权的。裴斯泰洛齐对此强烈不满。但他又认为，贵族、农民、手工业者的天赋力量各不相同，将来从事的职业也不一样，因而，不同等级的人应接受适合其等级和地位的教育。这是裴斯泰洛齐的教育思想的局限性。

他把人的发展分作三个阶段：最初，自然状态的人类社会中，人是作为自然人存在的；后来，有了人类社会以后，人开始成为一种社会人，人与社会、人与人之间发生各种矛盾和冲突；最后，人类社会进入一种道德状态，人成为一种道德人，通过道德的力量，人类社会充满亲情和博爱。因此，他认为，国家的改革在于人的变革，良好的国家始于良好的公民。

如果能使每个人都有自食其力的意愿和能力，社会就会得到安宁，人民就会得到幸福与自由。

三、关于教育内容的论述

裴斯泰洛齐认为，要使人成为一个道德完善的人，就要使人的才能得到充分和谐的发展，对儿童来说，就是要"发展儿童道德、智慧和身体各方面的能力"。因此，教育的任务就是和谐地发展一个人的各种能力。裴斯泰洛齐关于和谐教育的主张主要包括德育、智育、体育和劳动教育三个方面。

（一）德育

裴斯泰洛齐认为道德教育是"整个教育体系的关键问题"。他是从道德与社会、人与环境的关系来论述道德教育的重要性的。他认为，罪恶的社会环境是人犯罪的原因，为防止道德败坏，必须改善社会环境。但是如果人的内在本性善良到能够抑制罪恶时，便有力量去改善周围的环境，就可以避免犯罪。因此，必须进行道德教育。同时，道德教育还要与改善人们生活条件的立法相结合。

在道德教育实践上，裴斯泰洛齐把爱作为道德教育的基础，重视家庭式的道德情感教育。如果家庭中亲人之间的情感关系破裂，儿童将会终生受苦。他认为，母亲通过对儿童的热爱和信任，可以激发儿童的爱、信任和感激，发展良心的萌芽。儿童从对母亲的爱开始，进而发展到爱兄弟姐妹、爱周围的人、爱所有的人。因此，裴斯泰洛齐认为，教育中把儿童对母亲的情感转移到他人、转移到社会，这是教学艺术的关键。他还认为应把家庭的爱的关系引进学校，学校应像家庭一样充满亲情和欢乐。

---

① 张焕庭主编：《西方资产阶级教育论著选》，173页，北京，人民教育出版社，1979。

（二）智育

裴斯泰洛齐非常重视智力教育。他认为智力教育的主要任务是激发儿童的天赋才能和能力，发展儿童的心智；发展儿童的心智主要是发展其思考和判断的能力以及表达和接受印象的能力。裴斯泰洛齐强调智力教育的进行主要依据两个原则：一是从已知到未知的原则。儿童的学习是从直接经验的已知物开始发展到未知物的。二是从具体到抽象的原则。儿童所有的学习都必须从具体开始，逐渐过渡到抽象。裴斯泰洛齐要求，在智育上应给予学生多方面的知识，知识要尽可能多地通过观察、联系来获得，教学方法要注重感觉直观的作用。

（三）体育和劳动教育

裴斯泰洛齐主张体育与劳动教育应紧密联系。他认为，体育是把所有潜藏在人身上的生理能量全部发挥出来，因此，从小就应通过抓、蹬、伸、举、拖、拉、走、跑、跳、转等各种活动发展儿童的体力，使其养成强健的体魄。他认为：劳动教育是以体育为基础的，如果人的各种体力没有得到发展，那么劳动中各种习惯、技能的培养和训练都谈不上；在劳动教育中，通过学习文化知识进行职业训练是儿童获得幸福的重要途径之一。

四、教学理论

（一）论教学心理学化

裴斯泰洛齐不同意卢梭的教育过程中让儿童任意发展的观点。裴斯泰洛齐认为，人的心理发展是有一定顺序和规律的，教学应当依照儿童的心理发展规律和特点进行。他说："智力和才能的发展要有一个适合人类本性的、心理学的、循序渐进的方法"，"我试图将人类的教学过程心理学化"。[①] 裴斯泰洛齐还研究了教学过程中必须遵循的原则。他认为，教学应当循序渐进，以适合儿童的本性；应重视不同年龄阶段儿童的心理特点，使教学更有针对性。

（二）要素教育论

裴斯泰洛齐在长期观察和思考的基础上，发现人的心理都是始于感官对事物的直接观察。因此，根据儿童能力的最初的简单要素寻找简化教学的基本要素是教育和教学的起点。他说："初等教育从它的本质讲，要求普遍地简化它的方法。这种简化，是我一生所有工作的出发点。"[②] 在裴斯泰洛齐看来，要素是构成事物的最简单的基本单位，要素教育就是依据儿童先天能力的最初表现寻求教学内容的最简单要素进行教学的方法体系，最基本的、最简单的要素是各种教育不可缺少的基础。在智力教育上，最初，他把读、写、算作为智育教学的简单要素。进一步研究后，他指出，儿童在认识客体前，总是先知道这些客体的数目、形状及名称，因此，数、形、词是智育的最基本、最简单的要素。从这个思想出发，他认为，其他教育上也有教学的简单要素。例如，道德教育上的要素是儿童对母亲的爱的情感能力。儿童只有从爱母亲开始，进而爱亲人、爱他人、爱社会、爱上帝，才

① 夏之莲等译：《裴斯泰洛齐教育论著选》，189页，北京，人民教育出版社，1992。

② 张焕庭主编：《西方资产阶级教育论著选》，207页，北京，人民教育出版社，1979。

能获得道德和宗教情感。裴斯泰洛齐的“要素教育论”思想是对卢梭的教育适应人的本性思想的进一步发展，特别是运用到初等教育上，提供了教学方法上的思路，即任何事物都是由简单的要素组成的，只要找到这些简单的要素，就可以认识复杂的事物。裴斯泰洛齐的工作，为在教学中如何根据儿童的特点进行教学开创了新的研究领域，使人类对教学的组织形式、教学内容和教学方法更好地心理学化有了更自觉的认识，突出了教学在促进人的和谐发展方面的重要地位。

从要素教育论出发，裴斯泰洛齐研究了初等教育的语文、算术、测量等学科的教学，认为数、形、词完全适合这三科的教学。关于语文教学，他提出其最简单的要素是词。关于算术教学，他认为，应先让学生对个位数的运算及其关系有所了解，然后再以同样的方法了解十位数和百位数。关于测量教学，他主张先从直线开始，进而练习转角、正方形、平行线、正方形的分割，然后练习曲线和几何图形等。

总之，裴斯泰洛齐教育思想的可贵之处在于他密切联系教育理论与现实教育，创立了一套依照儿童心理特点进行教育和教学的方法体系，为欧美各国揭开了教育心理学化运动的序幕。

第五节　赫尔巴特的教育思想

一、生平与思想基础

赫尔巴特（J. F. Herbart），德国19世纪著名的哲学家、教育家，欧洲教育心理学化运动的重要代表之一。他的教育理论建立在哲学和心理学基础之上，揭示了教育、教学的规律。他是西方第一个提出比较完整的教育理论体系的人，被称为“教育学之父”和“科学教育学的创始人”。

赫尔巴特

赫尔巴特大学毕业后，曾在瑞士的一个贵族家庭做了3年的家庭教师，获得了对教育的初步认识。他还曾去拜访裴斯泰洛齐，于1802年发表了《裴斯泰洛齐关于直观的初步概念》一文，认为裴斯泰洛齐的思想和方法适合于整个学校教育。离开瑞士后，赫尔巴特到哥丁根大学学习并获得博士学位，之后开始在哥丁根大学任教，讲授教育学和心理学。1806年，他写了《普通教育学》一书。1809年，他被聘为柯尼斯堡大学教授，讲授哲学和教育学，长达24年。1833年，赫尔巴特在回到哥丁根大学后写了《教育学讲授纲要》。1841年，赫尔巴特去世。

赫尔巴特十分重视哲学、心理学对教育学的影响。在哲学上，他接受“实体不变”的思想，认为宇宙是由无数的“精神实在”构成的，这些实在是永恒不变的。他认为人的灵魂也是一种不变的实在，只有灵魂与肉体相结合，人才能成为人。当灵魂与肉体结合时，它要通过肉体接受许多感觉形成各种观念，构成心灵的主要内容。因此，赫尔巴特认为，观念是心理的最基本的要素。他认为人的一切心理机能不过是观念的活动而已。由此，他认为心理学是研究观念集聚和分散、结合和消失的科学。赫尔巴特还提出了“统觉”的思想，认为相似的观念互相吸引就形成“统觉”，教学活动就是利用旧知识和新知识相关联的特点来吸收新知识。

赫尔巴特的心理学也被称为经验心理学或观念心理学。赫尔巴特试图把心理学科学化的尝试工作，为教育学与心理学的结合创造了条件。在伦理学方面，赫尔巴特提出了五种道德观念的思想：“内心自由”、“完善”、“仁慈”、“正义”和“公平或报偿”。他认为，如果每一个人都具有这五种道德观念，就会用理智约束自己的行为，协调社会矛盾，使社会秩序得到维持和稳定。这是一种保守的伦理道德观。

二、论教育目的

赫尔巴特的教育目的论是以他的五种道德观念为基础的。他说：“道德普遍地被认为是人类的最高目的，因此，也是教育的最高目的”①。为了更好地实现这一目的，赫尔巴特把教育目的又分为可能的目的和必要的目的两部分。可能的目的是与一个人将来从事什么职业相关的，它是个人自由选择给自己提出的目的，可以通过教育提供职业训练，获得一定的技能来实现；必要的目的是与人的一生发展有决定性作用的道德目的相关的，它是在任何活动中都必须追求的目的，关系到做人的责任和道德品质的养成。赫尔巴特指出，必要的目的才是教育的根本目的。

赫尔巴特关于教育目的的论述是有一定意义的。教育虽然不能预知学生的未来的选择，但可以培养学生形成一定社会所认同的道德品质。赫尔巴特的教育目的论在一定程度上揭示了人的培养的客观规律。

> 教育的唯一工作与全部工作可以总结在这一概念之中——道德。——赫尔巴特

三、论教育过程

为实现其基于道德基础的教育目的，赫尔巴特提出：教育过程就是通过管理和教学，向学生传授知识，并形成其一定的道德品质。为了更好地实现教育目的，赫尔巴特认为教育过程应当通过管理、教学和训练三个阶段按照一定的顺序来完成。

（一）管理

赫尔巴特把管理放在教育过程的第一阶段。他认为管理的目的在于建立和维持教育的外部秩序，“造成一种守秩序的精神”②，为实现教学和训练创造条件。赫尔巴特认为儿童生来有一种“不驯服的烈性”③，如果从小不加以约束，将来就有可能发展成为“反社会的

---

① 张焕庭主编：《西方资产阶级教育论著选》，250页，北京，人民教育出版社，1979。
② 同上书，258页。
③ 同上书，257页

方向”。因此，应先对儿童的外部行为进行严格的管理。赫尔巴特主张：首先利用强制性的手段管理儿童。其次要监督儿童的行为。再次是用命令和禁止来使儿童绝对服从。最后是使用包括体罚在内的惩罚。赫尔巴特还提出了要把教师的爱作为管理儿童的辅助手段。赫尔巴特对儿童和教育的认识与他保守的政治观是一致的。

（二）教学

赫尔巴特首先认为，教学活动是人类特有的有计划、有步骤地按照一定程序进行智能建设的过程。赫尔巴特指出，人的生长与动植物生长不同，支配人类行动的不是本能而是智能。人的成长需要一种能够把心灵筑成正确形式的艺术，这就是教学。赫尔巴特反对卢梭的自然主义的教学思想。他强调，教学不是一种自然和被动的过程，它要求教师采取符合儿童心理规律的程序，有计划、有步骤地把作为未来成人所应具有的知识、品德传授给儿童。

赫尔巴特认为教学是儿童获取系统知识、进行道德教育的主要途径。对于如何通过教学实现教育目的，他提出了“教育性教学”的原则。他指出，任何教学过程都必须具有教育作用。他说：“我想不到有任何‘无教学的教育’，正如在相反方面，我不承认有任何‘无教育的教学’。”① 他又说：“教学如果没有进行道德教育，只是一种没有目的的手段；道德教育如果没有教学，就是失去了一种手段的目的。”②赫尔巴特的这一思想提高了教学的地位。

赫尔巴特又提出了应根据多方面兴趣设置多方面课程的思想。他认为，兴趣是实现教育目的的内在动力。教学应发展学生多方面的兴趣，使学生形成广泛的经验，最终导向善。他说：“兴趣是多方面的，因此，要求多方面活动。”③ 赫尔巴特把兴趣分为两大类、六个方面：一类是与自然知识相联系的兴趣；一类是与社会交往相联系的兴趣。关于自然知识方面的兴趣有三个方面：（1）经验的兴趣，即了解事物是什么的兴趣。应当设置自然、物理、化学、地理等学科。（2）思辨的兴趣，即回答为什么是这样的兴趣。应当设置数学、逻辑、文法等学科。（3）审美的兴趣。应当设置文学、图画、唱歌等学科。关于社会交往方面的兴趣也有三个方面：（1）同情的兴趣，即个人对同伴或他人的兴趣。可以设置本国语、外国语和文艺作品等课程。（2）社会的兴趣，即广泛与人交往等对社会生活的兴趣。可以设置历史、政治、法律等课程。（3）宗教的兴趣，即人对上帝的兴趣。应当设置神学。赫尔巴特关于依据多方面兴趣设置课程的思想标志着西方近代课程论的研究进入了一个新的阶段。赫尔巴特的教育思想在一定程度上揭示了知识、兴趣与个体学习的关系，为课程论的建设奠定了初步的心理学基础。

赫尔巴特根据个体兴趣的变化来说明教学过程，提出了教学的“形式阶段说”。他认为，个体在获取知识时，其兴趣都要发生注意、期待、探究和行动四个阶段的变化。因此，教学方法也要发生相应的变化。据此，赫尔巴特确定了教学过程的四个阶段：（1）明了阶段。这时，学生需要集中注意了解新知识。教师的任务主要是采用讲述法讲清教材。（2）联想阶段。这时，学生需要进行思考，把上一阶段所获得的知识与已有的知识联系起来，形成新知识。教师的任务是采用谈话方法帮助学生分析问题，激发学生的思维。（3）系统阶段。学生的观念活动处于静态的理解阶段，形成新的知识系统。教师要采用综

① 张焕庭主编：《西方资产阶级教育论著选》，257页，北京，人民教育出版社，1979。

② 曹孚编：《外国教育史》，172页，北京，人民教育出版社，1979。

③ 张焕庭主编：《西方资产阶级教育论著选》，296页，北京，人民教育出版社，1979。

合的方法和要点概括的方法，帮助学生作出概括和得出结论。（4）方法阶段。学生的观念活动处于动态的理解阶段，要把形成的概念或结论运用到实践中去。教师应要求学生做作业，并检查其理解得是否正确。后来，赫尔巴特的弟子又把四段教学改为“预备、提示、联合、概括、应用”，称为“五段教学法”。赫尔巴特的“形式阶段说”在一定程度上揭示了知识教学的客观规律，为教育心理学化和教育科学化的发展奠定了基础。

后来，在推广和运用赫尔巴特教学思想的过程中，由于过分地强调教师的地位和知识的作用，教学过程趋于刻板、机械，使学生的发展处于被动、消极的状态，赫尔巴特的教育思想作为传统教育思想受到了人们的批判。

（三）训练

训练主要是关于道德教育方法的主张。赫尔巴特认为，管理是从外部对儿童进行强制，而训练是从内部对儿童的思想和性格进行控制，以形成社会所需要的五种道德品质。赫尔巴特强调要通过“约束”、“限定”、“抑制”、“制裁”、“谴责”、“训诫”、“劝告”、“惩罚”以及“警告”等手段抑制儿童的不良倾向和行为，使儿童成为守法的人。

总之，赫尔巴特的教育思想在一定程度上反映了教育、教学的规律，在近代教育发展中占有重要的地位。

第六节 福禄培尔的教育思想

一、生平及教育活动

福禄培尔（Fredrich Froebel）是德国19世纪著名的教育家，他首创了“幼儿园”的名称，并设立了幼儿园机构，以幼儿教育著名，是近代学前教育理论的奠基人。

福禄培尔

福禄培尔出生在德国一个信奉路德新教的牧师家庭，从小没有受过系统的正规教育。但他勤奋好学，后从事教育工作。1800年，在别人的资助下，他进入德国耶拿大学学习。后由于缺少资金，中断了学业。在农场和林场教学期间，福禄培尔说，他好像找到了自己从不知道但一直向往的东西。为了搞好教学，他曾去瑞士的伊佛东访问裴斯泰洛齐，做见习教师。1811年，福禄培尔又进入大学学习。1817年，福禄培尔在家乡开办了一所初等学校，进行儿童活动和自我发展的实验，并写了《人的教育》一书，阐述了关于儿童教育的基本主张。1829年，学校被迫关闭，福禄培尔离开德国来到瑞士。在瑞士，他担任一所孤儿院的院长，教育4～6岁的儿童，并研究幼儿的游戏、玩具及幼儿歌曲等。1837年，他在家乡附近设立了一所学龄前儿童教育机构，并于1840年将它正式命名为幼儿园。在长期的教育活动与研究中，他形成了一套包括幼儿游戏与唱歌、玩具“恩物”以及作业的幼儿教育体系，对德国乃至欧洲幼儿教育事业的发展产生了重要的影响。1851年，普鲁士政府以反对自由运动为名，禁止开办幼儿园。1852年，福禄培尔便去世了。1861年，他的有关幼儿教育的著作经友人编辑出版，名为《幼儿园教育学》。

福禄培尔哲学的核心就是强调上帝为万物的统一体。他在《人的教育》中一开始就指出：世上的万物都存在着一种统治它们的永恒的法则，万物的生命和实体的存在都有赖于上帝这个神圣的光辉在它们身上的反映。这是一种泛灵论的思想，但从这个认识出发，福禄培尔提出了普遍性、个体性和差异性统一的思想。他认为，上帝所创造的一切事物都是某个更大整体的一部分，而最终都是上帝这一最大整体的一部分，这是事物的普遍性；每种事物都有自己特殊的生活，这是它的个体性；而每种事物内部都包含着不同于其他事物的性质，这是事物之间的差异性。人本身具有神的统一性、自然的差异性和人的个性三个方面的统一，突出了人在世界上的地位。福禄培尔这一哲学思想奠定了他的教育思想的理论基础。

教育无他，唯爱与榜样而已。——福禄培尔

二、论教育的两个原则

“教育适应自然发展”是福禄培尔的教育思想中一个重要的原则。一方面，他认为，人和自然都有自己的发展过程，但是，人生来具有一定的天性，教育应当适应人的本性的发展。他说：“青年一代作为自然的产物，仍在创造发展过程中，其本身是非常好的，同时，我们也应适应他的情境、他的性向和能力。”① 另一方面，他认为，人和自然都受上帝的神圣法则这一规律支配，因此教育应当适应自然的发展，要反对违反自然的人为干涉的教育，使人像自然那样按照其本性发展。他说：“我们对待自然界事物往往遵循了正确的道路，但在对人当中，却不免走入歧途。”② 福禄培尔认为人的本性表现为活动的本能、认识的本能、艺术的本能和宗教的本能。其中活动的本能最为重要，随着儿童年龄的增长会发展为“创造”的本能。教育要顺应儿童的本能，而不是压抑儿童的本能。

福禄培尔教育思想中人的“自动”发展是教育的另一个重要的原则。福禄培尔认为，自然界的万物和人都包含着“神的本源”，所以，人的发展还是一种神本源的发展。他说：“一切教育、学习和教学的唯一最终目的，是培养人的原有的神性……从人性中体现出神性。”③ 这在人的身上就体现为一种“自动”的发展，是个体利用自我能动的力量，通过内部表现于外部和外部表现于内部两个阶段实现的。所谓内部表现于外部，是指人的内部需要或内部存在通过外部的形式表现出来，个体的活动本能发挥着重要的作用；所谓外部表现于内部是指人对外部事物的积极认知，使外部的东西成为内部的重要组成部分，个体的创造性本能成为个体发展的主要力量。福禄培尔关于人的“自动”发展的研究推进了对人的发展与外部环境的关系、儿童的主动地位与教育作用的关系的认识。但是，福禄培尔把人的自动发展归结为神本源的发展，反映出他的教育思想的唯心主义倾向。

---

①② 张焕庭主编：《西方资产阶级教育论著选》，313 页，北京，人民教育出版社，1979。

③ 曹孚编：《外国教育史》，189 页，北京，人民教育出版社，1979。

三、论教育的作用

福禄培尔强调教育的启发作用，反对教育的强制性。福禄培尔用儿童力量的“潜在状态”说明儿童早期发展的特点，以反对教育的成人化倾向。在他看来，旧教育让儿童按照成人的生活方式完成人性的发展，又加以强制的命令和训练，这些都束缚了儿童的发展。他认为，人的发展是不应受到限制的，但也不排斥外部力量对儿童发展的作用。在儿童幼小时，他的内部力量还处于潜在状态，需要外部力量的唤起，但必须以促进儿童的自由发展为准则。他说：“良好的教育、正确的教学和真正的训练，必须应唤起自由，法则唤起自决，外在的强制唤起内部的自由意志。”① 这对于深入认识人的发展和教育活动的关系具有重要的意义。

为了更好地发挥教育的作用，福禄培尔将儿童的发展过程划分为婴儿期、幼儿期和学生期三个阶段。在早期，儿童内部的本能冲动处于睡眠到觉醒的过渡状态，要按照儿童的本性施以正确的教育，能够让儿童自由地运用他的各种能力。之后，儿童内部的各种本能觉醒，首先在活动中“使内部的东西成为外部的”，再通过学习“使外部的东西成为内部的”。儿童觉醒的本能通过活动来显示自己内部的意愿，就会在活动中表现出一种积极的状态。因此，福禄培尔认为，教育不应是命令、灌输、服从和静听，而应是在教师的指导帮助下，儿童积极地参与和配合。并且，不同的教育手段对儿童的影响和作用是不同的，只有能够“唤起”儿童“自动”发展的教育手段才是良好的教育手段。真正的教育应该是从儿童的本性出发，采用启发式的教育方法，从而不断唤起儿童的情感和需要，使儿童主动地参与到学习活动中来。

> 游戏是儿童内心世界的自由表现，是儿童最纯洁、最神圣的心灵产物。
>
> ——福禄培尔

四、论学前幼儿教育

学前幼儿教育是福禄培尔最有成就、最有影响的事业。他系统地研究了幼儿园教育活动，创立了学前幼儿教育体系，使学前教育开始从教育学科中分化出来，他因此被称为“幼儿教育之父”。福禄培尔认为幼儿时期对人的发展是非常重要的，从幼儿时期起，“真正的人的教育就开始了”。因为一个人对于自然、家庭以及社会关系的认识都取决于这个时期的生活。如果儿童在幼儿时期受到不良的教育，那么在以后的发展中，他将需要以极大的努力去克服由这种教育所造成的损害。

福禄培尔十分重视父母的教育作用。他认为，幼儿时期的孩子和教育是完全托付给母亲、父亲和家庭的，父母在家庭中对儿童的生长和发展负有重要的责任。但他又认为，大多数父母缺乏足够的幼儿教育的知识和训练，不能很好地对幼儿进行教育。因此，为了帮助家庭对幼儿进行合理的教育，有必要建立专门的教育幼儿的机构——幼儿园。1837年，

① 张焕庭主编：《西方资产阶级教育论著选》，314页，北京，人民教育出版社，1979。

他创立了德国第一所幼儿学校。同时，他还开办讲习班训练了大批的幼儿园教师。他把儿童比做植物，把教师比做园丁，把学校比做花园。

福禄培尔通过对幼儿园教育的研究总结出：幼儿园的主要任务是保障幼儿的身体健康，发展幼儿的感觉，扩大对周围生活的认识，发展语言和创造力，进行初步的道德教育和宗教教育。并且，幼儿园的教育任务主要是通过幼儿的游戏和各种活动完成的。因此幼儿园要重视幼儿的游戏、活动以及教具和作业的设计。关于游戏、活动以及教具的设计，福禄培尔在吸收瑞士教育家裴斯泰洛齐的要素教育思想的基础上主张：教育一开始就应系统、渐次地为儿童提供全面而有兴趣的活动。

“恩物”就是福禄培尔依据这种思想为幼儿进行游戏和其他活动所设计的一套教具。恩物通常有六种，详见图 15—1。第一种是六个不同颜色的毛线球。福禄培尔认为，球是万物统一的象征，也是儿童天性统一的象征，是一切教具中最有价值的。球的不同颜色可以发展儿童对颜色的分辨能力；儿童玩球可以发展手的活动技能；成人用球与孩子做游戏可以发展儿童的空间观念，如上下、前后、左右以及肯定和否定——有和没有——的观念等。第二种是木制的球体、圆柱体、立方体和圆锥体，帮助儿童认识物体的形状和几何形体。第三种是用八个同样大小的小立方体组成的一个大立方体。第四种、第五种、第六种都是一个大立方体，可以分割成大小和数目不等的小立方体、长方体、三角体等。

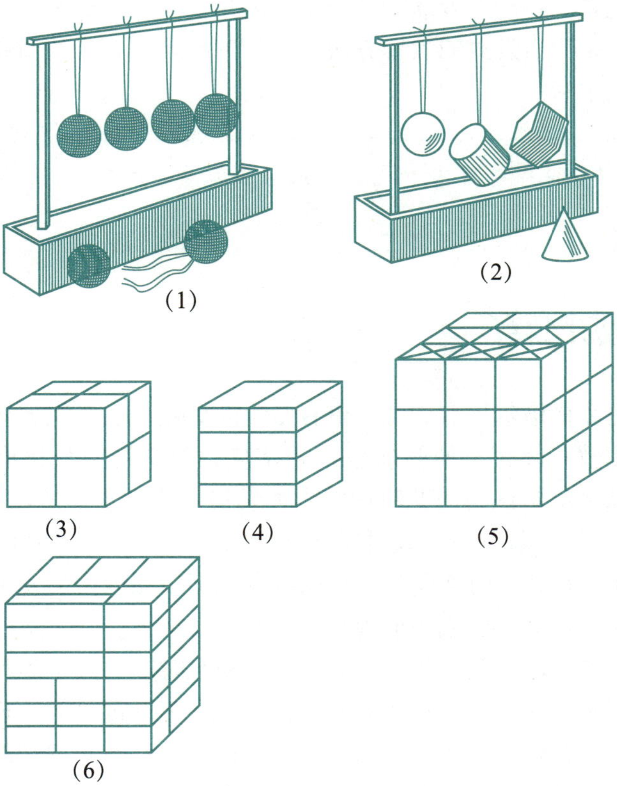

图 15—1　恩物

游戏和作业也是重要的教育途径。他认为，游戏不仅能增强儿童的体力，还可以发展智力和品德；共同游戏可以形成儿童节制、友爱、勇敢等良好品质。福禄培尔为儿童编制了多种游戏活动，有使用“恩物”的游戏，也有模仿自然现象或成人生活的游戏。作业的种类很多，主要有绘画、纸工、用小木棒或小环拼图、串联小珠、刺绣等。福禄培尔认为通过作业可以扩大儿童对于多种图形的认识，帮助儿童认识点、线、面，并练习用它们去组成整体。此外，他提出作业还应包括一些劳动活动，如初步的自我服务和照料植物等。

总之，福禄培尔的幼儿教育思想是 19 世纪西方幼儿教育积极探索的产物，具有划时代的意义。他的幼儿教育思想体系的形成，标志着西方近代幼儿教育理论开始成为一门独立的科学。

第七节　斯宾塞的教育思想

一、生平与思想基础

斯宾塞（Herbert Spencer）是 19 世纪后期英国著名的社会学家、哲学家和教育家。他以社会学和哲学为基础来论证教育，提出了新的教育目的论、课程论和科学教育思想，对近代各国实科教育的发展有重要的影响。

斯宾塞

斯宾塞出生于英国的德贝郡教育世家，幼年身体多病，没有受过正规的学校教育，但勤奋好学使他获得了广博的知识。1848 年后，他担任英国《经济学家》杂志的编辑。几十年中，他对英国社会政治、经济和伦理等各方面的问题进行了研究，形成了他的哲学、社会学和教育学思想。1854—1859 年，斯宾塞先后在杂志上发表了《智育》、《德育》、《体育》和《什么知识最有价值》等教育论文。1861 年，他将这些论文汇编成册，出版了其教育代表作《教育论》，系统地论述了智育、德育和体育等问题。

斯宾塞的教育思想是以他的实证主义哲学和庸俗进化论的社会学思想为理论基础的。斯宾塞坚持孔德的实证主义哲学，并强调科学所认识的只是事物的现象而不是事物的本质，凡是科学所不能深入认识的世界都是宗教活动的领域。斯宾塞的哲学企图调和哲学与信仰，坚持认识论上的不可知论，是一种主观唯心主义的哲学。斯宾塞的社会学思想是以庸俗进化论为基础的，认为人类的社会现象与自然现象一样，也受进化法则的支配，因而可以利用自然现象解释社会现象；人类社会如同生物体一样，也是一个有机体，社会各部分职能也像有机体，通过适当的分工表现出来。例如：作为社会头脑的资产阶级统治者相当于人的神经系统，对整个社会起支配作用。反映在教育上，斯宾塞反对国家重视对贫民的教育，认为只有作为“头脑”的资产阶级才应该受到教育，普通群众只能从事生产劳动，不必接受高深的教育。因此，斯宾塞的教育思想是资产阶级性质的。

成功的第一个条件是真正的虚心，对自己的一切敝帚自珍的成见，只要看出同真理冲突，都愿意放弃。——斯宾塞

二、教育目的论

斯宾塞在其文章《什么知识最有价值》中从知识价值的角度论述了教育的目的。他批评旧教育总是追求装饰而忽略实用，把无多大实用价值的古典知识放在过于重要的地位。他指出，英国的传统教育中对男孩进行的以学习拉丁文和希腊文为主的绅士教育，以及对女孩进行的舞蹈、弹琴、唱歌、绘画等，主要目的就是追求时尚，用装饰知识来培养儿童的心智，远离实际。斯宾塞认为：真正的教育应该是以实际需要为基础，追求实用知识，为过完满的生活做准备。因此，实用的知识就是最有价值的知识。

斯宾塞的思想反映了社会变革中英国文化教育新的变化，即由一种传统的对人的社会地位、身份的追求开始转向对人的实际作为、实用价值的追求。斯宾塞根据为满足人完满生活的五种活动的重要程度，将知识的价值相应地分为：（1）关于直接保全自己的知识；（2）关于获取生活必需品、养活自己的知识；（3）关于家庭幸福所需要的知识；（4）关于社会福利的知识；（5）关于培养艺术爱好的知识。从知识的重要性次序可以看出，斯宾塞把个人生存和健康的知识放在了第一位。在他看来，最有价值的知识正是那些能够用来解决个人生活问题的知识。在教育中，他主张按照知识价值的大小不同应当给予不同程度的注意。显然，斯宾塞的新的知识价值观具有功利主义的倾向，但他提出的将知识的实用价值作为衡量学科价值的标准的思想为新的课程论体系的建立提供了条件。

三、关于智育、德育和体育的论述

在西方教育史上，斯宾塞第一次明确地提出了智育、德育和体育的概念，并对其进行了充分的论述。

（一）智育

斯宾塞十分重视智育问题。他提出了以近代自然科学和社会科学为主要内容的课程体系，还提出了一些智育原则和方法。

斯宾塞设置了五部分的学科内容：第一部分，为直接的自我生存做准备的活动，应开设生理学、解剖学。这是直接保全个人生命和健康、保持充沛体力的重要学科，是一个人从事工作、生活的基础。第二部分，为间接自我生存做准备的活动，通过获取生活资料和职业来实现。因此，首先应学会读、写、算的基础知识，然后开设与谋生、提高生产效率、赚取利润等相关的学科，主要有逻辑学、几何学、力学、物理学、化学、天文学等。第三部分，为了抚养子女应开设心理学、教育学等学科。这些知识是为了正当履行父母职责，教养好自己的子女。第四部分，为将来尽公民职责做准备，应开设历史学和社会学，使学生了解过去和现在的人类生活，履行社会义务。第五部分，为准备将来在欣赏文学和艺术等闲暇活动中满足爱好与情感的需要，应开设油画、雕塑、音乐和

诗歌等课程。

斯宾塞的课程体系安排以近代自然科学和社会科学为重点，比英国传统教育中“装饰先于实用”的课程前进了一大步，代表了近代课程改革的方向。虽然他的课程体系是体现资产阶级性质的，但已经注意到了社会发展变化对教育和个人发展的影响。

斯宾塞在论述智育问题中也重视对教学原则和方法的研究，他反对旧教育强调机械背诵、压抑儿童心智发展的做法，提出了“自然教学”的主张。他认为：人的心智演化是一个自然的过程，应通过一定的知识促进其自然的发展；教学应是一个自我教育和愉快教育的过程。他提出，教学应遵循从简单到复杂、从不准确到准确、从具体到抽象、从实验到推理的原则，要考虑儿童的学习兴趣，应使他们在愉快中接受教育。在教学方法上，他主张通过实物教学，给予学生练习的机会，让他们独立思考和判断，发展智慧和培养能力。

（二）德育

斯宾塞说：“一切道德理论都同意：凡远近结果都是有益的行为，就是好行为；凡远近结果都是有害的行为，就是坏行为。人们评定行为的最后标准，就是结果的快乐或痛苦。”① 斯宾塞的这种道德观反映了资产阶级功利主义的价值观。斯宾塞根据这种道德观，提出了“自然后果”原则，即用儿童自己的行为引起的必然后果来教育儿童。根据这个原则，他主张在道德教育中要耐心地对待儿童经常表现出来的缺点，不要过多地管教儿童，要让他们在自己的行为发展中逐步接受教育。

（三）体育

斯宾塞十分重视儿童的健康和体育问题。他认为个人身体强弱事关民族繁荣，因而，教育不仅是对儿童智力的训练，也要对其身体进行训练，并且身体训练是智力发展的基础。他说：“体力充沛才能使心智训练在生活斗争中有用。”他从儿童的饮食、衣着、运动、游戏以及学习方面提出了应当注意的问题。他要求儿童要适度饮食，要有节制；不要穿得过暖、过多；要多运动、多游戏。斯宾塞还指出，学习不要过度，要注意身体精力的分配。

总之，斯宾塞的教育思想反映了这一时期英国社会对教育发展的影响。尽管是为资产阶级服务的，但他重视科学知识的地位，主张根据人的活动设立课程体系，主张建立包括智育、德育和体育在内的完整的教育体系等，对近代教育发展做出了突出的贡献。

> 必须记住我们学习的时间是有限的。时间有限，不只由于人生短促，更由于人事纷繁。我们应该力求把我们所有的时间都用去做最有益的事情。——斯宾塞

学习资料

http：//jy.100xuexi.com/view/specdata/20111015/c39453ee-3b93-4130-a038-5546b6bfda6c.html

① 张焕庭主编：《西方资产阶级教育论著选》，444页，北京，人民教育出版社，1979。

本章小结

教育与社会的政治、经济发展联系紧密。17—19世纪西方各国开始进行资产阶级革命。近代资本主义制度的产生和发展，也为近代教育思想的产生奠定了基础。本章主要介绍了夸美纽斯、洛克、卢梭、裴斯泰洛齐、赫尔巴特、福禄培尔和斯宾塞等教育家的教育思想。可以看出，在近代教育思想的发展中，重视知识的普遍传播、强调近代实用知识的传授、倡导发展人的“自然本性”的教育、抨击封建专制主义教育成为许多教育家关注的基本内容。这些主张和探索对于推动近代教育制度的发展起到了重要的作用。

关键概念

教育适应自然　　《大教学论》　　白板说　　教育学之父　　幼儿园

复习题

1. 评述夸美纽斯的“教育适应自然”原则。
2. 夸美纽斯提出了哪些主要的教学原则？
3. 简述洛克的“白板说”。
4. 试分析卢梭自然教育理论的主要内容及意义。
5. 简述教学心理学化运动。
6. 赫尔巴特教学“形式阶段说”的主要内容是什么？
7. 评述福禄培尔的学前教育理论。

讨论与思考

赫尔巴特的教育教学性原则对今天的新课程改革有何启示？

第十六章　现代外国教育

【本章要点提示】

- 理解英国 1944 年《巴特勒教育法》的重要性
- 了解法国 20 世纪的教育改革
- 了解德国职业技术教育改革的举措和经验
- 掌握美国 20 世纪教育改革每一阶段的目标与内容
- 了解日本教育管理体制
- 了解苏联教育改革的阶段性特征

【本章内容引言】

“在我们国家，一个最让人难过的事实是，有相当一部分小学四年级学生达不到四年级的阅读水平。想想看，一个在小学四年级有阅读困难的孩子，到初中二年级还会有困难；如果一个孩子在初中二年级有阅读困难，他可能高中毕业以后也不能胜任阅读任务，因此会上不了大学。美国的这种情况真令人羞愧。因此，去年我力争使国会通过了一个教育法案，其中有大量关于阅读的项目，我们将同各州和各地方政府合作，集中力量制定一个强调阅读的教育计划。今年，我想和我夫人以及其他人士一起制定一个儿童早期教育计划，为儿童学会如何阅读打下基础。我确实在一点点切入正题，我向你保证，因为教育是制止犯罪的最佳手段。执法是重要的，让人们对自己的行为负责是重要的，始终如一地贯彻伤人受罚的政策也是重要的，但最符合我国利益的长期解决方法是确保教育体制适用于所有人。一旦实现了这一点，人们的未来就将更有希望，贫困、绝望和犯罪都将减少。”这是 2002 年 2 月布什总统在北京清华大学的演讲中的部分内容。布什在竞选期间曾以教育为主要论题之一，提出了改善教育现状的纲领，并称他要做一位“教育总统”。美国何以有这样的举措呢？现代的其他发达国家又是如何对待教育的呢？

第一节　英国现代教育

英国在进入20世纪后，为了适应社会变革和经济发展的需要，逐步加强对国民教育事业的领导，建立了由国会、教育委员会和地方教育局相结合并以地方教育当局为主的教育行政管理体制。

一、20世纪前半期的教育改革

英国为了进一步加强对教育的领导，于1898年成立了新的中央教育行政管理机构——教育委员会，第一次统一了对初等教育和中等教育的管理，但其权限只是对学校教育进行观察以及分配经费等。为解决地方教育行政管理、学校补助金以及中等教育方面存在的问题，英国在20世纪前半期颁布了一系列的重要法令，对教育体制进行了较大幅度的调整。

（一）1902年的《巴尔福教育法》

1902年，英国颁布了《巴尔福教育法》。这一法令是由英国保守党政府的首相巴尔福提出的，从1903年4月1日起生效。法令的主要内容有：（1）在教育管理体制上，废除原来独立于地方政府的地方教育委员会，授权郡和郡级市议会负责管理初等教育和中等教育。凡人口在1万以上的市和人口在2万以上的城镇设负责初等教育的地方教育局。这样就形成了包括国会、教育署和地方教育局的教育领导体系。这种既有中央统一领导又有地方分权的国民教育领导体制，成为英国教育领导权的基本形式，一直到目前仍没有做太大的改动。（2）该法令授予了地方教育局兴办公立文法中学以及中等拘束学校的权力，并要求地方教育机关资助私立和教会设立的中等学校，建立了公立中等教育制度。但是并没有建立一个相互衔接的完整的公共教育制度。劳动人民在初等学校中只能学到读、写、算（3R）的课程，而文法中学的入学考试要求学生具备拉丁文、代数和几何方面的知识，因而他们基本上不能获得考取文法中学的机会。这种初等教育与中等教育没有联系的双轨教育制度是英国在20世纪初国民教育制度中的一个重要特征。

（二）1918年的《费舍教育法》

第一次世界大战结束后，英国实力的衰落使国内矛盾更加激化，劳动人民在教育领域争取受教育权利的斗争有增无减。英国统治者进一步了解到德国广泛实施国民教育卓有成效，于是对英国国民教育的不完善进行了改革。1918年，英国通过了以文教大臣费舍的名字命名的《费舍教育法》（the Fisher Act），主要内容包括：（1）为2～5岁的儿童开办幼儿学校，地方政府必须给予资助。（2）把义务教育年限提高到5～14岁，并把初等学校分为5～7岁和7～11岁两个阶段。不满14岁离开学校的青少年必须接受部分时间制教育，直至18岁为止。(3) 令地方教育局为公立初等学校较年长和有才干的学生开设高级而实用的课程。在教学内容中注重贯彻“儿童中心”的原则。

(三)《哈多报告》、《斯宾斯报告》与《诺伍德报告》

1902年《巴尔福教育法》建立的公立中等教育制度与初等教育不相衔接，不利于劳动人民子女升入中学。在20世纪二三十年代，出身于中产阶级的儿童40%升入中学，而劳动阶层的子女只有10%，升入大学的比例相差更大。1924年，英国工党政府提出了“人人受中等教育”的主张，任命调查委员会提出了发展中等教育的建议，统称《哈多报告》。其主要内容有：(1) 小学教育（elementary education）重新称为初等教育（primary education）。(2) 义务教育年限延长到15岁。(3) 建议以11岁为界将义务教育分为初等教育和中等教育两个阶段。(5) 实施中等教育的学校可分为两种：一种是文法中学，为升入大学做准备；另一种可以称为现代中学，教学偏重于应用或实践。到第二次世界大战前，英国有2/3的初等学校根据《哈多报告》进行了改组。

1938年，英国针对改革中等教育提出了《斯宾斯报告》，这一报告针对当时技术发展的需求提出：(1) 中学课程中应增加更多的有用的和有趣的学科。(2) 在中等学校应加强技术教育，建议开办一种招收11～16岁学生的普通中等技术学校。(3) 广泛建立现代中学，使低层社会的青少年受到中等教育。(4) 成立一种兼有文法中学、现代中学和技术中学特点的多科性中学。这是第二次世界大战后英国发展起来的关于综合中学的最初提议。《斯宾斯报告》又明确提出，应让儿童从11岁开始从不同类型的某一种中学里接受不同的教育，儿童能进入哪一种类型的学校取决于他们的智力水平。

1941年，以诺伍德爵士为主席的教育委员会又提出了《诺伍德报告》，从理论上论证了不同的儿童应进入不同的学校。报告指出：具备理论智力的儿童应上文法中学；对应用科学技术感兴趣的儿童应上中等技术中学；接受具体事物比接受原理更为容易的儿童应上现代中学。

(四) 1944年的《巴特勒教育法》

第二次世界大战期间，英国教育遭受了严重破坏。为了恢复教育，英国政府于1944年颁布了以教育委员会主席巴特勒命名的教育法。这一法案主要包括以下几个方面：(1) 为了加强中央对教育的集中领导，废除教育委员会，设立全国性教育领导机构——教育部。规定郡和郡自治市的议会为唯一的地方教育当局，对本地区各种类型的公共教育设施负有法律上的责任。(2) 废除以往中小学教育不连贯、相互重叠的学制，重新把教育划分为初等教育（5～11岁）、中等教育（11～18岁）和继续教育三个连续的阶段（见图16—1）。(3) 把义务教育年限从原先的9年（5～14岁）延长到10年（5～15岁），并规定有条件的地方实施11年（5～16岁）义务教育。(4) 公立中学免费，并根据学生的年龄、能力和性向提供不同类型的教育。(5) 根据不同经费来源将学校分为郡立学校、志愿学校、独立学校。郡立学校是地方教育当局设立的公立学校。志愿学校是教会或民间团体设立的学校，接受地方教育当局的资助。独立学校主要是指预备学校和公学，财政独立，不受公款补助，学校行政管理独立于国家教育之外，但必须在教育部注册、备案并接受检查。(6) 详细规定了地方教育当局的职责，如为学生提供免费医疗、为有生理缺陷的儿童提供特殊教育、为少数考入收费学校的学生支付学费、为公立学校学生提供生活补助金等。

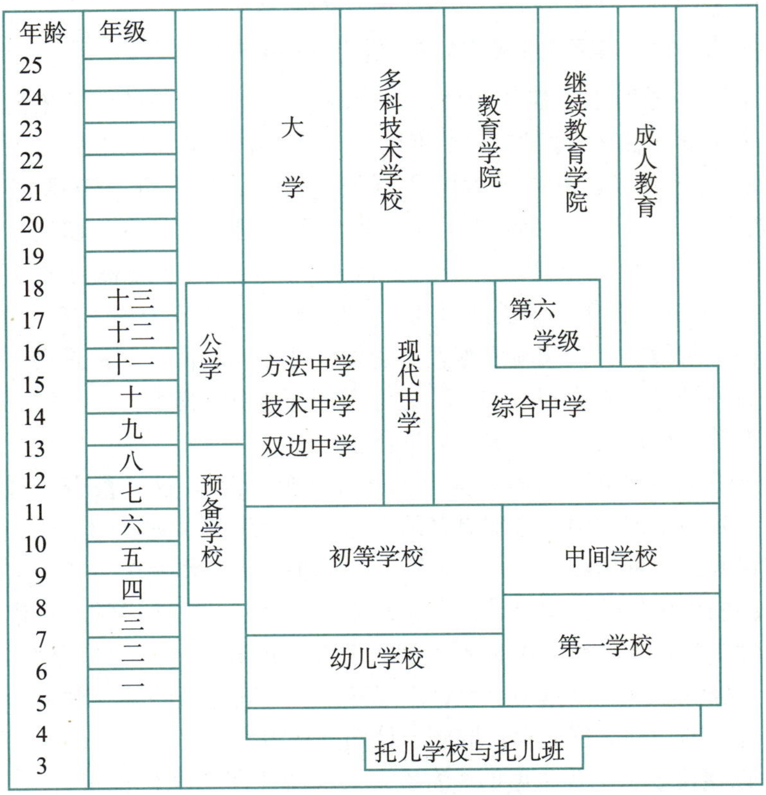

图 16—1　英国现行学制

图片来源：http：//media. open. com. cn/media _ file/200708/dongshi/bijiaojygl/nr/3z/main. htm。

1944 年的教育法是英国教育发展史上一个极其重要的教育法令，它决定了英国二战后教育发展的基本方针和政策。至今，这一法案仍是英国现行教育制度的主要基础。

二、20 世纪 50—80 年代的教育改革

二战后科学技术迅猛发展，国与国之间的竞争日益激烈，使得教育面临诸多新的问题。英国在 20 世纪 50—80 年代多次对教育进行了新的调整和改革，主要表现在以下几个方面：

(1) 进一步延长义务教育年限。1959 年《克鲁塞报告》提出 10 年内实现 16 岁义务教育；1970 年起建立地方学院（一种短期大学），为提早离校的青年提供到 18 岁为止的半日制义务教育。

(2) 取消 11 岁考试，普遍设立综合中学。根据 1980 年的统计，综合中学的学生已占学生总数的 80%左右。综合中学虽然从名义上取消了入学考试，所有小学毕业生都可进入同样的学校，但大部分综合中学不过是将原来的文法、技术、现代中学的三种教学合并在了一起，校内仍然是分别讲授三种课程，因此并未能从根本上解决问题。

(3) 在高等教育方面实行双重制，一方面为正规大学，另一方面为包括短期大学、开放大学等在内的高等教育机构。1983 年，英国高等教育研究会整理诸多建议后提出了《雷弗休姆报告》，主要内容包括：1）扩大高等教育的入学途径，扩大高等教育的招生对象。将高等教育和继续教育结合起来，向所有愿意或能够学习的人开放。要求高等教育采用业余制、工读交替、校外教育以及其他课程形式，以满足成人参加高等教育和继续教育的需求。2）建议高等教育的入学考试要多样化，所有高等院校及招生单位应允许 1/4 的学生使用其他考试标准。3）改革呆板的课程结构和学位结构，建议把三年的荣誉学位课程分成两年初级学位课程的学习和一年荣誉学位课程的学习两个阶段来进行。还要求设计课程肄业证书，实行学分转换制，以便能够使受经济结构影响的学生广泛地接受高等教育。4）废除高校教师终身制，实行提早退休制。建议定期招聘有教学和科研能力的年轻教师，以改变高校教师结构。5）加强高等院校的教学与科研工作。6）改变对学生资助的办法，以奖学金或贷学金与助学金相结合的办法取代原来的助学金资助的方式。《雷弗休姆报告》对英国 20 世纪 80 年代乃至以后高等教育的发展具有深远的影响。

三、英国现行教育制度

英国现行的教育制度在教育领导体制上采用中央集权和地方分权相结合的方式。1964 年成立的教育和科学部是中央教育行政管理机构，负责制定国家教育标准、培训教师、资助一般学校等。各地方（郡）教育当局也有较大的自治权力。

英国现行学校系统中，初等教育分为两段：5～7 岁的儿童入幼儿学校，8～11 岁的儿童进初级学校。中等教育机构仍有文法、技术、现代、综合中学等几种形式，数量最多的是综合中学。另外，还保留有自成系统的公学。英国高等教育有：以牛津、剑桥为代表的古典大学；19 世纪末前后成立的近代大学；第二次世界大战之后出现的新大学；技术大学；20 世纪 70 年代以后出现的开放大学等。

英国的教育有自己的特色，例如：中央与地方相结合的教育行政管理体制，完善的现代学校系统和反映等级性教育的“独立学校”系统同时并存，学校同时进行科学知识与宗教知识的传输；等等。这些正是英国社会资本主义性质的反映。

第二节 法国现代教育

一、20 世纪前半期教育的基本情况

欧洲资产阶级革命最彻底的是法国。19 世纪末，法国已逐步形成了现代学制的雏形，这是一种典型的双轨制。一轨是为贫民子弟而设的母亲学校—初等小学—高等小

学—小学补习班系统；另一轨是为上层阶级子弟而设的幼儿园—基础学校—国立中学或市立中学—大学或高等专业学院系统。20世纪以后，这一制度遭到了各方面的批评，许多进步人士不断呼吁提高国家的义务教育年限、扩大免费教育范围、废除双轨学制、实行教育机会均等。这些合理的、民主的建议得到了广大国民的支持，迫使法国政府进行必要的改革。

1902年，法国对中等教育作了一次改制，规定中等教育改为前后衔接的7年制，前4年为第一阶段，后3年为第二阶段，并加强自然科学与现代外语的教学。同年，封闭了3 000多所教会学校。1905年通过了《政教分离法》，使教育向世俗化方向前进了一大步。但仍允许教会开办私立学校，也允许公立学校学生在校外接受宗教教育。

第一次世界大战后，法国的统一学校斗争也取得了一定成效。1923年开始使原来中等学校与小学的教育内容趋向衔接；1925年初步实行了小学阶段的统一学校（初等统一学校）；1930年起国立、市立中学教育一律免费。1937年，当时的教育部长向国会提出了在中学初级阶段实行统一学校制度的方案，其重点有：把国立中学与市立中学的初级阶段改为独立的公立学校，与初等统一学校相衔接，得以实现普及教育的统一化；统一规定小学生11岁时进行一次"初等教育证书"的考试，进入中学的准备阶段"指导班级"学习一年，以此来培养并指导儿童的兴趣与能力的发展；对所有已获得初等教育证书的12岁儿童给予三种课程的教育选择：（1）仅教拉丁文古典文化知识的课程；（2）教现代外国语，重点讲授现代文化知识的课程；（3）不教任何外国语而重点讲授实用性与技术性知识的课程。这样就为今后分别培养不同规格的人才奠定了基础。1937年5月，法国教育部正式发布命令，在全国初等学校设置"指导班级"。后因第二次世界大战爆发，这一教育改革措施被迫中止。

二、第二次世界大战后的教育改革

（一）1947年的《郎之万—瓦隆教育改革方案》

1947年，由物理学家郎之万和心理学家瓦隆等人组成的教育改革委员会提出了全国性的教育发展计划《郎之万—瓦隆教育改革方案》。该方案以"现代化"、"民主化"为目标，提出了六条改革原则：（1）一切儿童，不分出身、种族、社会地位，都应受教育。（2）无论知识分子还是一般劳动者，所从事的工作都应有同样的尊严。（3）一切儿童和成人都有平等的受教育权利，尊重儿童，发挥他们的天赋才能。（4）设置专门教师指导在校生的学习、就业等问题。（5）根据个人才能、社会需要等，在一般文化教育的基础上对学生进行专门化教育。（6）青年离校后要继续接受社会教育。这在当时具有明显的积极意义。

该方案将教育分为两个阶段：第一阶段为6～18岁的强迫义务教育，其中6～11岁为面向所有儿童实施的教育；12～15岁，教师根据儿童的各方面能力和兴趣对其学习与升学进行指导；15～18岁属于定向后进行分科教育阶段，分为学术科（为以后升学做准备）、技术科（培养各种职业的职员）、实际科（以培养工人和体力劳动者为主）。第二阶段为高等教育，包括两个时期：（1）大学先修教育，也称大学预科，修业两年，一方面丰富学生的一般文化教养，另一方面淘汰不合格的学生。（2）高等教育，也称硕士阶段[1]，经过严格筛选的学生通过两年的学习获得硕士学位。

由于受到法国教育界保守主义和法国对外侵略战争的影响，《郎之万—瓦隆教育改革方案》并未付诸实施，但一些具体的建议对二战后法国教育改革产生了重要的影响。

（二）20世纪五六十年代戴高乐政府的教育改革

为适应二战后经济发展对人才培养的需要，戴高乐政府在1959年连续颁布了两项教育法令，即《教育改革法令》和《国家与私立学校关系法案》，至今仍是法国教育制度的法律基础。

根据《教育改革法令》，义务教育期从原来的6～14岁延长为6～16岁。其中，6～11岁为基础教育（小学教育），所有儿童学习相同的基础知识与技能；12～13岁的初中阶段为“观察期”，所有学生学习同样课程并接受教师的观察和有关升学与就业方向的指导；14～16岁为义务教育的完结期，学生分别进入普通中等教育学校或各种技术教育学校。入普通中等教育学校的学生学习7年后参加学士学位考试，通过者直接升入大学。入长期技术教育学校的学生毕业后可获“技术学士学位”进而升入高等技术院校。入短期技术教育学校的学生毕业后获得“职业能力证书”，然后就业。《国家与私立学校关系法案》颁布的目的主要是加强国家对私立学校的管理，防止宗教势力在这一领域的扩张。

法国的高等教育在20世纪50年代的改革并未引起根本性的变化。1968年发生“五月风暴”，引发全国范围的民主运动，政府随之颁布实行了《高等教育方向指导法案》（也称《富尔法案》）。该法案提出了改革高等教育的三条中心原则，即：自主自治、民主参与和多科性。根据自主自治原则，取消了原有大学设五个学院（文、理、医、法、哲）的体制，按现代科技发展需要组建“教学与研究单位”，由数个“单位”组合成一所多科性大学。根据民主参与原则，各大学及“教研单位”都设立由教授、一般教师、研究人员及学生代表组成的管理委员会，直接参与学校的管理工作。根据多科性原则，重新组合各相近学科，重视应用科学、工程技术、边缘学科和跨学科的研究。

三、法国现行教育制度

法国的教育领导体制虽几经改革，但仍属于典型的中央集权制。中央设有教育部，管理全国各级各类教育。地方教育行政部门（包括学区、省、市、镇等各级）在教育部的统一领导与监督下进行具体工作。

法国实行6～16岁的义务教育制（见图16—2）。6～11岁为初等教育，毕业后不用考试可直接升入中学。中等教育一般为7年制，分为初中、高中两段。初中4年分别称为观察期（前2年）和方向指导期（后2年）。高中阶段称为“培养期”，分为长期教育与短期教育；前者导向升学，后者导向就业。法国进行高等教育的机构主要有综合大学、高等专科学校和短期技术大学。其共同特点是学制较长，要求严格，竞争性强。

---

① 法国学制规定中学毕业即可获得学士学位，大学毕业则获得硕士学位。

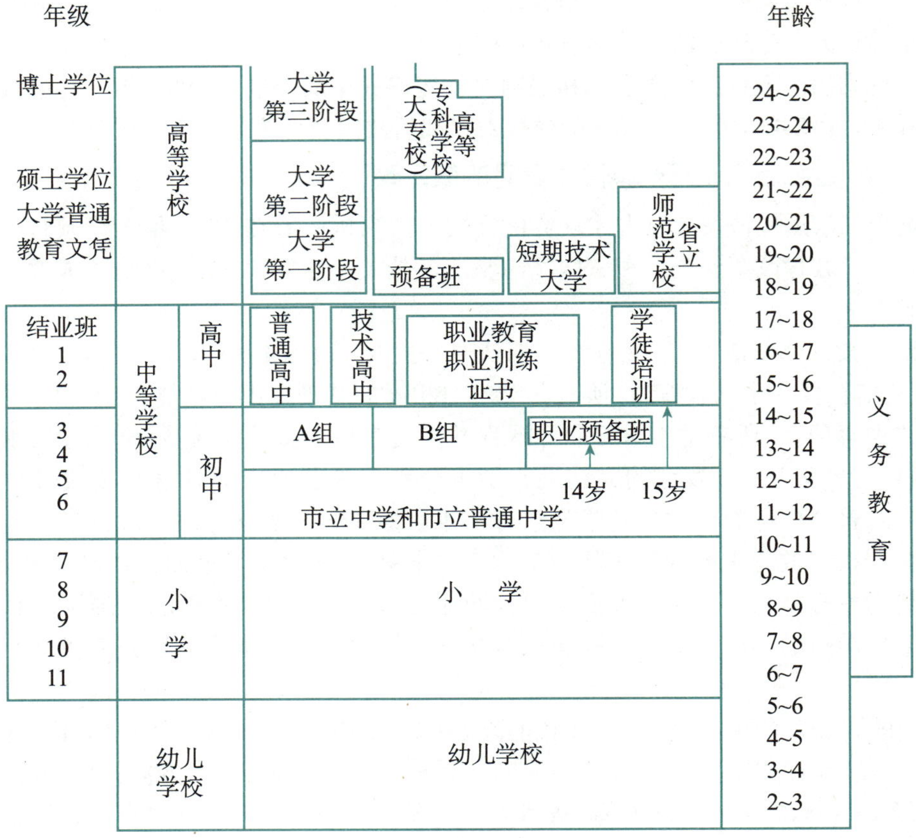

图 16—2　法国现行学制

图片来源：http：//media. open. com. cn/media _ file/200708/dongshi/bijiaojygl/。

法国二战后教育改革在许多方面都反映了当时的普遍性问题，如在教育行政管理上的中央集权与民主化的斗争、在学校系统上的双轨与单轨问题等。20 世纪以来，法国现代教育发展的速度与规模都取得了显著的成就，但是在教育改革与发展上也面临着严重的考验。进步势力、广大民众要求教育现代化、民主化，而保守的教会势力和陈旧观念的影响也很严重，法国的现代教育正是在这种斗争中不断地向前发展的。

第三节　德国现代教育

1871 年普法战争后，长期处于封建割据状态的德国统一，建立德意志帝国。到 20 世纪初，德国进入垄断资本主义经济发展阶段，对内实行专制统治，对外侵略扩张，发动了第一次世界大战并成为战败国，之后建立了魏玛共和国。1934 年 8 月，希特勒窃取了政府领导大权，于 1940 年发动了第二次世界大战。战败后，德国一分为二，成立了德意志联邦共和国和德意志民主共和国，实行两种不同的社会制度和教育制度。1990 年 10 月，东德、西德签订和平统一条约，实现了两个德国的统一。按照联邦德国的模式，改造东部地区的政治、经济、军事、文化，其中也包括教育体制。

一、20世纪前期的德国教育

(一) 魏玛共和时期（1919—1934年）的教育

第一次世界大战后，1919年德国资产阶级制定了《魏玛宪法》，废除了君主政体，建立了共和国政府。在教育方面，按照民主原则，进行了一系列改革。在初等教育方面，废除了双轨的学校教育制度，建立了单一的学制系统。凡6～10岁的儿童，都必须接受义务教育。4年基础学校的学习再加上4年高等国民学校的学习，构成了强迫义务教育阶段。在中等教育方面，一是取消了中学的预备阶段，使中学能够建立在统一的基础学校之上；二是新建立了德意志中学和上层建筑学校。德意志中学渗透着日耳曼民族沙文主义精神。高等国民学校毕业的成绩优异的学生可以被选拔到上层建筑学校，将来有资格报考高等学校。关于教师培养，小学教师由高等教育的师范学院培养。师范教育从原来的初等教育轨道提高到中等教育轨道，中等学校毕业生只有通过严格考试选拔才能作为未来小学教师进行培养。师范学院的学习由两学习和两年实习组成。中学教师则由大学培养。学生在大学学习4年后，经第一次考试合格者获得见习教师资格；再经过为期两年的见习和试教之后，参加第二次考试合格者成为助理教师，此后经正式任命，成为终身任职的教师。关于高等教育，一方面坚持大学自治、教学与科研相结合的原则；另一方面提出了高等教育面向大众的思想。但实际上，劳动者的子弟仍是不能上大学，只有资产阶级和贵族子弟才能上大学。

总之，魏玛共和时期是德国教育获得快速发展的一个时期，但其强调民族主义和国家主义倾向，排斥外来文化和犹太人。

(二) 纳粹统治时期（1934—1945年）的教育

希特勒一上台，就全力实行法西斯专政。1934年纳粹德国建立了科学、训练和国民教育部，竭力贯彻希特勒的“种族论”和“争取生存空间”的思想，使全部教育纳入进行侵略战争的轨道。各级学校教育的重点并不在于传授知识，而在于使学生效忠于希特勒和纳粹政权。城市国民学校毕业生必须到农村集中学习9个月，过军事化生活；年满18～25岁的青年要到劳动服役营去服役一年，接受纳粹主义思想灌输和参加构筑军事工程的劳动。此外，还成立了一些特殊学校——希特勒学校、全国政治教育学院和骑士团城堡学校，培养法西斯头目。这些措施致使德国教育事业大大倒退。

二、第二次世界大战后德国的教育改革

第二次世界大战后联邦德国在很长一段时间里被完全置于占领国尤其是美国的控制之下，教育上也是如此。20世纪50年代末，各资本主义国家纷纷开始进行教育改革，联邦德国也着手对其教育开展一些至关重要的改革。1959年2月，由各州教育文化部长常设会议和联邦内政部共同组建的“德国教育委员会”要求建立适合于现实社会变革需要的教育

制度。1964 年，联邦各州共同签署了《关于统一学校教育事业的修正协定》（简称《汉堡协定》）。

《汉堡协定》规定：联邦各州的所有儿童应接受 9 年全日制义务教育，分为 4 年基础学校教育和 2 年的“观察期”，老师在“观察期”给予指导以便儿童“选择”上哪一种学校。中学包括主要学校、实科学校和完全中学。主要学校与共和时期的高等国民学校是完全相同的，绝大多数学生是家庭条件一般和普通劳动者的子女。实科学校讲授实用学科，学习年限为 6 年，程度低于完全中学，但又高于主要学校，主要培养工业和商业的专业人员、政府机关和企业的职员，毕业的学生可以直接参加实际工作。完全中学的学生要经过严格选拔，交纳很高的学费，学生多来自有钱人家，毕业后一般都可以升入大学学习。

《汉堡协定》基本上形成了二战后联邦德国统一的学校教育系统。联邦政府为进一步加强对教育的统一领导，扩大其管理权限，于 1969 年 10 月首次成立了全国教育科学部，下设联邦与各州的教育计划委员会。全国教育科学部的主要任务是制定并调整联邦与各州的教育计划，对全国的教育经费进行预算，教育计划委员会主要通过提出建议和控制拨款来影响各州的教育事务。至此，德国建立起了一个全国统一的教育领导体制。

三、20 世纪 60 年代以来德国教育的发展

20 世纪 60 年代开始，联邦德国进入了一个新的发展阶段。这一时期的教育发展主要表现在：(1) 为了保持和提高国际竞争力，普遍要求增加教育投资，扩大教育事业。制定了学前教育计划，延长了义务教育年限，建立了综合中学，开放了实科中学和文理中学以及高等学校，并且特别强调要为工人家庭子女、农村居民和妇女提供更多的受教育机会。(2) 更加强调教育和科学对社会发展的影响。改革师范教育，实现教材和教学大纲的现代化和科学化，加强科学知识教育，并用其代替传统的教学内容和教学课程；教会对教育的传统影响逐渐减弱。科学的发展改变了遗传决定论，转而强调智力的社会局限性和发展可能性的研究，为教育普及和现代化创造了前提。

四、德国现行教育制度

德国的教育体制包括：基础教育，即 3～6 岁儿童接受的学前教育；初等教育，即 1～4 年级的小学教育（柏林小学学制为 6 年）；中等教育第一阶段，学生在小学毕业时或者在 6 年级定向阶段结束时，根据自己的成绩、特长、爱好以及学校和家长的意见，分流进入普通中学、实科中学、文理中学或综合中学（即综合上述三类中学的学校）学习；中等教育第二阶段，即文理中学和综合中学第 11～13 年级，考试合格后可以升入高等学校；职业教育，主要是双元制职业培训以及各种类型的职业教育学校；高等教育包括大学、各种高等院校和专科高等学校；继续教育形式多种多样。这几个部分相互衔接、彼此协调，构成一个完备发达的体制（见图 16—3）。

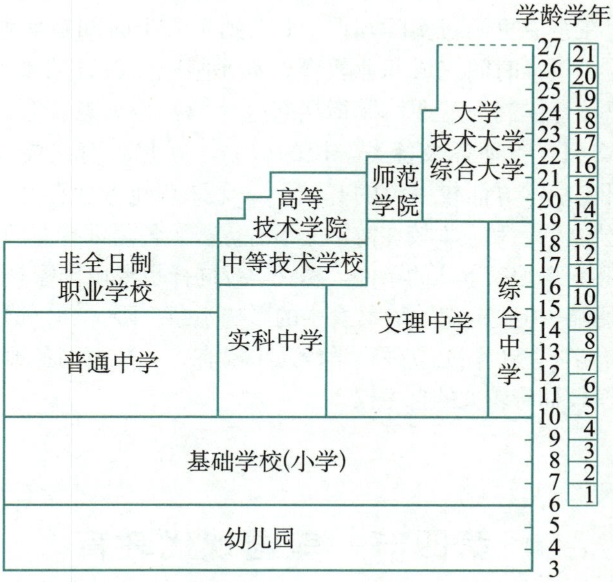

图 16—3　德国大多数州实行的学制

图片来源：http：//media. open. com. cn/media _ file/200708/dongshi/bijiao。

读一读

双元制是源于德国的一种职业培训模式。所谓双元，是指职业培训要求参加培训的人员必须经过两个场所的培训。其中，一元是指职业学校，其主要职能是传授与职业有关的专业知识；另一元是企业或公共事业单位等校外实训场所，其主要职能是让学生在企业里接受职业技能方面的专业培训。

资料来源：http：//baike. baidu. com/view/2640083. htm。

德国的教育体制相当复杂，表现在：(1) 德国的教育管辖权在各州，各州的教育结构有相同之处又有差别，例如，柏林和北威州义务教育时间为 10 年，其他各州为 9 年。(2) 学生在小学毕业后分流到三类不同的中学，并且具体规定了如何分流；不同类型的学校之间在具备一定条件后可以互相转学，并详细规定了相关条件。(3) 除了经过小学、中学可以进入大学外，还有许多其他的途径可以进入大学，如职业教育途径、业余进修途径等，正如德国人说的："在学习的道路上没有死胡同。"

德国的教育体制具有显著的特征：(1) 学生共同的小学教育之后分流到教育目标不同的普通中学、实科中学和文理中学，这是德国教育的一个重要传统。不少西方国家在教育改革中都在一定程度上实现了义务教育一体化，但德国的三类中学却一直保存下来，并据此把各种职业分成等级。普通中学毕业生主要是接受双元制职业教育，成为技术工人；实科中学毕业生有资格进入各种全日制职业教育学校，成为中级技术人员和管理人员；文理中学毕业生有资格进入高等学校继续深造，将来担任社会领导职务。(2) 德国纯学校式的职业教育比重很小，"双元制"职业教育独具特色。德国规定，普通中学和实科中学毕业生如不继续升入高一级学校深造，都必须接受职业教育。“双元制”职业教育要求，每周有 3 天半至 4 天时间在企业里学习实际知识，1 天到 1 天半时间在职业学校里学习理论知识，总共需要 3 年或 3 年半时间完成职业教育。双元制职业教育的重点是在企业里，职业学校起补充作用，把教育体制与就业体制衔接起来。(3) 德国教育管理体现了“多样化中的统一”。德国各州均拥有管理各级各类学校的权力，联邦政府主要是间接地参与制定教育政策。因此，各州在基本方面较一致的基础上，允许其他方面存在一定的差异。(4) 德国的学校绝大多数是公立的，私立学校在数量上不占优势。各州都有专门的私立学校法，规定了私立学校得到批准和获得国家承认的条件，私立学校同样也要由国家补助。(5) 国家容许教会在教育中有一定的影响，但是，教会在教育中的影响不断下降。(6) 德国几乎所有的学校都实行半日制，全日制的学校极少，公立住宿学校几乎没有。(7) 德国各地的高等学校结构基本相同，这是因为高等学校拥有较大的自主权。

第四节　美国现代教育

进入 20 世纪以来，为了适应垄断资本主义经济发展的需要，美国在教育领域进行了多次改革。

一、20 世纪前期的教育改革

20 世纪初，为了革除传统教育的弊端，美国掀起了一场进步主义教育运动和实用主义理论的宣传，对美国学校教育产生了很大的影响。1918 年，美国教育协会提出“中等教育七大原则”：保持身心健康；掌握基础训练；成为家庭有效成员；养成就业技能；胜任公民职责；善于运用闲暇时间和具有道德品质。在这些进步主义主张的指导下，美国教育强调教学与社会生活的联系；强调教学方法从讲授法转向解决问题为主的各种新式教学模式，如设计教学法、单元教学、分班分组教学、实验室制教学等；注重儿童个人经验的活动课程得到迅速发展，而传统的、系统传授书本知识的教学遭到了批判和否定。

20 世纪 30 年代，在经济危机的背景下，为了解决中学与大学衔接、升学和就业的矛盾等问题，美国进步教育协会成立了“大学与中学关系委员会”，探讨中学与大学之间的合作关系问题。1932 年，大学与中学关系委员会制定了一项为期 8 年（1933—1941 年）的大规模实验研究计划，即“八年研究”计划，也称为“三十校实验”。实验研究以进步主义教育思想为指导，研究的主要内容有：确定中学教育的目的除升学外就是实现个人的发展，为走向社会做准备；建立管理机构，负责课程设计、教育评估以及实验研究人员的培训等；主张围绕青少年个人和社会活动的问题设计新的课程，在教学方法上注意激发学生的兴趣，强调学生的独立思考以及学生与教师之间的合作；开展检查评估工作。“八年研究”计划所揭示的许多问题以及所使用的研究方法给美国教育改革的发展提供了有益的借鉴。

重视职业教育的发展也是美国20世纪前期中等教育改革的重要特征之一。社会的发展需要大批的熟练技术工人，单为大学而设的中等教育不能满足社会的迫切需要，社会公众强烈呼吁进一步加强职业教育。1917年美国通过了职业教育提案《史密斯—休士法》，对职业教育的发展做了指导：联邦政府应承担起发展职业教育的职责，拨款补助各州大力发展大学程度以下的职业教育；联邦政府应当与各州合作，提供农业、工业、商业、家政等科目的师资训练；在公立中学里应当开设职业科，把专为升学做准备的普通中学改成兼具升学和就业双重目的的综合中学；对职业学校的教师和校长设立考核标准。《史密斯—休士法》的颁布极大地推动了美国中等职业教育的制度化。

20世纪初，初级学院开始在美国各地迅速建立起来，并形成了一个全国范围的初级学院运动。1902年，美国创立了欧美第一所两年制的初级学院。这是一种从中等教育向高等教育过渡阶段的教育。学生在学完两年课程后，既可以直接就业，也可以进入四年制大学的三年级继续完成高等教育。初级学院的课程和专业设置，完全按当时当地社会劳动市场需求来开设，经费完全由地方和州的税收来承担，因此也称社区学院、专业学院。这类学院学费低廉、就业方便、灵活快捷，颇受社会欢迎，因而发展迅速。

第二次世界大战以后，随着美国经济的进一步发展，从20世纪50年代起，美国多次进行教育改革，这些改革深刻地影响着以后教育的发展。

二、第二次世界大战以后的教育改革

（一）1958年的《国防教育法》

1957年，美国的强劲对手苏联成功地发射了第一颗人造卫星，这件事大大刺激了美国。人们认为，这表明美国科技已远落后于苏联，国防力量方面也与之有了很大的差距，而这些与教育密切相关。因此，联邦政府于1958年9月颁布了《国防教育法》，其中心内容是由联邦政府增拨大量教育经费来迅速提高美国的教育质量，规定从1959年至1962年的4年内拨款8亿多美元。拨款资助的项目包括：增加学生贷款；加强科学、数学和现代外语（即“新三艺”）的教学，以提高教育质量；设立国防科研奖学金奖励学习优秀的大学生；加强“天才教育”；设立语言研究学习中心及训练班，提高现代外语教学水平；研究和试验如何更有效地使用电视、电影、广播等视听设备提高教学效率和质量；等等。

1964年，美国国会通过了《国防教育法修正案》，把《国防教育法》的有效期延长到1968年，而且扩大了它的使用范围，进一步增加对教育的拨款，并增加了学生贷款和奖学金的名额。1982年，美国国会再次讨论《国防教育法》的新补充，其目的仍是通过增加拨款进一步提高数学、科学、技术、外语等关键学科的教学质量，以应付其他发达国家在科学、技术等领域的挑战。《国防教育法》在美国现代教育发展中起着十分重要的方向指导作用。

（二）20世纪60年代的课程改革

20世纪60年代，世界进入新技术革命的时代，国际竞争日益剧烈，要求培养大批掌握科学技术的人。而美国由于受进步主义教育理论的影响，过于忽视系统文化科学知识的掌握，学者和政府官员们纷纷要求对美国学校的课程设置进行改革，提高学业标准。

1959年，美国教育科学院召开了由35位科学家与心理学家参加的会议，讨论普通学校课程改革问题。结构主义心理学家布鲁纳强调结构的重要性，要求按照知识的基本结构来设计课程，并把反映各门学科现代发展水平的基本概念与原理作为教材的中心；要求按照儿童认知发展结构来改进教学方法和使用现代化教学手段。于是，从60年代开始，许多科学家参与编写中小学各科教材的工作，并针对新教材对教师进行培训。但这次课程改革并未达到预期的效果，其中最主要的原因是由科学家编写的教材难度太大，与中小学实际相脱节。

（三）20世纪70年代的教育改革

1974年，在美国教育总署署长西德尼·马兰提出的“生计教育”理论的基础上，国会通过了《生计教育法》。生计教育的实质是以职业教育和劳动教育为核心的适应社会发展的教育，要求把普通学校教育和职业教育结合在一起。其实施的对象是从幼儿园、中小学一直到大专院校的学生以及成人，其中中小学阶段是生计教育的重点。

20世纪70年代后半期，为了改变推行布鲁纳的课程改革方案而引起教育质量下降的问题，美国开展了“返回基础”的教育运动，目的在于强调基础知识的传授并恢复传统的教学方法和道德教育，要求在小学阶段强调教学阅读、写作和算术等基本技能，在中学阶段主要强调英语、自然科学、数学和历史科目的教学，并要求教师在学校教育的一切阶段起主导作用。公立学校课程中取消了各种“虚饰”课程和选修科目等。20世纪80年代以后，“返回基础”的呼声逐渐消沉下去。

（四）20世纪80—90年代的教育改革

为适应20世纪80—90年代现代新科技革命的迅猛发展和人类知识的迅速增长，美国在课程和教材内容以及教学方法等方面进行了许多教育改革。

在80年代初期，美国中小学课程中增加了消费教育、环境教育、多元文化教育、反毒品教育、性教育等内容。1983年，美国中小学教育质量调查委员会提出了一份题为《国家在危机中：教育改革势在必行》的报告，列举了美国学校教育中所存在的缺陷，宣称：“我们的国家正处于危机之中……我们社会的教育基础目前正被一股日益增长的平庸潮流所侵蚀，这股潮流威胁着我们国家和人民的未来。”为了提高学校教育质量，该报告提出了五条建议：（1）加强中学五门“新基础课”的教学，即4年英语、3年数学、3年自然科学、3年社会科学、半年计算机科学。（2）提高教育的标准和要求，对学生的成绩和品行采取严格的和可测量的标准。（3）改进教师的训练和培养，提高教师的地位和待遇。（4）各级政府应加强对教育改革的领导和实施，并提供必要的财政资助。

为面向21世纪，1985年，美国促进科学协会提出了著名的《普及科学——美国2061计划》。该计划把学科课程改革作为教育改革的总的指导思想，以培养学生适应信息社会的需要。80年代后期，布什总统推出了包括提高学术水平、加强职业教育和高等教育、兴办新兴学校、关注困难儿童教育等在内的一系列新的教育政策。1991年4月18日，美国发表了《美国2000年教育战略》文件，提出了2000年美国6大教育目标和4项保证措施，为美国教育发展规划了蓝图。

三、美国现行教育制度

美国现行的教育行政制度仍是地方分权制，但也在逐步加强联邦政府在教育行政方面的领导作用。1979 年 10 月，美国建立了联邦教育部，主要通过拨发教育经费的途径对各州教育进行渗透。各州教育权实际由教育委员会掌握，州以下还有地方教育行政机构。另外，美国还有一些大财团设立的“教育基金会”，也通过对各级学校赠款对教育产生教育影响。

关于义务教育，美国各州的规定不同，有的州长达 12 年，有的仅为 9 年。美国小学和中学的学制大多是“6－3－3”制（小学 6 年，初中、高中各 3 年），也有少数地区采用“8－4”制（小学 8 年，中学 4 年）等其他学制，各地区在学制、学校组织、课程设置、教学方法等方面有很大的差异性与灵活性。美国的中等教育一般分为初中、高中两段。初中进行一般的文化基础知识教育，高中则实行分科教育，如为升学做准备的学术科、为就业做准备的职业科等。美国的高等教育基本分为三级：两年制初级学院，毕业后获得副学士学位（协士学位）；四年制综合大学和各种专业学院，毕业后获得学士学位；研究院和高级专业教育。美国建有较完整的职业教育、成人教育系统。美国现行学制见图 16—4。

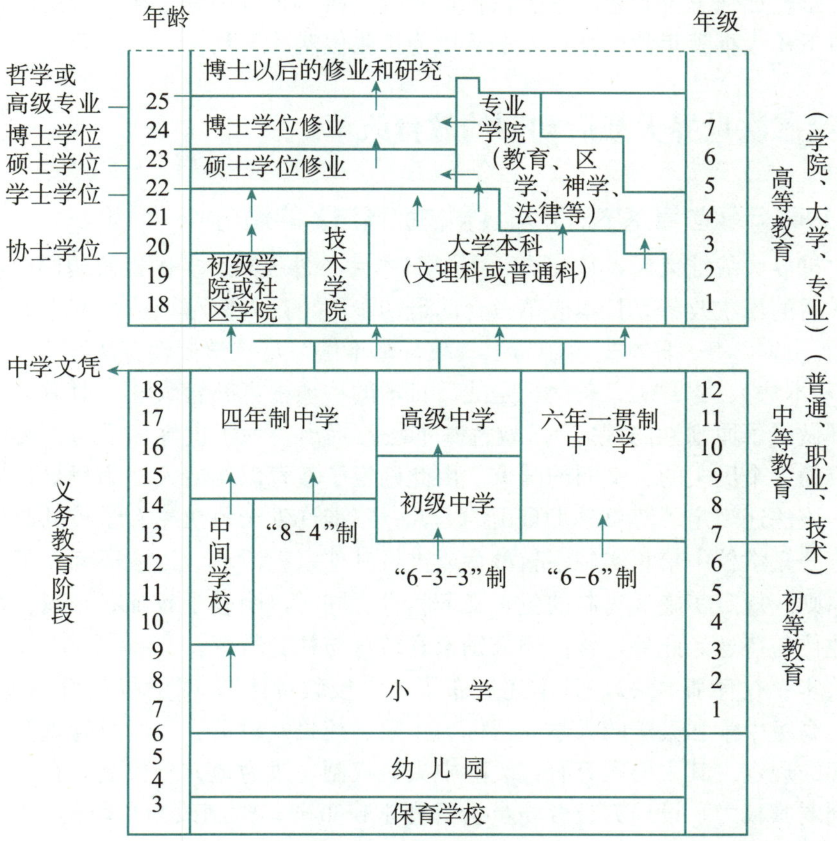

图 16—4　美国现行学制

图片来源：http：//media. open. com. cn/media _ file/200708/dongshi/bijiaojygl/nr/1z/main. htm。

在近代资本主义各国中，美国这样一个年轻的国家在短短的一二百年时间里就成为了世界上工业最发达、经济实力最强大的国家，其重视教育、重视人才培养不能不说是重要原因之一。

第五节　日本现代教育

一、20 世纪前半期的教育

日本是个实行天皇制的国家，20 世纪初进入了垄断资本主义经济发展阶段，并迅速走上了法西斯主义的道路。20 年代开始，日本极大地加强了对学校教育的控制，强化对青少年的思想灌输，在课程内容设置中鼓吹“皇道”、“神道”、“武士道”精神的内容，美化并歌颂对外扩张的侵略行径。1937 年日本发动全面侵华战争后，开展所谓“国民精神总动员”，日本教育也全面转入战时教育体制；12 月，内阁下设“教育审议会”，要求全国各级各类学校加强忠于天皇的思想教育，实行法西斯军事训练。在“校门即营门”的军国主义政策下，大批青年学生被送入军队成为扩张侵略的工具。

二、第二次世界大战后初期的教育改革

（一）1947 年《教育基本法》与《学校教育法》的颁布

第二次世界大战结束后，1945 年 8 月，日本无条件投降。美国以及盟国敦促并迫使日本进行了战后的民主改革。日本改革教育的最初步骤，是以盟军总司令部采取紧密措施的形式进行的。1947 年，日本先后颁布了《教育基本法》与《学校教育法》。

《教育基本法》总共 11 条条文，是战后日本的一项根本教育大法，对有关教育工作的重大问题都做出了原则性的规定。《教育基本法》提出，为了世界和平与人类幸福，日本必须建设成为一个民主的、文明的国家。由此确定了教育以陶冶人格为目标，培养身心健康的国民。该法还规定了尊重学术自由的方针；不准许党派争执左右学校的政治教育；在国立及地方公立学校中禁止实施宗教教育或进行其他宗教活动。该法还确立了“教育机会均等”的原则，规定实施 9 年制的免费义务教育。同时，明确了教师必须履行职责，提升了教师的地位与待遇。此外，该法还鼓励家庭教育与社会教育。

为了落实《教育基本法》，日本还颁布了《学校教育法》，对学校教育制度以及小学、初级中学、高级中学和大学的入学、目标、年限、校长及教员、经费及管理等事项都做出了系统详细的规定。其主要内容有：废除中央集权制，改为地方分权制；在中央仍设立文部省，但削弱其权力，设地方教育委员会管理学校事务；学制改为单轨的“6－3－3－4”制；义务教育年限由 6 年延长为 9 年；高中既设普通科又设职业科，以实施普通教育和专门教育为目的；高中把旧制高等女子学校、实业学校合并起来，经过结构改革统一成为单一类型的 3 年制高中。

《教育基本法》和《学校教育法》的颁布否定了战时军国主义的教育政策，战后日本教育发展进入了一个新的时期。

第二次世界大战后，日本废除了中央集权的教育管理体制，但在中央仍设文部省，同时新设教育委员会作为各级地方教育行政的领导部门。1948 年颁布了《教育委员会法》，次年颁布了《文部省设置法》，规定教育委员会负责管理地方上设置学校、安排课程、任命学校的工作人员等，文部省的教育权力大为缩小，这对于重建学校的教育改革发挥了积极的作用。1956 年颁布《地方行政组织与职能法》之后，日本的教育行政又朝着中央集权化的方向发展。教育委员会的权力被大大削弱，文部省的权限却得到扩大与加强。

（二）20 世纪 70 年代和 80 年代的教育改革

20 世纪 70 年代后，日本已实现了经济强国、技术大国的目标，各产业部门对人才的需求在数量与规格上都出现了很大变化，教育体制也由于经济的发展暴露出种种问题和局限性，教育改革势在必行。1971 年 6 月，日本中央教育审议会提出了《关于今后学校教育综合扩充、整顿的基本措施》的报告，拉开了日本自明治维新和战后初期两次重大教育改革后的“第三次教育改革”的序幕。该报告的基本思想是：（1）以培养自主性和创造性的人作为教育目标；（2）从终身教育观点出发，对整个教育体系进行综合性整顿；（3）在综合协调家庭教育、学校教育、社会教育的基础上改革学校教育。1977 年，日本政府陆续颁布了《关于改善中小学教学计划的标准》、《小学初中教学大纲》，1978 年颁布了《高中教学大纲》等法规。

20 世纪 80 年代后，教育改革进一步展开。1984 年 8 月，日本正式组建“临时教育审议会”。1987 年，日本文部省成立了“教育改革推进本部”。二者成为 80 年代日本推进教育改革的领导机构。

“临时教育审议会”于 1987 年 8 月第四次发表了关于教育改革的咨询报告，其主要内容有：（1）教育改革本着重视个性的原则、适应时代变化的原则、向终身教育体制过渡的原则展开；（2）确立了培养“21 世纪面向世界的日本人”的教育目标；（3）完善终身教育体制，加强家庭、学校与社会的合作；（4）强调按照灵活、多样、柔性化的观点改革中小学教育体制；（5）加强道德教育和振兴体育；（6）提高高等教育的质量，促进高等教育多样化发展；（7）培养运用信息手段的能力。

日本从 20 世纪 70 年代初开始的历时 20 多年的第三次教育改革在改革的范围、力度和效果等方面都取得了很大的进展，为以后日本的教育发展打下了坚实的基础。

三、日本现行教育制度

日本的教育行政管理体制经过二战后直至 20 世纪 50 年代的改革，基本形成了既有地方分权的因素又有中央集权的性质这一特点，并且教育行政部门的任务、机构和编制都由法律固定了下来，保证了机构的稳定性和效率。

日本的义务教育包括 6 年小学和 3 年初中。由于二战后日本多次对中小学的课程进行改革导致学生负担过重，目前日本教育改革的主要方向是在坚持教学内容现代化的基础上减轻学生负担。日本的高中一般也是 3 年，目前有普通高中、职业高中、专科高中等几种形式。日本的高等学校由综合性大学、短期大学、高等专科学校组成。综合性大学和短期大学招收高中毕业生，高等专科学校招收初中毕业生，分国立、公立、私立三种。日本现行学制见图 16—5。

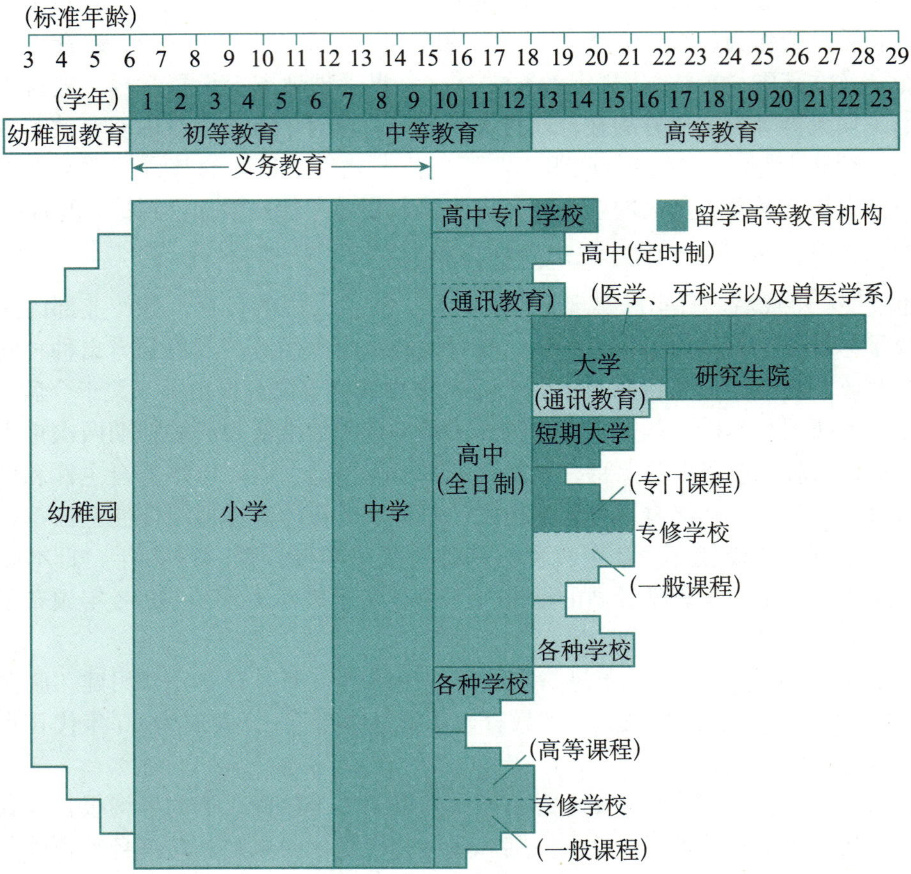

16—5　日本现行学制

图片来源：http：//media. open. com. cn/media _ file/200708/dongshi/bijiaojygl/nr/6z/main. htm。

读一读

日本私立大学已占半壁江山

当代社会的竞争归根到底是人才的竞争，那么人才从哪里来呢？答案是靠教育，特别是高等教育。资源匮乏的日本之所以能在全球竞争中站稳脚跟，主要是因为日本的高等教育发达，能给各个领域输送急需的人才。这其中，私立大学功不可没。

日本受中国的影响，自古以来就重视教育，特别是在 20 世纪 60 年代以后，随着经济发展和人们生活水平的提高，想入高等学府的人越来越多，而支撑高等教育“大众化”的坚强柱石就是私立大学。1955 年进入私立大学读书的占日本大学生总量的 60%，1965 年增至 70%，现在已经占到 80%。可见私立大学在普遍提高日本国民素质方面有着举足轻重的作用。

在日本人的心目中，私立大学的教育质量和国立、公立大学是一样的，很多名牌私立大学甚至超过了普通的国立和公立大学，早稻田大学、庆应大学更是世界名校，前者的机器人研究和后者的经济学研究在日本一直名列前茅。

企业人事部门对学生的评价是最好的证明。有关调查表明，人事部门最满意的10所大学中，私立大学占了5所，和国立、公立大学平分秋色。之所以能取得这样的成绩，是因为私立大学十分注意培养人才与生产实际相结合。

日本私立大学也有它的劣势，那就是学费太高。国立和公立大学由政府投资，资金来源不成问题，学费相对要少；私立大学的资金来源主要靠学费、个人捐助和学校创收，因此学费要高出国立和公立的两三倍，很多学生选择国立和公立大学主要是因为学费问题。

政府对于私立大学一直采取扶持的政策。从1970年起，政府对私立大学的资助逐年增多，1970年为132亿日元，现达3 142.5亿日元。在税收方面，政府也给予私立大学特别的优惠，不收所得税等国税，居民税、事业税等地方税也一概全免，此外还提供低息贷款等；而在政策方面则与国立大学一视同仁。

日本是一个科技大国，科技立国是日本的既定国策，而科技的发展又必须以人才为基础。因此，日本今后将更加重视教育，而私立大学也必然会进一步发展壮大。

资料来源：http：//www.h-edu.com/html/20050223092026.htm。

第六节 俄国现代教育

一、苏维埃建立初期对旧教育制度的改造

（一）废除旧教育机构，建立新的教育领导机构

1917年“十月社会主义革命”的胜利，标志着世界上第一个社会主义国家诞生了。1917年11月9日新的苏维埃政权建立了教育最高领导机构——教育人民委员会；11月11日，由教育人民委员会发表了《教育人民委员会关于国民教育的宣言》，阐明了苏维埃政府关于教育的基本原则和任务，其主要内容有：（1）实施普及义务初等教育；（2）学校绝对脱离宗教；（3）建立统一的苏维埃学校；（4）国民教育经费由国家预算内支付并增加教育预算；（5）实行国民教育民主化，吸引教育家与工农群众参与教育事业建设与管理；（6）提高教师的地位。在对全国和地方教育组织机构的彻底的改组和整顿中，撤销了旧俄时代所设的学区，解散了学区督学和视察员，所有学校都归教育人民委员会统一管辖。各类教会学校也改为世俗的普通学校。明令个人有宗教信仰的自由，但禁止在学校里讲授神学和举行宗教仪式，使学校成为完全世俗的场所。

（二）教育体制和学校制度的初步确立

1918年10月16日，新政权正式公布了第一个教育法则——《俄罗斯苏维埃联邦社会主义共和国统一劳动学校规程》。该规程规定：所有普通学校都统一归教育人民委员会管理，一律叫某某统一劳动学校，所有少年儿童都可进同样的学校，要求特别重视劳动；还规定了“取消教师的等级”，“禁止布置家庭作业”，“取消一切考试”等。这个规程奠定了

苏联学校教育制度的基础，但同时也应当注意到《规程》中一些不全面的部分，比如把“生产劳动……当成学校生活的基础”，忽略了系统完整的知识的学习。1919 年开始试办高等学校附设的工人系（也叫工农速成中学），使高等学校向工农打开了大门，以便更快、更多地从工农中培养掌握高等文化技术的干部。

二、20 世纪 20 年代的教育发展

20 世纪 20 年代，苏维埃共和国转入经济恢复建设的阶段，对教育提出了一系列要求，苏联开始了对教育和教学的调整和改革。1920 年 12 月 31 日至 1921 年 1 月 4 日召开的关于国民教育问题的会议将普通学校（即中小学）的学制改为 7 年，并允许在 7 年制学校的基础上设立修业年限为 3～4 年的中等技术学校和职业学校，高等学校一般是 3 年。此后，还逐步开办了工人青年学校、艺徒学校和农村青年学校等工农学校。根据会议的精神，又通过了《改组第二级学校的条例》，决定逐步把第二级学校改组为中等技术学校 。但由于改组中各方面的困难，又决定保留第二级学校。于是，原来的“统一劳动学校”改为 9 年制（4－3－2 制）学校和中等技术学校，并要求更新教学内容，使教学与生活和生产劳动紧密结合起来。

1921—1925 年，苏联公布了《国家学术委员会教学大纲》。该大纲打破了学科界限，将规定的学习内容按自然、劳动和社会的形式排列，并以劳动为中心，按季节、节日和地区的情况组成教学单元。在教学方法上，采用劳动的教学方法；在教学组织形式上，取消了班级授课制，代之以分组实验室制和设计教学等。综合教学大纲使学校接近了国家的社会政治生活，积极参与国家的社会主义改造。但不好的一面是，它破坏了各学科之间的内在逻辑，削弱了学校中系统基础理论知识的学习和基本的读、写、算能力的训练，不能保证学生获得系统的科学知识。

三、20 世纪 30 年代至 50 年代初期教育的调整和发展

20 世纪 30 年代，苏联工农业的发展要求迅速发展教育事业，加速培养专门人才。但 20 世纪 20 年代后期，苏联教育尤其是中小学教育受到了极“左”的教育思潮的干扰和影响，在数量和质量上都不能满足要求。因此，从 20 世纪 30 年代初开始，苏联对全部教育进行了全面调整和整顿。

（一）对普通教育的调整和整顿

对普通学校（即中小学）的调整和整顿始于 1931 年 9 月 5 日颁布的《关于小学和中学的决定》。该文件指出，苏联中小学的教学未能使学生掌握各门学科的基本知识，以致高等学校招收不到合格的新生而大大影响了高等教育对专门人才的培养。并且指出，这种现象主要是“学校消亡论”和设计教学法的泛滥所造成的。因此，要求立即组织力量着手研究制定中小学各科教学大纲，保证各科的教学要以系统知识为主。学校要按照严格规定的教学计划和教学大纲进行，通过教学一定要培养学生具有足够的读、写、算的能力。“在学校的一切教学工作中，绝对保证教师的领导作用。”

此后又陆续颁布了一系列决定：1932 年 8 月 25 日颁布《关于中小学教学大纲和教学制度的决定》、1933 年 2 月 12 日颁布《关于中小学教科书的决定》，1936 年 7 月 4 日颁布

《关于教育人民委员部系统中的儿童学曲解的决定》等。通过这些决定的颁布和实施，苏联学校首次确立了以掌握知识为主、培养各类专门人才的教学体制，纠正了20年代后期出现的学校教学上的混乱现象。

（二）普及义务教育的实施

20世纪30年代，苏联在全国范围内较大规模地开展和实施普及义务教育。1930年8月14日公布《关于普及初等义务教育的决定》，规定所有适龄儿童从1931年9月起都要进入初等学校受4年的初等普及义务教育；1935年开始，城市、工人区普遍实施7年制义务教育；1937年开始，农村地区的儿童也都在4年小学教育基础上继续7年义务教育。直到1949年才事实上开始普遍实施7年制普及义务教育，在城市、村镇开始实施10年制的普及义务教育。

四、20世纪50年代末至80年代末的教育大改革

（一）1958—1964年的教育改革

20世纪50年代中期，苏联实施普及义务教育使得高中毕业生人数骤然激增，但大学无法容纳这么多为升学做准备的高中毕业生，而各劳动单位需要他们去工作，可是这些高中毕业生都无任何就业准备。为解决这一矛盾，政府决定从改革教育入手。1958年，苏联把“走向生活和参加公益劳动”、“积极参加社会所需财富的生产”作为教育改革的主旨，12月24日颁布了《关于加强学校同生活的联系和进一步发展苏联国民教育制度的法律》，将普及义务教育年限延长为11年，将原来为升学做准备的完全中学改成三种类型的学校：（1）工人青年学校和农村青年学校；（2）实施生产教学的劳动综合技术普通中学；（3）中等职业技术学校和其他中等专业学校。在高等教育改革方面，确立了把教育与公益劳动相结合的原则和方向。逐步减少录取应届普通中学毕业生，相应增加优先录取具有工龄的工农兵学员。学生在校学习期间，要求用更多的时间参加实际生产劳动。从1959年开始，所有高等院校都要开办夜大和函授大学，以满足大批青年升入大学受高等教育的需要。这样，高等学校教育教学与生产、实际联系加强了，但同时，科学基础知识的学习显然被削弱了，整个教育教学质量严重下降了。更不合实际的是，中学学习年限延长了，劳动时间增加了，而生产技术条件和职业训练的目的却没有实现，而且中学教育质量下降直接导致大学质量的下降。这一系列的问题致使1958年的教育改革无法继续。

（二）1964—1973年的教育改革

1964年开始的战后第二次的教育改革与上次改革有直接联系。1964年8月颁布了《关于改变兼施生产教学的劳动综合技术普通中学的学习期限的决定》，把“兼施生产劳动的劳动综合技术普通中学”的学习年限制由3年改为2年。1964年10月，由500名著名学者、大学教授、教学法专家、优秀教师组成的委员会全面审定了中学课程内容的范围和性质，并于1965年提出了《关于普通教育课程的建议》，要求彻底修改普通学校教学计划、各科的教学大纲并重新编写教科书。苏联教育家据此在将近10年的时间内编写出了新的试用教科书103种，其中87种被批准为标准教科书。1966年11月10日公布了《关

于进一步改进普通中学工作的措施》，明确提出普通学校的主要任务是“使学生获得牢固的科学基础知识”[①]。1973年7月19日，苏联第八届最高苏维埃第六次会议通过了《苏联和各加盟共和国国民教育立法纲要》(以下简称《立法纲要》)，把从1964年8月以来的一系列改革和措施以立法的形式固定了下来。《立法纲要》以重视牢固的科学基础知识为基本原则，规定了学校必须组织劳动教学、参加社会活动和进行选择职业的教育，还特别强调“深刻知识是进入高等学校的通行证”[②]。《立法纲要》规定高等学校的主要任务是培养“具有高深的理论知识和实际技能的高度熟练的专家”[③]。但是这一系列措施仍未能解决实际问题与矛盾，1977年开始了战后第三次教育改革。

(三) 1977年以后的教育改革

1977年12月22日，苏共中央和苏联部长会议针对普通学校在第二次改革中的矛盾和问题做出并通过了《关于进一步改进普通学校学生的教学、教育和劳动训练的决议》(以下简称《决议》)。《决议》指出：“当前在普通学校工作中存在着重大缺点的是，学生负担过重，学校中的教学大纲和教科书往往充斥着多余的资料和次要的材料。”[④]普通中学的主要任务是使学生掌握系统的科学基础知识，并且必须掌握一定的职业技能，才能适应国民经济部门工作的需要。据此，《决议》规定增加劳动教学时间、加强劳动教育和职业指导、普通中学都要配备劳动课教师，并着手修改教学计划、教学大纲和教科书，删减教材、减轻学生负担，增开选修课、帮助学生自觉选择职业。

1984年4月公布了《普通学校和职业学校改革的基本方针》(以下简称《基本方针》)，调整了普通学校的学制，学生入学年龄由7岁提前到6岁，小学学习年限由3年延长到4年，五年级至九年级为不完全中学（即9年制学校），十年级至十一年级为中等学校（包括普通中学、中等职业技术学校和中等专业学校）。九年级以前除集中学习科学基本知识外，还要完成一般劳动的基本训练，八年级开始配合职业定向开设选修课。《基本方针》要求：“青年的中等普及教育将辅之以普及职业教育。所以年轻人都将有机会在开始劳动活动之前就学会一种职业技能。”1985年11月27日，苏联第十一届最高苏维埃第四次会议又通过了《苏联和各加盟共和国国民教育立法纲要》，规定：通过综合大学、学院、专科大学、厂办学院等高等学校，把青年学生“培养成具有高等教育程度的高度熟练的专门人才”。

总的来说，战后苏联第三次教育改革，一方面重视学生学习科学基础知识，另一方面也关注生产教学、劳动教学和职业训练，并且在不久后使二者“接近和统一”起来。可以说，20世纪50年代后期以来三个阶段的苏联教育大改革，走了一条曲折前进的道路。

五、俄罗斯现行学制

苏联解体后，俄罗斯颁布新的法律文件——《俄罗斯联邦教育法》(1992年)重新构建了其国民教育体制，这一次改革基本保持了苏联学制的传统，只是分类方法不同。新的

① 北师大外教所编：《苏联教育法令汇编》，140页，北京，人民出版社，1977。

②③ 同上书，355页。

④ 《外国教育丛书》编辑部编：《六国教育概况》，343页，北京，人民教育出版社，1979。

分类法把俄罗斯教育划分成两大部分：普通教育和职业教育。普通教育又分为学前普通教育、初等普通教育、基础普通教育、中等（完全）普通教育；职业教育则分为初等职业教育（相当于原来的职业技术教育）、中等职业教育（相当于原来的中等专业教育）、高等职业教育（相当于原来的普通和专业高等教育）、高等后职业教育（相当于原来的副博士、博士研究生教育）。此外，把中小学阶段原来的各种校外、课外教育划归“儿童补充教育”；把原来的各级各类业务进修、业务提高、业务再培训划归“成人补充教育”。以上从学前教育到补充教育构成了现在俄罗斯的终生教育体系（见图 16—6）。

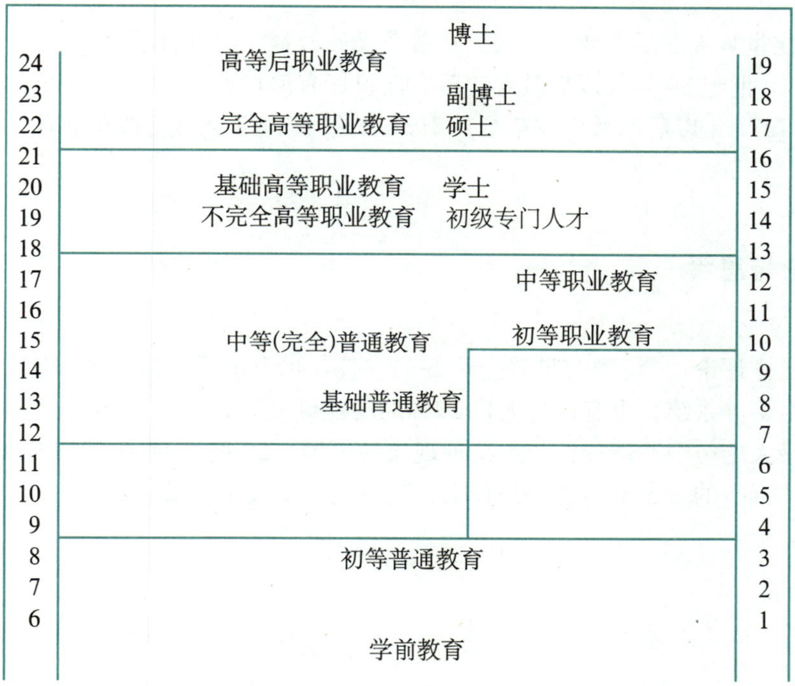

图 16—6　俄国现行学制

图片来源：http：//media. open. com. cn/media _ file/200708/dongshi/bijiaojygl/nr/2z/main. htm。

学习资料

http：//media. open. com. cn/media _ file/200708/dongshi/bijiaojygl/koml. htm

本章小结

本章简述了 20 世纪以来英、法、德、美、日、苏联（俄罗斯）诸国教育发展与改革的进程。通过这些教育改革现象，我们可以发现其中的共同趋势：首先，义务教育成为了各国经济建设的主要部分，世界上主要发达国家都用立法的形式保障其义务教育的实施，并且普及义务教育年限呈不断延长的趋势。其次，随着科学技术的发展，教学内容与课程体系改革普遍受到关注。再次，职业技术教育被各国视为促进经济发展的条件而普遍受到重视。德国的“双元制”、日本的“学校与社会合作”、美国的“生计教育”等，都是值得我们借鉴的新模式。最后，各国教育管理体制的变化也各具特色，集权与分权不断博弈。

关键概念

1944 年的《巴特勒教育法》　　双元制　　《国防教育法》　　“新三艺”

复习题

1. 第二次世界大战后主要发达国家在普及义务教育方面进行了哪些改革?
2. 美国 20 世纪 80 年代以后教育改革方向目标有何特点?
3. 苏联 1977 年以后的教育改革与其 1958 年和 1964 年的教育改革有什么联系?

讨论与思考

有报刊这样评论:“美国有世界上最好的学校，也有世界上最差的学校；美国拥有最庞大的研究生培养系统，也有占总人口 20%的功能性文盲；其教育经费是世界上最多的，但浪费也是最大的……”请分析产生这种现象的原因。20 世纪 80 年代以来美国联邦政府在教育改革中奉行的一条基本思路是什么？列举其主要改革举措。

第十七章　现代外国教育思想

【本章要点提示】

- 掌握“新教育运动”的主要教育论点
- 了解“进步主义教育运动”的始末
- 掌握杜威的教育思想
- 了解要素主义教育、结构主义教育

【本章内容引言】

这堂课之前，教师通过对学生感兴趣的话题进行了摸底了解，结合单元课文内容，确定了访谈题目：“幸福是什么”。教师课前带领几名学生组成采访小组几次来到了成都市SOS儿童村，访问六号家庭的妈妈杨红英。杨红英是一位十分优秀的儿童村妈妈，她有着丰富的人生经历，有着自己对幸福的深刻体验和感受。教师和采访小组的同学们收集了杨妈妈一家的有关资料、照片，制作成了课件。课堂上，教师首先声情并茂地向全班同学介绍了杨妈妈的有关情况，展示了有关资料，同学们被吸引住了。教师提出：“如果有机会采访杨妈妈，围绕‘幸福是什么’，你将怎样向她提问？”同学们分为学习小组进行研究讨论，设计出了采访提纲。这时，教师从幕后请出了已被邀请来接受采访的杨妈妈。杨妈妈的出现使课堂沸腾了，小组代表开始进行采访。“请问杨妈妈，您为什么要选择这样一个职业？”“您还这么年轻，您不想有自己的家、不想有自己的孩子吗？”“您来自遥远的冰城哈尔滨，您想不想您的爸爸妈妈？想不想家？”“在您现在的生活中，让您觉得最幸福的事情是什么？”“您那么爱您的孩子，他们爱您吗？”“您觉得什么是幸福？”……同学们提出了一个又一个他们关心的问题。杨妈妈深情而又平静地讲述着自己的故事，诉说着自己的心情，同学们被深深地打动了。采访结束了，教师请同学们谈谈自己的感受和体会。

这是一堂新课程理念指导下的作文课，却没有传统作文课繁杂枯燥的作文技巧的指导，更没有刻意地教学生立意如何高远。教师带领学生走出课堂，走入生活，了解杨妈妈。这又不仅仅是以写作为目的的一堂作文课。这堂课所关注的不只是作文本身，而且更为关注学生的发展。

资料来源：http：//www. pep. com. cn/kcs/alyj/cz/201008/t20100825 _ 737582. htm。

今天的教育理念与形式已经大不同于传统，何以会发生这样的变化？了解现代以来欧美教育思潮的变化或许对我们有所启示。

第一节　新教育运动

一、新教育运动的由来与发展

“新教育运动”也称做“新学校运动”，是指 19 世纪末 20 世纪初在欧洲各国兴起的教育改革运动。随着垄断资本主义的发展，人们纷纷指责旧教育传授的是一些空乏无用的知识，培养出的是一些虚荣、无能的青年。因此，采用新的教育形式、内容和方法，开始了方方面面的教育改革运动。在实践中，一些倾向于教育民主、尊重儿童、内容实际、讲求效率的“新学校”应运而生。随之，欧美各国便仿效开办，发展成为一场影响较大的“新教育运动”。

“新教育运动”最早发端于英国教育家雷迪（Ceil Reddie）于 1889 年创办的阿博茨霍尔姆学校。阿博茨霍尔姆学校是为 11～18 岁男生开办的寄宿中学，建在远离城市的乡村。其办学目的是提供“一种完全现代和有合乎情理的特点的适应社会‘领导阶级’需要的全面教育”，以培养出能够应付现代知识与现代生活不断增长的复杂性从而建立健全的人类社会的人才。雷迪为了改造当时重古典课程、脱离社会生活、贵族化的公学制度，特别重视学生的创造性活动。学生通过各种活动获得知识，学会如何合作与领导，从而在各方面都得到良好的发展。随之，“新教育运动”扩展到欧洲其他国家。

1983 年，巴德利在英国建立了贝达尔斯学校，是阿博茨霍尔姆学校的第一个分支。但其实行男女合校，更多地倾向于培养创造者，学校管理更民主，因此大受欢迎。德国的赫尔曼·利茨（Hermann Lietz）先后建立了三所相互衔接的家庭式乡村寄宿学校，分别是 1898 年为 6～12 岁儿童开办的伊尔森保学校、1901 年为 13～16 岁男生开办的豪宾达学校和 1904 年为 16～19 岁男生开办的比伯尔史泰因学校。1899 年，法国社会学家和教育家埃德蒙·德穆林（Edmond Demoline）创办第了一所新学校——罗歇斯学校，该校尤其重视体育运动。在瑞士，1902 年楚伯尔比尤勒尔创办格拉里塞格学校，1906 年赫尔曼·托布勒创办瑞士法语地区新学校，又于 1907 年创办霍夫·奥伯基希学校。

这些先驱性的乡村寄宿学校都深受雷迪的影响，在办学模式、目的、课程及方法等方面有许多一致的地方，如：新学校都设在远离城市、自然环境优美的乡村；新学校在管理、教育和教学上具有民主性，师生之间、学生之间不是命令和服从的关系，而是相互爱护、亲密无间的关系；学校把学生的各种活动与学习融为一体；重视学习现代语言和最先进的自然科学知识；课程根据学生的兴趣、年龄特征和个性来设置。但是也存在局限性，如：费用昂贵，主要以具有激进思想的上层社会和高收入阶层的少数学龄儿童为对象，因而规模一般都较小，并且完全独立于国家教育系统之外。新学校引起了人们对传统教育的反思，并且由于各国新学校之间紧密联系而开辟了国际交流。

1899 年，费利耶尔（A. Ferriere）在日内瓦建立“国际新学校局”作为欧洲各国新学校的联络中心。1921 年，在费利耶尔的发起下在法国成立了“新教育联谊会”，并出版杂志《新时期的教育》。新教育联谊会成立后先后三次提出过相应的新教育原则。1921 年，刚成立的新教育联谊会提出了七项新教育原则：（1）新教育的目的应该是保持和增进儿童内在的精神力量；（2）教育者必须研究和尊重儿童的个性；（3）新学校应该使儿童的天赋兴趣得到充分的发展；（4）学校应该由儿童自己来管理，同时儿童都必须懂得自我约束；（5）新教育制度必须以合作的精神来代替自由竞争的精神；（6）支持男女同校教育；（7）在上述原则的基础上正确实施的新教育，将使儿童为成为未来的公民做好准备，而且意识到他自己的和每个人的尊严。1932 年，为应对世界经济危机对社会所带来的冲击，新教育联谊会提出了五项原则：（1）教育应该能够使儿童领会我们时代的社会和经济的复杂性；（2）应该设法适应不同个性的儿童智力和情感方面的各种各样的需要；（3）应该帮助儿童通过发展个人的首创精神和责任感来更好地适应社会生活的需求；（4）应该提倡合作精神，使教师和学生认识到性格差异和独立思考的重要；（5）应该引导儿童去正确评价他们的民族遗产，并高兴地欢迎每一个民族对人类文化做出特殊的贡献。1942 年，新教育联谊会通过的《儿童宪章》提出：（1）尊重儿童的人格，儿童的需要是任何良好教育制度的基础；（2）每个儿童都享有适当的衣食住的权利，国家财政应当予以保障；（3）应该对每个儿童提供有效的医疗保健和治疗；（4）所有儿童都应有获得自己民族的知识和智慧财富的平等机会；（5）应该为每一个儿童提供全日制的学校教育；（6）应该对所有儿童提供宗教训练。

新教育联谊会在不同时代所提出的教育原则，反映了对教育不断适应社会发展的思考，体现了新教育与传统教育的区别，新教育运动成为对 20 世纪欧洲乃至世界教育产生深远影响的教育运动。

二、蒙台梭利的教育主张

（一）生平与教育实践

蒙台梭利（Maria Montessori）是意大利第一个获得医学学位的女性，是 20 世纪杰出的幼儿教育家，是西方教育史上与福禄培尔齐名的幼儿教育家之一。她的教育理论与实践推动了新教育运动及幼儿教育的发展。

蒙台梭利

蒙台梭利出生于意大利一个天主教徒的家庭。在研究和诊疗残疾和低常儿童的实践中，她认为“儿童智力缺陷主要是教育问题，而不是医学问题”，并通过实验，使低常和残疾儿童通过了小学各科考试。她认为适用于低常和残疾儿童的教学方法也适用于正常儿童，于是便力图以医学为基础，用自然科学的直接观察的研究方法，建立对正常儿童进行教育的“科学的教育学”。

1907 年，她在罗马贫民区开办了第一所幼儿学校，名为“儿童之家”，招收 3～6 岁的贫苦儿童。在那里，她将最初用于低能儿童的教育方法经过适当修改，运用于正常儿童，也取得了极大的成功，引起了社会的广泛关注。1909 年，她写了第一本著作《蒙台梭利方法》，全面阐述了她的教育主张及在“儿童之家”实施的教育方法。该书在世界范围内广泛传播，被译为20多种文字。人们大力宣传蒙台梭利的方法，开办“蒙台梭利学校”。1913年，美国成立了“蒙台梭利协会”；1929年，荷兰成立了“国际蒙台梭利协会”。但是，20世纪30年代后期，蒙台梭利学说被禁止，其肖像被纳粹销毁。第二次世纪大战后，蒙台梭利客逝于荷兰。

（二）儿童发展观

蒙台梭利批判旧教育是强制性的，干涉儿童的“自由行动”太多，惩罚儿童是一种罪过，必须改变。她在《童年的秘密》一书中论述道：“他们被关在学校里和奴隶一般，受到社会强加的痛苦。儿童长时间伏案读书写字，使他们胸膛受压而变得狭小，容易患肺病。”“学习是强制性的，充满了厌倦和恐惧，儿童的心智疲劳了，他们的神经系统疲倦了。”她批判旧学校说：“在这样的学校里，儿童像被钉子固定的蝴蝶标本，每人被束缚在一个地方——桌子边。”她把对儿童的自发冲动是压制还是引发作为区分好坏教育的分水岭。

蒙台梭利指出，儿童发展时期是一生最重要的时期。因此，要为儿童创造一个适宜的环境，让儿童在适宜的环境中自由活动，受到陶冶，得到锻炼。不仅要关心儿童的物质生活，更需要关注他的精神和心灵的迫切需要。蒙台梭利认为人生来就具有各种潜伏在人心灵中不断发展的潜能，教育的主要目的就是使儿童内在的潜能在适当环境中得到充分自由发展。

儿童有着他自己的人格，他自身具有创造精神的美和尊严。这种美和尊严是永远不能磨灭的，所以他的纯洁而非常敏感的心灵需要我们最审慎的爱护。——蒙台梭利

蒙台梭利对于儿童心理发展的看法，是其教育学说的基础。她认为儿童的心理发展既不是单纯的内部成熟，也不是环境、教育的直接产物，而是机体和环境交互作用的结果。儿童心理发展如同各种生物现象一样有各种敏感期。在各个阶段会显示某种心理的倾向性和可能性，过了这特定的时期，其敏感性就会消失。她对儿童的敏感期进行了区分：儿童从出生到5岁是感觉的敏感期，2～2.5岁达到顶峰；从1岁多到4岁左右是秩序的敏感期；出生后两个月到8岁是语言的敏感期；从出生到6岁是动作的敏感期。以此为基础，蒙台梭利认为儿童发展中的每个阶段具有不同的身心特点。0～6岁是儿童个性的形成期；6～12岁是儿童增长学识和艺术才能、有意识地学习的时期；12～18岁可以对他们进行成人那样的宣传教育。

蒙台梭利的儿童发展观的特色是：重视早期教育；认为儿童心理的发展具有节律性、阶段性、规律性；强调生命力的冲动是儿童心理的发展的原动力；强调儿童心理的正常发展必须依靠环境和教育的合理安排。其中特别强调的是，为了科学教育儿童，必须掌握和尊重儿童的心理特征和个性差异。这正是当时席卷欧美的新教育思潮的体现。

（三）感官教育

基于其儿童敏感期的认识，蒙台梭利幼儿教育法中最重要的组成部分是重视幼儿的感官训练和智力的培养。她把智商归纳为感觉器官的训练，认为：感官训练能使人的感觉敏锐，发展人的各种能力。通过练习可以使儿童掌握各种技能，并养成儿童的德行；可使儿童适应现代社会生活的要求，又为他将来实际生活做了准备。她的感官教育主要包括视觉、听觉、嗅觉、味觉及触觉的训练，其中以触觉为主。她所倡导的感官练习要求教师不要过多地管束儿童，主要让儿童自我练习，依赖教师提供的各种教具刺激感觉器官发展自己的知觉和辨别事物的能力，为发展高级智力活动打下基础。

为了系统地对儿童进行感官练习，蒙台梭利专门设计了一套有独创性的教具，教具根据用途分为不同的种类。她强调采用单独训练的方法，使每一感官都有极度敏感性，设计的教具各训练一种特殊的感觉；在训练过程中，为了使一种感觉器官不妨碍另一种感觉器官的感受，常常把儿童某一种感觉器官与其他感官隔离出来。她所设计的教具还能控制儿童犯使用不当的错误。

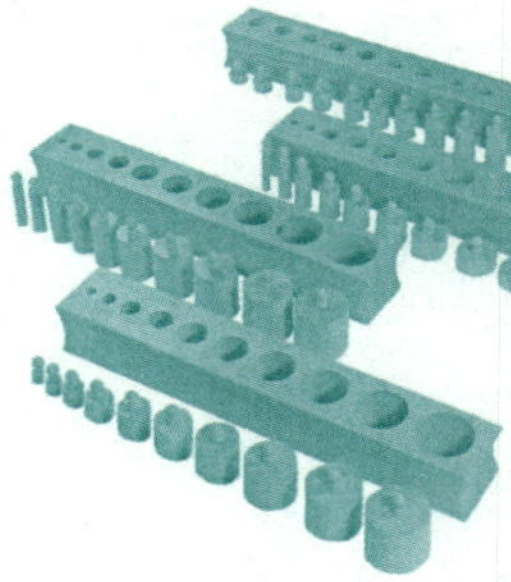

蒙台梭利教具——圆柱体插座

教具构成：圆柱体插座4组。第一组：直径和高同时递减；第二组：高固定不变，直径递减；第三组：反比例组；第四组：直径不变，高度递减。教育目的：培养孩子视觉的敏锐性，学习辨别物品大小、高低、粗细的特征。

蒙台梭利很重视唤起儿童持久的和活跃的注意力的方法，这种方法在儿童教育中是激发隐藏在儿童内心深处的那些力量，使儿童认真辨别各种事物。她把注意分为有等级的刺激，由易到难、由具体到抽象，这样在不同年龄用不同的刺激就会把儿童的文化修养建立起来。她认为教师的责任在于运用各种教具，引导儿童去练习，发挥潜在力量，成为有文化教养的人。蒙台梭利认为这是一种“自我教育”，这是其教育方法中非常重要的一个方面。她强调：“人之所以成人，不是因为教师的教，而是因为他自己的做。”①

三、“公民教育”和“劳动学校”思想

凯兴斯坦纳（G. Kerschensteiner）是德国著名的教育家，在慕尼黑市任教育局长达30年之久，主要著作有《教育原理》、《公民教育要义》、《劳动学校要义》、《学校组织基本原理》等。凯兴斯坦纳所提出的“公民教育”是他的教育理想和办学的指导原则；“劳动学校”则是公民教育付诸实施的一种学校组织形式和教育机构。

国家怎样才能实现其自我保存和增进福利的职能呢？凯兴斯坦纳认为，要通过给予每个人最广泛的教育，使他们懂得国家的职能并且乐意尽最大努力担负起他们在国家中的职责，在国家中“担任一种工作或一种职务，并且把这种职务或工作做得能够多么好就多么好”。此外，“公民教育”要通过精神训练或性格陶冶，发展学生的“意志力、判断力、精细性和自奋性”；要对其进行道德教育，培养学生和青年工人忠诚的爱国心和牺牲精神，并养成容忍、乐观、干练等思想品格，最终教育青年成为有价值的“良好公民”。“公民教育”的根本目的是通过教育以“陶冶”人们的思想、性格和意志，把他们训练成为“爱国”、“忠君”的顺民。其实质是对内维护资产阶级的利益和统治，对外维护军国主义德国的利益。

从培养良好公民的目的出发，凯兴斯坦纳提出建立“劳动学校”。“劳动学校”主要通过劳动训练使青年对职业和工作深感兴趣，同时对青年进行精神陶冶的训练。因此，凯兴

① 吴式颖：《外国教育史教程》，496页，北京，人民教育出版社，1999。

斯坦纳把“劳动学校”也叫做“工作学校”和“性格陶冶学校”。“劳动学校”里反对那些“杂乱”和“肤浅”的知识，而主张用极少的“真正经验的知识”材料去培养学生“极多的适应力、本领和工作兴趣，以完成国家公民教育的使命”。凯兴斯坦纳还强调“劳动学校”不仅要为学生将来的职业做准备，更应重视劳动的精神陶冶和精神训练的价值和作用。为了实现劳动训练的意义和价值，凯兴斯坦纳主张把以传授书本知识为主的传统学校改成以劳动活动教学为主的“劳动学校”。此外，他还主张按儿童将来的职业兴趣去组织国民学校的劳动教学，进行“分组教学”。他认为儿童最感兴趣的劳动是各种制作、园艺、烹饪、细木工、钳工等手工技艺劳动。凯兴斯坦纳的这种职业训练理论与欧洲的“新学校”理论是同出一辙的，在某种意义上也是一种“新学校”。

第二节　进步教育

一、进步教育的始末

进步教育的教育革新思潮亦称“进步主义教育运动”，产生于19世纪末期并一直持续到20世纪50年代，是美国进步主义运动的重要组成部分。进步主义教育运动的核心是力求通过教育的改革，使学校教育能更好地适应美国社会的新的发展需要。进步教育理论源自卢梭、裴斯泰洛齐和福禄培尔等人的教育思想，并深受现代科学尤其是生物科学和进化论的影响。进步主义教育运动兴起的标志是美国教育家帕克19世纪末在马萨诸塞州昆西市和芝加哥市库克师范学校开展的教育革新实验。在这些实验的基础上，帕克提出了“昆西教学法”，为此，帕克本人也被杜威称做“进步教育之父”。1896年，杜威创办芝加哥实验学校。在他的影响下，进步教育的实验在美国以各种形式大规模兴起。进步主义教育成为了20世纪上半期美国的主要教育思潮。

美国于1919年成立了“进步教育发展协会”以满足人们教育革新和实验对于交流平台的需求，该协会后来改称“美国进步教育协会”。1924年，该协会创办《进步教育》杂志，向读者介绍欧洲的新教育实验以及美国进步教育实验的相关情况，是推动美国进步教育发展的重要力量和平台。1929年，经济大萧条严重影响了美国进步教育运动的发展。进步教育由此前强调儿童中心开始意识到学校的社会职能。1940年，随着美国卷入第二次世界大战，进步教育开始逐步走向衰落。1955年，美国进步教育协会解散。1957年，《进步教育》杂志停办，这标志着美国进步主义教育运动的终结，也标志着以进步教育为代表的一个时代的结束。人们对进步教育思想及其运动褒贬不一，但其给学校带来了多方面的变革，在反对落后传统教育方面发挥了积极作用。

读一读

1920年，美国进步教育协会发布了著名的进步教育“七项原则”，这成为进步主义教育运动的重要行动纲领。

这七项原则是：

(1) 学生有自然发展的自由；

(2) 兴趣是全部活动的动机；

(3) 教师是一个指导者，而不是一个布置作业的监工；

(4) 注重学生发展的科学研究；

(5) 对儿童的身体发展给予更大的关注；

(6) 适应儿童生活的需要，加强学校与家庭之间的合作；

(7) 进步学校在教育运动中是一个领导者。

二、进步教育家的实验

(一) 帕克的昆西教学法

帕克 (F. W. Parker) 作为美国进步教育之父，曾先后担任过马萨诸塞州昆西市教育局局长、芝加哥市库克师范学校校长和芝加哥大学教育学院第一任院长等职。他领导和主持了昆西学校实验，并且在教育实践中不断总结其教育革新经验，最终提出了"昆西教学法"。"昆西教学法"也被称为"昆西制度"。

"昆西教学法"的主要内容包括：(1) 强调儿童应处于学校教育的中心，教师必须了解和尊重儿童的本性，创造条件满足其需求；(2) 重视学校的社会功能，强调学校应成为理想的家庭、完善的社区和雏形的民主政治，在促进民主制度的发展方面发挥巨大的作用；(3) 主张学校课程应尽可能与实践活动相联系，并将学习内容与儿童的日常生活相联系来安排科目；(4) 强调培养儿童自我探索和创造的精神。

"昆西教学法"对儿童主体地位的强调和对教育与实践关系的重视都成为日后进步主义教育运动的核心所在。这也在很大程度上开启了对传统教育的批判，开创了声势浩大的进步教育运动。

(二) 约翰逊的有机学校实验

约翰逊 (Marietta Johnson)，是美国著名进步主义教育家。她于 1907 年在美国亚拉巴马州创办费尔霍普学校，以"有机教育学校"著称。杜威把约翰逊的教育实验称做"教育即自然发展的一个实验"。

约翰逊称自己的教育方法是"有机的"，因为它们遵循学生自然生长。有机学校教育的目的在于为儿童提供每个发展阶段所必需的作业和活动，按照一般的发展而不是以获得知识的分量来调整学生的分班。有机学校的课程安排以活动为主要形式。学校里的活动必须是对家庭活动的自然延续，这样才能保证儿童的自然生长过程的完整性。儿童由于需要和兴趣而主动探索，教师要循着这种自然的途径，将学生引导到读、写、算、地理等正规课程的学习，强迫的作业、课文和考试都被取消了。约翰逊设计了一系列活动来代替一般课程。

约翰逊重视社会意识的培养。她认为：人是社会的人，发展合适的社会关系应该是学校最重要的任务之一。学校应培养学生无私、坦率和合作等方面的品质以及培养儿童提出建设性建议的能力等。约翰逊有机学校的思想实质上是对昆西教学法的进一步延伸，是主张按照儿童的自然生长规律和秩序实施教育的学校。

（三）帕克赫斯特的道尔顿制

帕克赫斯特（Helen Parkhurst）是美国著名进步主义教育家，道尔顿制的创始人。她于1920年在马萨诸塞州道尔顿市的道尔顿中学开展教学实验，成绩显著，于是将其教育方法以“道尔顿实验室计划”命名，也称做“道尔顿制”或“道尔顿计划”。

“道尔顿制”实际上是一种个别教学制度。帕克赫斯特批判班级授课制中学生的个别差异得不到照顾，于是提出以下主张：（1）在学校废除课堂教学、废除课程表和年级制度，代之以合同式的学习。具体做法是：把各学科一年的课程以月为单位划分作业大纲，学生以合同的形式确定自己应完成的学习任务，然后根据自己的需要进行自学。学生可以根据学习进度快慢来适当延长或修改合同。（2）将各科教室改为各科作业室，分别配备该学科教师进行指导。（3）用表格法来了解学生的学习进步，既可以增强学生学习的动力，也可以使学生管理简单化。道尔顿制的关键在于自由与合作，要给予学生学习的自由，允许学生根据自己的需要安排自己的学习，养成独立工作的能力。同时，强调师生之间、学生之间的合作，以培养学生的合作意识和社会意识。

（四）克伯屈与设计教学法

克伯屈（W . H. Kilpatrick）是美国著名教育家，一生致力于诠释杜威思想。1918年，他发表《设计教学法》一文，提出了设计教学法，被称为“设计教学法之父”。

克伯屈认为教育的最终目的是培养品格，强调教育应适于现实生活，积极改造生活。因此，他主张建立一种以生活和实际经验为中心的新学校。克伯屈将设计的方法运用于教育，并系统归纳阐述了设计教学法。他将设计教学法定义为是在社会环境中进行的有目的的活动，设计教学注重教学活动的社会和道德因素。其中，有目的的活动是设计教学法的核心，儿童自动、自发的有目的的学习是设计教学法的本质。克伯屈主张取消现有的课程体制与分科教学，取消教科书，把学生有目的的活动作为所设计的学习单元。

克伯屈根据不同的目的，将设计教学法分为四类：第一类是生产者的设计，克伯屈称之为建造设计。它是以生产某物为目的，用物质的形式去体现思想或观念。第二类是消费者的设计。他认为儿童非常活跃地消费、吸收别人生产的东西，如欣赏别人的画等，所以又称做“欣赏设计”。第三类是问题的设计。其目的在于解决一个问题。第四类是练习的设计，或称为“具体学习设计”。其目的在于获得某一种或某一程度的技能或知识等。一个具体的学习单元经常可以包含两个或两个以上的设计。此外，克伯屈还提出了设计教学法的四个步骤，即决定目的、制定计划、实施计划和评判结果。教师在设计过程中应发挥指导的作用，主要由学生自己思考来进行设计。

设计教学法以儿童为中心，可以充分发挥儿童的主动性和积极性，同时强调教学与生活、教学与社会的联系。但由于强调以儿童经验来组织教学，设计教学法的实施不可避免地会削弱对系统知识的学习。

第三节　杜威的教育思想

一、生平与教育活动

杜威

约翰·杜威（John Dewey）是美国著名的哲学家和教育家，是 20 世纪人类历史上少数几个最有影响的教育家之一。他出生于美国佛蒙特州的柏林顿。在佛蒙特大学学习期间，他对赫胥黎的进化论思想产生了浓厚的兴趣，开始了对哲学问题的思考。1879 年大学毕业后，杜威先后在中学和乡村学校担任教师。1882 年，他进入霍普金斯大学学习研究生课程。在此期间，杜威对黑格尔哲学产生了极大的兴趣。1894 年杜威应聘到芝加哥大学任哲学教授，并担任了哲学、心理学和教育学系的系主任，讲授哲学、伦理学、心理学、教育学等课程。1896 年，他创办了芝加哥大学实验学校（亦称杜威学校）。1904 年，杜威辞职后到哥伦比亚大学任哲学教授，直到退休。在此期间他曾到日本、中国、土耳其、墨西哥和苏联等国家进行教育考察和演讲。1952 年，杜威在纽约去世。

杜威一生出版的教育著作多达 30 余部，教育论文约 180 篇，其中主要教育著作有：《我的教育信条》、《学校与社会》、《儿童与课程》、《民主主义与教育》、《经验与教育》、《今日之教育》、《人的问题》等。《民主主义与教育》最系统地阐述了杜威的实用主义教育思想。

> 失败是一种教育。知道什么叫“思考”的人，不管他是成功或失败，都能学到很多东西。——杜威

二、实用主义教育思想

杜威是实用主义教育思想的创始人，他的实用主义教育理论以实用主义哲学、“社会个人主义”的社会观、生物化的本能论心理学为理论基础。

（一）实用主义哲学

杜威创造性地把实用主义哲学应用到了教育上。实用主义是在美国的具体历史条件下形成和发展起来的一种主观唯心主义的哲学，主要代表人物是皮尔斯、詹姆士和杜威。皮尔斯在 1878 年发表的《我们怎样使观念明确》一文中，首次提出了实用主义哲学的基本思想，其观点可以归结为“存在就是有用”。其后，美国哥伦比亚大学教授詹姆士于 1907 年出版了《实用主义——一些旧思想方法的新名称》一书，在皮尔斯“存

在就是有用”的基础上，又进一步提出了“有用就是真理”。詹姆士使实用主义哲学通俗化了。杜威全部接受了实用主义的哲学观点，并主张哲学应是人们用以适应环境、整理经验的一种工具。他认为哲学必须与人的生活发生联系，以促进社会和政治的发展。但怎样实现这一结合与促进呢？杜威将哲学与教育紧密结合起来以发挥哲学的最大推动作用。他这样解释：因为教育乃是塑造人的理智和情感的全过程，是与每个人发生关系的普遍的活动，所以，通过教育便能把实用主义哲学的世界观与思想方法普遍植入人心，使它发挥最大的效用。

“经验”是杜威的教育哲学中最重要的一个名词。他认为，经验是人与环境相互作用的结果。杜威的“经验”概念包括人（经验的主体）和环境（经验的客体）在内，它们被看成是同一过程的两个侧面。杜威认为：存在即经验，人的主观经验是客观世界存在的基本前提。自然界所存在的一切都是“被经验到的东西”，自然界离不开人的经验。这是明显的主观唯心主义经验论。根据这种经验论，杜威提出：“教育就是经验的改造或改组。”他认为，一切学习都来自经验，教育必须始终从个人的实际生活的经验出发。

（二）“社会个人主义”的社会观

杜威的教育理论，同时又是以“人性论”和“庸俗进化论”为理论基础的。由此出发，杜威把人类社会看做是由具有原来的人性诸如本能、习惯等的个人结合而成的。他进而论述：既然社会只是人性的组合，那么教育在改进社会中就具有决定性的意义。要促进社会进步，只需要采用发展人性、激发智慧的方法进行教育，而无须进行阶级斗争。杜威这种把教育看成是社会发展的基本途径而反对阶级斗争、社会革命的观点，是一种社会改良主义的观点。另外，杜威还强调个人的发展在于适应社会环境的需要，即通过对个人的教育可以达到社会改良的要求。

（三）生物化的本能论心理学

杜威把心理理解为本能的活动。他认为：人的情绪、习惯、冲动等生物性的本能是心理的基本内容，是由遗传作用一代代传下来的。心理活动的实质就在于有机体采用一定的行动来适应环境并满足自己的需要。这是一种“机能主义心理学”的观点，即把心理活动完全生物学化，注重心理学的实用效能。根据这种生物化本能论的心理学观点，杜威提出教育的任务就是要按照儿童本能生长的不同阶段，提供适当的材料，组织各种活动，以有利于儿童本能的表现和发展。

杜威将其提出的哲学、社会学以及心理学观点作为教育体系的理论基础，一方面是其全部学术观点的必然反映，另一方面也使自己的教育理论成为了一种完整的科学体系。

三、关于教育本质的论述

关于什么是教育，杜威说：“教育即生长”、“教育即生活”、“教育即经验的不断改造”。

（一）“教育即生长”

杜威认为教育的本质和作用就是促进儿童本能生长。杜威在《明日之学校》中说：

“教育不是把外面的东西强迫儿童或青年去吸收，而是要使人类与生俱来的能力得以生长。”[①]在《民主主义与教育》中，他提出：“教育就是生长。在它自身之外，没有别的目的，学校教育的价值，它的标准，就看它创造继续生长的愿望到什么程度，看它为实现这种愿望提供方法到什么程度。”[②] 他在《学校与社会》中批判了旧教育忽视儿童本能的弊病，明确提出了以儿童为教育的中心。这就是杜威的“儿童中心主义”的教育原则。该原则是杜威的教育理论甚至整个现代派教育理论中的核心。

杜威批判传统教育的最大缺点就是从外面对儿童施行强迫教育，让儿童学习成人编好的教材，使教育成为一种外来的压力。他提出：书本、教师本应是为儿童服务的，而在传统教育中，学生被书本、教师牵着鼻子走。他反对传统教育的死记硬背、置儿童于被动地位、压制儿童个性和不考虑儿童的心理特点的发展等做法。杜威主张把教育的中心转移到儿童方面来。他声称：“现在我们教育中将引起的改变是重心的转移……这里，儿童变成了太阳，而教育的一切措施围绕着他们转动；儿童是中心，教育的措施便围绕他们而组织起来。”[③] 杜威重视儿童本身的能力和主动精神在教育中的重要性，并将之看做教育的素材和出发点。但“儿童中心主义”是杜威在其生物化的本能论心理学基础上提出来的，他把人的心理活动看成是生物化本能活动的产物，否定社会实践对人的心理作用；他一味强调教育要顺应并促进儿童心理本能发展，要以儿童为中心，却忽视了社会因素对教育的制约性。这是杜威“儿童中心主义”理论的缺陷所在，但是这一论述在批判传统教育弊病的问题上具有其积极的意义，并且也切合现代社会对培养人才规格的需要。因此，杜威的“儿童中心主义”理论虽然有不少缺陷，却产生了广泛的影响。

（二）“教育即生活”

杜威从教育与社会生活的关系这个角度提出，教育的本质即生活。他说：“没有教育即不能生活。所以我们可以说：教育即生活。”[④]杜威认为最好的教育就是“从生活中学习”，学校教育应该利用现有的生活情境作为其主要内容，而不是系统地学习那些由科学知识组成的文理科目。他宣称自己不同于斯宾塞把教育看做生活的准备的主张，他认为教育就是儿童现在生活的过程，而不是生活的准备；教育在于使儿童学会适应眼前的生活环境。

根据“教育即生活”，杜威又提出“学校即社会”。他要求根据现有社会制度来设置现有学校的环境，学校这个小环境应当是社会大环境的一个复制，这样就能在其中培养出能完全适应眼前社会生活的人。在《学校与社会》一书中，他明确提出应把学校创办成一个小型的社会、一个雏形的社会。

杜威的“教育即生活”、“学校即社会”的观点，其目的在于把年轻人培养成能服务于现代资本主义社会的人，但其中要求学校教育应与社会实际联系、反对学校完全脱离实际生活等具有一定的积极意义。

（三）“教育即经验的不断改造”

根据杜威的主观经验论，经验就是世界的基础。因此他认为：教育也就是通过儿童的

---

① 赵祥麟、王承绪编译：《杜威教育论著选》，131 页，上海，华东师范大学出版社，1981。

② 同上书，158 页。

③ 同上书，32 页。

④ 王天一等编著：《外国教育史》（下册），207 页，北京，北京师范大学出版社，1993。

主动活动去经历一切和获取各种直接经验的过程。学校教育主要不是教给儿童既有的科学知识，而是让儿童自己在活动中去获取经验。杜威在此强调了直接经验的重要性，对于批判传统教育有积极的作用。但是他把“求知”和“知识”本身混为一谈，过于强调直接经验而忽略间接经验的重要性，实质上就是夸大个人的主观经验，不符合教学过程的科学认识。

杜威认为：人的最初的经验来源于“先天的能力”与环境的相互作用。但在人的一生中要不断获得新的经验，这些新的经验增加到原有的经验上，就会对原有经验进行改组、改造。所以对于教育来说，一是要增加儿童的经验，二是要提高儿童指导后来经验的能力。根据其主张的儿童经验的获得是要依靠儿童自身的活动去达到，杜威又提出“从做中学”，并把它作为教学理论的中心原则。

杜威关于教育本质的论述具有合理积极的因素，但其本质上是唯心主义的。他忽视了教育的社会基础和教育的阶级性，没有全面地阐明教育在促进社会发展和在培养人方面的重大作用。

四、关于教育目的的论述

教育的目的在于使人能够继续教育自己。——杜威

杜威说：“教育本身并无目的。只是人，即家长和教师等才有目的。”[①] 从表面看，杜威似乎是否定教育是含有目的的，而实际上在杜威的哲学与教育理论论述中，教育是有目的的。杜威提出：教育只是一种过程，除这一过程自身发展以外，教育是没有目的的。他说只有“教育过程以内”的目的，即由儿童的本能、冲动、兴趣所决定的具体教育过程就是教育目的。实际上杜威是将“生长”作为其教育的目的，他说：“教育就是生长，在它自身之外，没有别的目的。”[②] 杜威之所以主张生长为教育的目的，其主要是为了反对外在因素对儿童发展的强迫和压制，在于强调教育要尊重儿童的需要和兴趣。杜威把由社会、政治需要所决定的教育目的看做“教育过程以外”的目的。他认为外在的教育目的不能顾及儿童的兴趣和需要，因而强烈反对这种外在的、固定的、终极的教育目的；这种终极的目的其实是一种理论上的虚构。

杜威明确提出教育过程本身就是它自己的目的，除此之外别无其他目的。他又说：“教育的过程和目的是完全相同的东西，如要在教育之外另立一个任何目的，例如给它一个目标和标准，便会剥夺教育过程中的许多意义，并导致我们在处理儿童问题时依赖虚构的和外在的刺激。”可见，杜威的教育目的论，只是对于脱离儿童而由成人决定教育目的的旧教育的批判，并非根本放弃教育目的。在杜威后期的著作中，也谈到了为什么样的社会培养什么样的人的问题。

---

① 赵祥麟、王承绪编译：《杜威教育论著选》，170页，上海，华东师范大学出版社，1981。

② 同上书，158页。

五、活动课程论与“从做中学”

杜威反对以既有的知识编写系统教材进行学科课程教学。他认为学科课程虽然可以学到系统知识，但这种前人的符号积累远离儿童个人的生活经验，把儿童同实际生活割裂开了，并不能使儿童学到处理实际问题的方法。他要求把课程与教材建立在儿童现在的生活经验基础之上，认为：儿童本身的活动就是课程，也是教材。他甚至提出儿童的学习应循着历史上人类的进步的足迹重新体验其全部发展过程。

杜威认为：学校课程的主要内容就是各种不同形式的主动作业，如园艺、纺织、烹饪、木工、铁工、缝纫等活动课程。学校教育者要做的是为儿童提供各种活动材料，提供活动情境。儿童运用这些材料的过程是一个创造性的思维活动过程，最能体现儿童的个性与兴趣。儿童在这个过程中自己发现问题，并且寻找解决问题的方法。知识也就在“做”中获得了。杜威认为：这样获得的知识完全是通过儿童的自身体验得来的，是绝对的直接经验，对儿童来说，只有这样的知识才是最准确无误、最有价值的，而且也是记忆最深刻的。

“从做中学”是杜威教育理论的基本原则。杜威所说的“从做中学”，实际上也就是“从活动中学”、“从经验中学”。杜威的“从做中学”理论也是在他批判传统的学校教育弊端的基础上提出来的。杜威批评传统教学是“三中心”的教学，即以前人的知识、课堂的讲授和教师的作用为中心，而唯独忽视了真正的中心——儿童本身的活动。他全面否定传统教育，认为传统式的教学是对儿童进行外部的灌输，所用的教材脱离儿童本身的需要，儿童的学习过程只是吞剥书本上的和成人经验中的东西；而活动教学则以表现和培养儿童的个性为主，教学中注意培养儿童的创造性思维能力，以儿童自由活动的形式进行，儿童从自己的活动、自身经验中学习，教学结合儿童当前的实际需求开展。总而言之，活动教学是以儿童的活动为中心，注重儿童的主动性和创造性的发挥。杜威要求现代学校要用活动教学来完全取代传统教学，用活动课程取代学科课程。

想一想

杜威的教育理念对当前我国新课程改革有哪些启示？

第四节　实验教育学

“实验教育学”19 世纪末 20 世纪初产生于德国，在欧美各国流传较广，是以教育实验为标志的教育思想流派。它标榜以“科学”的新方法来进行教育理论的研究，寻求提高教育质量的途径，反对传统的教育学研究方法。“实验教育学”以实验心理学为直接的理论基础和实验方法，并且从实验生理学以及其他自然科学的研究成果中吸取养分。“实施教育学”主张，只有能够得到“科学”证明的东西才是真实可靠的；此外，一切超出人的感觉之外、凡不能由“科学”得到验证的事物则都是不可知的。应用到教育研究上，强调要用心理实验的"科学"方法来研究儿童的身心发展，据此革新教育内容和方法，也是作为传统教育的对立物出现的。"实验教育学"在各资本主义国家又各有自己的论述，其主要代表有德国的梅伊曼、拉伊和美国的桑代克。

一、梅伊曼的教育思想

梅伊曼（E. Meumann）是德国著名的教育家、心理学家，实验教育学的创始人之一。他是实验心理学家冯特的学生。1901 年他采用心理实验的方法研究儿童的学习与疲劳等问题，并在《德意志学校》杂志上发表文章，首次提出了"实验教育学"的名称。

梅伊曼

梅伊曼批判传统教育学体系缺乏以科学实验方法进行的严密论证，其所提出的规章和准则要么是思辨的产物，要么是直观思维的产物，并且生搬硬套这些规章、原则阻碍了教育科学的发展。梅伊曼认为只有实验室研究中所取得的数据才是最可靠、最有价值的成果。他主张把教育研究建立在生理学、心理学、解剖学、精神病学和犯罪学的理论基础上，从多方面来研究儿童、研究教育问题，如：儿童生理、心理发展的主要特征是什么？儿童身心发育的过程及个别差异是什么？如何促进儿童智力、精神的健康发展？如何比较教学方法的优劣？另外，他重视通过实验心理学测试儿童身心特点而确定教育和教学的内容与方法，以便更好地促进儿童智力与能力的发展。

梅伊曼是教育史上第一个系统地论述实验教育学的性质、方法、研究范围和任务的人。他看到了实验教育学的实践性，要求把教育学建立在科学实验的基础上，极大地推动了传统教育的改革。但梅伊曼过分相信实验室里心理实验的方法，以至于排斥在现实教育活动中对儿童发展的研究，把人看成单纯生物学化而不考虑社会的、阶级的影响，这就使他的研究脱离实际，走向极端。

二、拉伊的教育思想

拉伊（W. A. Lay）是德国教育家、实验教育学的创始人之一，与梅伊曼在一些基本问题上有许多共识。他同样认为用思辨方法建立起来的旧教育学缺乏科学性，不能很好地解决教育实践中的问题，主张实验教育学应当借助于相关的其他学科。

拉伊也用生理学、心理学的理论来解释教育问题。他认为：人的意识产生于身体受到刺激以后所发生的反应，反应的形式是印象、印象的类化和表现。教育的目的即在于使人善于接受外界的刺激，然后做出一系列的反应。教育就是按照规范的科学对于人类的身心发展的引导和控制。他设想一切生物的活动过程都是遵循"感受—加工—活动"来完成。在教育中，学生的学习首先是通过感官获得印象、构成知觉，进而通过思维对印象和知觉进行整理加工，最后付诸行动。所以，拉伊的教育理论也被称为"行动教育学"。

在一些问题上，拉伊与梅伊曼也存在着分歧。拉伊不认同梅伊曼将实验教育学与系统教育学对立起来的做法。拉伊把实验教育学看做旧教育学的扩充与严密化，是一种完整的教育学。另外，拉伊不同意梅伊曼的研究方法，他突出强调教师在日常的实际教学中对儿童的心理、学习与行动进行观察和实验的重要性，并主张教育家、心理学家、医学家和人类学家共同注重对儿童的多方面的研究，从而选择与确定教育和教学的合适方法，提高教学质量。这比梅伊曼只重视实验室内的实验具有很大的进步性。然而，他的研究把教育学完全归结为生物化的人体条件反射的公式，却是片面的、不科学的。

三、桑代克的教育思想

桑代克（E. L. Thorndike）是美国著名的心理学家和教育家，一生致力于心理测验的研究，并首创了成绩测验及其量表，推动了实验教育学的发展。

桑代克

“联结”是桑代克教育心理学的核心概念。桑代克通过对动物进行研究认为，动物的学习就是在刺激和反应之间形成的联结。他把这一看法照搬到人的心理研究中，认为人类和动物在心理行为上的复杂过程虽然大不相同，但是从接受刺激到做出反应并取得学习效果是相同的。根据其学习心理学，桑代克认为学习的过程就是形成后天习得的联结的过程，并提出了他的尝试错误的学习理论和三个学习定律：准备律、效果律和练习律。而教育的过程主要就是给学生以刺激，使其做出行动上的反应，在多次尝试、错误的反复之后得出正确的结论。

在这一行为主义教育心理学理论指导下，桑代克首次提出了成绩测验的方法。他认为以往学校中的成绩评定受教师的评分标准、态度、教学经验等不同主观因素的影响，进而不能科学地反映学生的成绩。他提出了一个科学的成绩测验与量表：首先规定一个严格的“标准测验”，其题目的内容、答题的标准、时限、环境等都有统一的规定。然后应用统一的“量表”来表示从零度能力以至高度能力分配、排列的情况。在此基础上他又提出把成绩测验与智力测验结合起来测定学生的“成绩年龄”和“成绩商数”，以此判别学生天资能力的差异。

总之，实验教育学的学者们提出了一定的实际见解与方法，把教育、教学工作放到一定的科学实验之上，这比以往的旧教育理论显得现实而有效，但他们往往置教育的社会、政治原因于不顾，具有片面性。

第五节　现代欧美教育思潮

一、改造主义教育

改造主义教育理论是在 20 世纪 30 年代从实用主义教育和进步教育中逐步分化出来的，自称是进步教育真正的继承者，并以实用主义教育理论的一个分支而著称，在第二次世界大战后得到很大发展。这一派的代表人物是美国教育家布拉梅尔德（T. Brameld）。

他指出，改造主义是一种危机哲学，适用于处在危机中的文化和社会。他的著作有《新时代的教育》、《教育哲学的模式》、《教育哲学的改造》、《危机时代的教育》等，奠定了改造主义教育的理论基础。

“改造”有两层含义：一是要把改造社会作为教育的根本目的；二是要对已不适应当代要求的教育进行改造。布拉梅尔德指出：50年代美国的教育水平比40年代大大降低了，例如师资缺乏、物质条件的困窘、公民对政治的不关心、轻视科学方法等，这些将导致教育上出现保守主义。他继而指出：当前时代下却宣传传统的教育信条，无视进步主义教育的主张却重新实施保守主义教育，这是一种倒退。他认为：实用主义教育理论才是美国教育史上最有创见、最有影响的教育理论。它摆脱了传统旧模式的弊病，符合时代的需要。但他也认识到了实用主义教育理论本身的缺点，即：只重视手段和而不重视目的，只要过程而不要结果，只强调个人中心而忽视社会发展等。改造主义教育理论就是针对解决这些问题出现的。

布拉梅尔德主张通过改造教育来解救时代的危机，建立社会的新秩序，根据行为科学来重新考察教育的整个传统结构。行为科学是在20世纪30年代提出、50年代发展起来的一种科学理论。它把人的心理与人与人之间的关系看做支配人的行为的重要因素，主张要在心理学、社会学等实验科学基础上研究人的行为规律，提倡激发人性、发展合作精神。根据上述主张，改造主义教育的主要理论包括：

（1）教育应当以“改造社会”为目标。改造主义者认为：进步主义教育理论虽适合新时代的需要，但它以个人发展为前提；而当今时代危机四伏，教育已不仅仅是要适应社会，更要去改造。所以，改造主义的教育目标不同于进步主义的个人中心，它首先要考虑的是社会的大目标，具体表现为建设新文化、创建世界秩序。

（2）重视学习社会科学知识和以解决问题为主的教学方法。改造主义者认为：改造主义派在教育内容上极其重视社会科学知识教学。因此，课程的选择与社会文化的改造、发展要有内在的联系。课程应体现社会价值论的灌输，要求围绕一定的社会问题来学习各方面的知识。在教学方法上，就要像进步教育一样，不着重于学科知识的系统传授，而是着重于问题研究法，让学生去围绕某一中心问题的解决来学习各种知识。改造主义派想通过教育来重新建立社会新秩序，从而挽救所谓时代危机，这是一种历史唯心主义观点。但它强调教育必须具有明确的社会目标这一点，是合理因素。

（3）提倡民主的师生关系。改造主义者认为，促进人们对社会改造而努力主要使用说服方法，而不是用政治行动的办法。在教育中，改造主义者反对灌输式的教育和学习，强调教师应当通过民主的讨论、劝说教育说服学生去“改造”他们所生活的社会。教师与学生之间应当是相互探讨、公开辩论的关系。

二、要素主义教育

要素主义教育是20世纪30年代末作为实用主义教育和进步教育的对立面出现的。该派的主要代表人物为美国哥伦比亚师范学院的威廉·巴格莱（W. C. Bagley）。1938年，他与德米亚西克维奇等组织成立了“要素主义者促进美国教育委员会”，并通过了《要素主义者促进美国教育之纲领》，标志着要素主义教育的正式形成。要素主义教育思想主要包括以下要点：

（1）关于教育目的。要素主义者一般认为：教育的目的是促进社会的进步。要促进社会的进步，就必须通过理智和道德的训练来保存文化遗产。要素主义者认为教育目的就是传递人类文化遗产中永恒不变的“共同要素”；只有掌握了文化，人才能够准确地预见各种行为方式的后果，从而达到他期望的目的并且帮助个人实现理智和道德的训练。简言之，要素主义认为教育的终极目标就是维护社会中已有的、稳定的、确定的价值，而不致出现混乱。

（2）关于课程。要素主义者主张：教学内容首先应该是人类文化遗产中的要素、精髓，主张把人类文化的“共同要素”作为学校教育的核心。课程设置应该遵循种族第一、个体第二以及理性第一、个人快乐第二的原则，并且首先要考虑国家和民族的利益，要注重种族经验的传授，因为它具有永久的价值，要包含社会的传统的价值标准。此外，要素主义者还坚持学科课程与教材的逻辑组织。

（3）关于教育过程。要素主义者认为，教育作为一种传递民族文化遗产的过程，教师在教学过程中应处于中心的地位，具有较大的权威。因为学生自己是不能理解学习内容的，必须靠教师的指导才行。

（4）在教学方法方面，要素主义者既反对进步主义又区别于传统主义，注重心智的训练。他们认为，不是所有的内容都能通过经验、问题解决或设计学到的，并且这样容易导致忽视知识的掌握。要素主义者主张在深刻理解的基础上的有目的的记忆。

三、永恒主义教育

永恒主义教育产生于20世纪30年代，代表人物主要有美国的赫钦斯（Robert. M. Hutchins）、法国的阿兰（Alam）和英国的利文斯通（R. Livingstone）等人。永恒主义是提倡复古的一种教育理论，其哲学基础是古典实在主义论。永恒主义教育理论包括以下要点：

（1）教育的性质是永恒不变的。他们认为，“实在”乃是潜在于物质之中的永恒的形式之展现，因而世界上存在着由“实在”构成的永恒不变的真理。而理性则是人性中共同的最主要的永恒不变的特性。人性或人的潜能必须不断发展才能达到理性，而这必须依靠对人的教育，所以教育的目的是发展永恒的人性。

（2）永恒的古典学科应该在学校课程中占有中心地位。永恒主义教育家认为教育的基础是永恒不变的“实在”所构成的永恒知识与伦理原则，这就是永恒主义教育名称的由来。“永恒学科”是发展“理性”的最好的途径。“永恒学科”主要是指古希腊、古罗马时期的哲学、文学、历史、科学等方面的伟大著作，它们具有永恒不变的价值，蕴藏着大量关于真理的知识和丰富的精神世界，能使学生更切实地认识世界的永恒性和从中寻找独立思考的源泉。为此，他们推行了“百部名著计划”，这些名著包括《荷马史诗》、《圣经》、莎士比亚的著作、牛顿的《光学》等。

（3）在教学方法方面，永恒主义者认为：好的教学方法的主要标准取决于它能否有效地完成教学任务，而选择教学方法的关键是要区别对待不同的学习对象。要按照学生自己的学习速度、接受能力来进行教学，但不能迁就学生的懒散和所谓的兴趣。要达到学生的“自我实现”，就必须让他们有“自我约束”。永恒主义者反对进步主义教育单纯追求兴趣、降低知识标准的做法。

四、存在主义教育

存在主义教育是以存在主义为哲学基础的一种教育理论，萌芽于 19 世纪下半叶。德国的海德格尔（M. Heidegger）1927 年在《存在与时间》一书中首次提出了存在主义哲学体系，宣告了存在主义哲学的正式产生。从 20 世纪 50 年代开始，存在主义有了更广泛的传播，而且其影响也涉及文学、艺术、教育等领域。第二次世界大战以后，德国教育人类学家博尔诺夫（O. Bollnow）等人把存在主义应用于教育理论。存在主义教育哲学并无统一的完整的理论体系，其基本教育主张有：

（1）关于教育目的。存在主义教育家认为：教育纯粹是个人的事，教育的目的就是使每一个人都认识到自己的存在，并形成一套不同于他人的独特的生活方式。教育对公众、集体和社会都不承担任何责任，因此，教育要维护个人的自由，帮助个人进行自我选择，并对自己的选择负责。教育的最终目的乃是个人的自我完善。

（2）关于教育的任务和教育的内容。存在主义教育家认为：不能把知识的传授作为中心。用知识填塞学生，犹如用外物、用他人的意志来控制学生。学生是自由发展的个人，而不是知识的被动接受者。同样，在道德教育中，也不能以固定的道德标准对学生进行灌输，而只需让学生懂得应该选择道德行为。教师应该尊重学生的主观性，把学生当做一个人而不是物来对待。教师既不是知识、道德的传授者，也不是学生的监督者；教师需要做的只是激励学生学会学习，增强他们的自由和选择性。

（4）关于教育方法。存在主义教育家认为：教育是为了使学生认识到自己的存在，所以应选择那些允许学生最大限度地自我表现和自我选择的教育方法。他们认为苏格拉底的“产婆术”是最理想的教学方法，因为学生通过这种方法可以获得“自己的”知识，而且可以使师生之间建立真诚、正直的关系。

五、结构主义教育

结构主义教育盛行于 20 世纪 50 年代，以著名的心理学家皮亚杰（J. Piaget）的学说为理论基础，注重于儿童心理结构与教育知识、课程结构的研究。皮亚杰提出了“发生认识论”的理论体系，认为：儿童的认识能力既不是先天的心理官能，也不是简单的在外界影响下的联想，而是认识结构的不断构造与发展。通过对环境的不断“同化”和“顺应”，儿童的认识能力从低级向高级不断发展。儿童的认识结构具有区别于成人的独自的特点，因此，皮亚杰反对传统教育把儿童当做“年幼的成年人”施以教育，而要求依据儿童心理结构的特点进行教育与教学。美国心理学家布鲁纳（Bruner）接受并发展了皮亚杰的“发生认识论”，并把它应用于美国 60 年代的教学改革，创立了结构主义教育理论。布鲁纳具体地提出，应该关注“我们将教些什么？什么时候教？怎样教？”的问题，并对之做出了明确的回答，基本代表了结构主义教育的主张。

（1）重视学生学习学科知识的基本结构。结构主义教育者认为，科学技术迅猛发展的形势下不适合继续使用儿童中心主义的活动课程了，但也不能简单沿用传统教育的只教具体知识的学科课程。面对当前知识在数量和速度方面的快速增长，必须教给儿童学科知识的结构，即要教给儿童各门学科知识的基本概念、原理和原则。这样，他们就能根据基本原理去独立地理解、扩展基本知识的领域。

（2）主张学科基础的早期学习。结构主义教育理论注重对儿童的早期教育。对儿童进行早期教育、注意智力开发的工作不仅是培养现代人才所必要的，而且是可能的。布鲁纳提出了一个著名的论断："任何学科都能够采用在智育上正确的方式，有效地教给任何发展阶段的任何儿童。"① 他认为只要使学科知识的基本结构与儿童认识的基本结构发展水平相适应，教学就应该成为促进儿童智力发展的过程。

（3）提倡"发现学习法"。结构主义理论认为：学习是一种过程而不是结果，类似于人类探求知识的过程。应当是让儿童在学习中自己去发现，而不应是教师的冗长的讲解、灌输和强迫儿童去死记硬背。儿童在探求、发现的过程中，不仅学得了知识、发展了思维，也学会了如何学习和独立探究的能力。这样的主动学习，会使儿童的知识质量和智慧发展的水平都有很大的提高。

本章小结

19 世纪末 20 世纪初，欧美各资本主义国家的教育家在进行教育改革实践教育的过程中，批判地继承了前人丰富的教育思想，有创见地提出了许多有关人的培养、现代教育发展的教育思想。他们分别从不同的立场、观点、方法对过去、现在和未来的教育提出了许多富有哲理的见解和建议。本章简要介绍了欧美自现代以来出现的一些新的教育思想流派。

关键概念

新教育运动　　进步教育　　结构主义教育

复习题

1. 论述杜威的教育思想。
2. 简述结构主义教育理论。

讨论与思考

杜威在《民主主义与教育》中谈道："教育本身并无目的。只是人，即家长和教师等才有目的。"他真的认为教育没有目的吗？

---

① ［美］布鲁纳著，邵瑞珍、张渭城等译：《布鲁纳教育论著选》，33 页，北京，人民教育出版社，1989。

图书在版编目（CIP）数据

中外教育简史/刘垚玥，卢致俊主编．—北京：中国人民大学出版社，2012.12
21世纪高等继续教育精品教材．教育学系列
ISBN 978-7-300-16620-9

Ⅰ.①中…　Ⅱ.①刘…②卢…　Ⅲ.①教育史-世界-成人高等教育-教材　Ⅳ.①G519

中国版本图书馆CIP数据核字（2012）第271027号

21世纪高等继续教育精品教材·教育学系列
中外教育简史
刘垚玥　卢致俊　主编

出版发行	中国人民大学出版社		
社　　址	北京中关村大街31号	**邮政编码**	100080
电　　话	010－62511242（总编室）		010－62511770（质管部）
	010－82501766（邮购部）		010－62514148（门市部）
	010－62515195（发行公司）		010－62515275（盗版举报）
网　　址	http://www.crup.com.cn		
经　　销	新华书店		
印　　刷	中煤（北京）印务有限公司		
规　　格	185 mm×260 mm　16开本	**版　　次**	2013年1月第1版
印　　张	16.75	**印　　次**	2025年2月第15次印刷
字　　数	396 000	**定　　价**	35.00元

教师信息反馈表

为了更好地为您服务，提高教学质量，中国人民大学出版社愿意为您提供全面的教学支持，期望与您建立更广泛的合作关系。请您填好下表后以电子邮件或信件的形式反馈给我们。

<table>
<tr><td>您使用过或正在使用的我社教材名称</td><td></td><td>版次</td><td></td></tr>
<tr><td>您希望获得哪些相关教学资料</td><td colspan="3"></td></tr>
<tr><td>您对本书的建议（可附页）</td><td colspan="3"></td></tr>
<tr><td>您的姓名</td><td colspan="3"></td></tr>
<tr><td>您所在的学校、院系</td><td colspan="3"></td></tr>
<tr><td>您所讲授课程名称</td><td colspan="3"></td></tr>
<tr><td>学生人数</td><td colspan="3"></td></tr>
<tr><td>您的联系地址</td><td colspan="3"></td></tr>
<tr><td>邮政编码</td><td></td><td>联系电话</td><td></td></tr>
<tr><td>电子邮件（必填）</td><td colspan="3"></td></tr>
<tr><td>您是否为人大社教研网会员</td><td colspan="3">□ 是，会员卡号：__________
□ 不是，现在申请</td></tr>
<tr><td>您在相关专业是否有主编或参编教材意向</td><td colspan="3">□ 是　　　　□ 否
□ 不一定</td></tr>
<tr><td>您所希望参编或主编的教材的基本情况（包括内容、框架结构、特色等，可附页）</td><td colspan="3"></td></tr>
</table>

我们的联系方式：北京市海淀区中关村大街 31 号
中国人民大学出版社教育分社
邮政编码：100080
电话：010-62515905
网址：http：//www.crup.com.cn/jiaoyu/
E-mail：llhong2605@vip.sina.com